Die große Hausapotheke Gottes

Dank und Widmung

Ich möchte an dieser Stelle allen meinen Patienten dafür danken, dass sie mir seit Jahren immer wieder Stoff für dieses Buch geliefert haben.

Meiner lieben Frau Helga möchte ich ganz besonders danken, dass sie immer so geduldig war, wenn ich ganze Abende und halbe Nächte, manches Wochenende und sogar teilweise die Urlaube an meinem Computer verbracht habe. Deshalb möchte ich ihr dieses Buch mit einem großen Dankeschön widmen.

Peter Pukownik

Die große Hausapotheke Gottes

So heilt die Natur:
Traditionelle Rezepte auf bewährte
und wirkungsvolle Weise einsetzen

Ludwig

Inhalt

Gegen fast alle Beschwerden ist ein Kraut gewachsen.

Klares Wasser – der Quell allen Lebens.

Borretsch – eine oft verkannte Heilpflanze.

Die traditionellen Heilmittel

Meine Großmutter, die in der Tradition ihrer Vorfahren arbeitete und außerdem schuldmedizinisch ausgebildete Hebamme war, hat sich in vielen Jahrzehnten eigener Praxis einen großen Erfahrungsschatz zugelegt. Sie wendete Rezepte aus mündlicher Überlieferung an und gab sie an ihre Patienten weiter, die selbst von Ärzten zu ihr geschickt wurden.

Die Hausapotheke Gottes liegt unmittelbar vor unserer Tür an Wegen, Bächen und Teichen, auf Wiesen und in Wäldern, ja selbst auf Schuttplätzen. Wir müssen nur die Natur ringsherum als Apotheke verstehen, dann können wir uns bei ihr nach Belieben bedienen. Viele der so genannten Unkräuter gehören zum Bestand dieser Apotheke. Wir müssen nur wissen, was wir mit ihnen anfangen sollen und wie wir sie zum Nutzen für uns und unsere Familie einsetzen können. Früher war dieses Wissen weit verbreitet. Heute, wo man fast alles als Fertigprodukt kaufen kann, ist es leider gerade bei der jüngeren Generation sehr in Vergessenheit geraten.

Rückbesinnung auf die Heilkunde der Alten

Aber gerade die jungen Menschen besinnen sich heute zurück. Sie wollen nicht mehr tatenlos der Industrie ausgesetzt sein. Stattdessen möchten sie ihre Gesundheit selbst in die Hand nehmen. Zu diesem Zweck bietet sich die Hausapotheke Gottes an, für diejenigen, die sie mit Sorgfalt und Bedacht bei sich und ihren Familien selbst einsetzen können.

Seit mehr als 35 Jahren sammle ich Rezepte verschiedener Volksheilmittel. Teils stammen sie aus der Rhön – von meiner Großmutter überliefert und in unserer Familie weiter angewendet – und teils von da und dort, wo man sie mir zutrug. Später sammelte ich traditionelle Hausrezepte vor allem aus dem Frankenwald, wo mir meine Patienten erzählten, was sie in bestimmten Fällen an althergebrachten Hausmitteln angewandt hatten. Seit der Wiedervereinigung Deutschlands im Jahre 1990 kamen noch viele Rezepturen von Patienten aus Thüringen und Sachsen dazu.

Das naturkundliche Wissen der weisen Frauen

Meine Großmutter, die in der Bayerischen Rhön lebte und 97 Jahre alt wurde, war dort 48 Jahre lang Hebamme in einem großen Bezirk. Sie war eine der »weisen Frauen«, die früher auf dem Land berühmt waren und auf deren Wissen man sich heute wieder besinnt. So nahm sie nebenbei auch bei Kranken Schröpfungen vor, setzte Blutegel an und übte die Chiropraktik aus. Sie sammelte auch Kräuter und setzte ihre Medikamente selbst an. Kranke kamen von nah und fern zu ihr, und selbst die Landärzte der Umgebung schickten meiner Großmutter Patienten. Ihren Beruf übte sie in einer alten, fast 400-jährigen Familientradition aus. Denn schon unsere Vorfahren, die Hirten waren, sammelten Kräuter und renkten bei Bedarf Knochen ein, wie man so schön zur Chiropraktik sagte.

Eine Bereicherung für alle

Vieles von dem, was hier zusammengetragen ist, kennt man auch in der Volksheilkunde einer anderen Gegend. Manche Sachen jedoch sind einmalig und kommen meines Wissens nirgendwo anders vor. Zum größten Teil setze ich die Heilmittel oder Anwendungen auch in meiner Naturheilpraxis mit ein, ergänzend zur Naturheilkunde, der Hildegard-Medizin oder auch zusammen mit oft notwendigen, schulmedizinischen Medikamenten.

Sorgfalt auch bei Hausrezepten

Um die bewährten Rezepturen vor der Vergessenheit zu bewahren, habe ich über die Jahre ein wahres Sammelsurium an Gesprächsnotizen zusammengetragen, das hier geordnet erstmals veröffentlicht wird. Manches geschichtlich Interessante ist unter den Arzneien und Anwendungen, die querbeet durch die Volksheilkunde von der Angelikawurzel bis zur Zwiebel reichen, und zudem eine Vielzahl von Spezialkuren im zweiten Teil dieses Buchs. Dabei habe ich mich auf die in der Volksheilkunde am meisten verwendeten beschränkt. Dem Leser empfehle ich dabei, die Behandlung, welche ihm am genehmsten und am leichtesten zu beschaffen oder am leichtesten für sich selbst herzustellen ist, auszusuchen und anzuwenden.

Vor dem leichtsinnigen Umgang mit den empfohlenen Anwendungen sei jedoch nachhaltig gewarnt. Kräuter- und Naturheilmittel können nicht nur nutzen, sie können bei falscher Anwendung oder bei einer fehlerhaften Selbstdiagnose auch großen Schaden anrichten. Wenn Sie nur den geringsten Zweifel bei der Selbstbehandlung haben, wenn ein schwerer Krankheitsfall vorliegt, oder wenn die Mittel nicht in wenigen Tagen eine deutlich positive Wirkung zeigen, sollten Sie unbedingt Ihren Arzt oder Heilpraktiker dazu befragen. Bei schweren Erkrankungen ist es sogar dringend erforderlich, sich erst mit einem Arzt abzusprechen, welche der zahlreichen Mittel aus der Volksheilkunde eingesetzt werden können.

Wenn man aber die Ratschläge in diesem Buch beherzigt, wird es sicher so sein, dass die Widerstandskraft gegen manche Beschwerden gestärkt wird, und man so der einen oder anderen Krankheit vorbeugen kann – und dann hat dieses Buch seinen Zweck voll und ganz erfüllt.

Die Rezepte aus der Hausapotheke Gottes wirken vielleicht nicht immer so schnell wie herkömmliche Medikamente und verlangen vom Patienten auch mehr Eigeninitiative, dafür schonen sie langfristig den Körper und tragen zu einer natürlicheren Gesundung bei.

Die Basismittel der Naturheilkunde

Heilen mit der Natur

Neben den selbst gebrannten Schnäpsen verwendete man in der Volksheilkunde auch Wein zur Herstellung von Medikamenten. In der Rhön, in der jeder sein Fässchen mit vergorenem Apfelmost im Keller hatte, natürlich auch mit diesem Apfelwein.

In vielen deutschen Gegenden – von der Rhön über den Frankenwald bis hinein nach Thüringen – war es üblich, zahlreiche Hausmedikamente auf Alkoholbasis, am besten mit dem »Selbstgebrannten«, herzustellen. Dazu machte man einen alkoholischen Auszug aus bestimmten Pflanzen oder Pflanzenteilen. Dieser Selbstgebrannte hatte meist zwischen 50 und 60 Prozent Alkoholgehalt und war so stark, dass er nicht nur innerlich erhitzte, sondern sogar mit einer dünnen, hellblauen Flamme brannte, wenn man ein Streichholz darüber hielt.

Meines Erachtens machte und macht man »seine« Medikamente nicht nur deshalb aus ihm, weil dies eine der üblichsten und einfachsten Methoden war, die Inhaltsstoffe einer Pflanze zu gewinnen und zu konservieren, sondern auch deshalb, weil man eben gerne einmal ein Schnäpschen trank und beim Einnehmen einer »Arznei« dann kein schlechtes Gewissen dabei haben musste.

Ich war in meiner Jugend oft in den Ferien bei weitläufigen Verwandten in der Hessischen Rhön auf einem Bauernhof zu Besuch. Mit dem Opa der Familie machte ich oft lange, ausgiebige Spaziergänge oder Wanderungen, meist schon am frühen Morgen, noch bevor die eigentliche Arbeit auf dem kleinen Bauernhof begann. Er hatte immer seine »Arznei« bei sich – eine kleine Flasche mit Kräutern, auf die er jeden Tag einen halben Liter Zwetschgen-, Treber- oder Kornschnaps aufgoss und den er täglich austrank. Die Kräuter wurden von ihm nur ab und zu einmal ausgetauscht, aber nicht allzu oft. Für ihn war der Schnaps darin wohl wichtiger als die Kräuter.

Über 90 Jahre dank des »Selbstgebrannten«

Eines Morgens überredete er mich, seine Arznei zu versuchen, da sie doch so gut sei und er ihr sein hohes Alter von fast 90 Jahren verdanke. Ich nahm einen Schluck aus seiner Flasche, den ich nicht vergessen sollte. Es war ein Hochprozentiger und für mich als damals 16-Jähriger der erste scharfe Schnaps meines Lebens. Da ich beinah daran erstickt wäre, verzichtete ich fortan auf weitere Kostproben, sehr zu seinem Erstaunen. Er wurde übrigens über 90 Jahre alt, starb wohl »an der Leber«, aber ohne große Komplikationen. Vielleicht hat seine Arznei dazu beigetragen?

Alkohol in der Volksmedizin

Jahre später kam ich dann in den Frankenwald und machte meine Anstandsvisite bei den dortigen Ärzten. Der älteste von ihnen, damals 67 Jahre alt, teilte mir erst einmal mit, dass er von mir und meinesgleichen eigentlich nicht viel halte, aber dass wir doch, wenn ich schon einmal da wäre, etwas für unsere gemeinsame Gesundheit tun sollten. Er griff in seinen Schreibtisch und holte zwei kleine Gläser und eine Flasche ohne Etikett hervor und schenkte diese Gläser fast randvoll – mit Kamillenschnaps! Dann kippte er den Inhalt wie Wasser hinunter. Ich tat es ihm nach, und er lachte mich aus, weil ich danach zwei bis drei Minuten lang nicht sprechen konnte, da ich nach Luft rang. Der Trunk schmeckte wirklich intensiv nach Kamille, war aber auch sehr hochprozentig. Der Arzt starb übrigens mit 75 Jahren auch »an der Leber«.

Bucheckernöl – die Ölquelle im heimischen Wald

Ölige Medikamente wurden in Zeiten des Mangels meist mit dem Öl der Bucheckern zubereitet, das man selbst herstellte. Denn Bucheckern gab es im Herbst in der Rhön in Hülle und Fülle. Man schüttelte die Bäume, sammelte die Eckern auf und füllte sie in Säcke ab. Diese wurden dann mit dem Handwagen in eine benachbarte Ölmühle gefahren. Sie wurden dort erst ganz fein gemahlen und dann ausgepresst.

Von zehn Liter ausgepresstem Öl bekam der Anlieferer acht Liter ausgehändigt. Die restlichen zwei Liter und den übrigen Ölkuchen behielt der Ölmüller als Bezahlung für seine Arbeit.

Besonders in der Nachkriegszeit stellte das so gewonnene Bucheckernöl oft das einzige Fett dar, das uns zur Verfügung stand. Die Herstellung von Bucheckernöl hat übrigens in den Gegenden, wo es viele Buchen gibt, bis heute nie ganz aufgehört, und manche Leute dort schwören noch heute auf dieses typische Öl und würden es gegen kein anderes tauschen.

Der Einfallsreichtum der Menschen führte sie immer wieder dazu, Hausrezepturen aus den in den heimischen Wäldern zur Verfügung stehenden Pflanzen und Hülsenfrüchten herzustellen. Gerade in den ärmeren Regionen und in schlechteren Zeiten machte die Not erfinderisch, wie das Bucheckernöl zeigt.

Leben in, aus und im Einklang mit der Natur

Früher wurden die Salben entweder mit ausgelassenem Schweineschmalz oder mit reiner Butter, meist sogar Ziegenbutter, hergestellt. Ihnen wurde zur besseren Festigkeit meist noch etwas Bienenwachs und zur besseren Haltbarkeit etwas Honig beigegeben. Die Ziegenmilch und der Käse daraus, ebenso Hülsenfrüchte und Pilze, waren die Hauptlieferanten für tierisches Eiweiß bei der täglichen Ernährung. Außerdem

Viele Krankheiten haben ihre Ursache in schlechten Ernährungsgewohnheiten. Zu viel Fett und zu viel Zucker steckt heute in unserer Nahrung. Eine Rückbesinnung auf frühere Ernährungsweisen, wo man aufgrund des Fleisch- und Wurstmangels fast lakto-vegetabil lebte, würde in vielen Fällen bei der Vermeidung von Krankheiten helfen.

gab es ein- oder zweimal im Jahr ein junges Zicklein. Manchmal wurden noch ein paar Stallhasen gehalten, und den Rest holte man sich, je nach Jahreszeit, in Form von Beeren und Pilzen aus Wald und Flur dazu.
Wir lebten damals in der Natur, aus der Natur und mit der Natur. Wir kannten viele Wildpflanzen, vor allem die essbaren Pflanzen oder diejenigen, die für irgendwelche Heilzwecke gesammelt werden konnten. Deshalb verwendete man in der normalen, einfachen Volksheilkunde meist immer nur eine Pflanze für eine Arznei, sehr selten zwei oder drei Pflanzen zusammen. Die komplizierteren Zusammensetzungen aus verschiedenen Pflanzenextrakten überließ man lieber den »Studierten«. Sollte die einfache Anwendung einmal nicht mehr ausreichen, wandte man sich – bevor man einen Arzt aufsuchte – erst einmal an Leute, die sich etwas besser mit Heilkräutern auskannten: die Bader – also die Vorgänger der heutigen Heilpraktiker –, die Hebammen und die Hirten.

Jede Heilpflanze findet verschiedene Anwendungen

Von ihnen hatte jeder meist seine Lieblingspflanzen und -behandlungen. Deshalb gibt es in der Volksheilkunde auch viele verschiedene Anwendungen für dieselben Beschwerden. Für den Interessierten an einer Eigenbehandlung wird es dann sicher unter den vielen Anwendungen auch wieder eine bevorzugte Pflanze oder Therapie geben.
Aussuchen wird er sich diese meist nach Gefühl, weil ihm dieses oder jenes einfach sympathisch ist. Man lässt sich hier von seinem Gefühl leiten, und damit liegt man eigentlich immer richtig. Wir haben nämlich noch alle unseren Urinstinkt in uns und sollten diesen in Hinblick darauf, was uns bekommt und was uns nicht bekommt, viel mehr ausbauen. Er wird aber auch abhängig davon sein, wo man wohnt, was dort in der Gegend wächst und was man dadurch eben auch am leichtesten erreichen oder bekommen kann.
Für die Tees, die man täglich trank, wurde meist nur eine Pflanzenart verwendet, selten mischte man einige Arten zusammen. Dafür wechselte man aber öfter die Sorte und hatte so eine reiche Abwechslung im Geschmack. Allein bei uns wachsen so viele verschiedene Pflanzen, dass wir theoretisch an jedem Tag des Jahres einen Tee aus einer anderen Pflanzenart trinken könnten.

Kostenlose Medizin aus dem Garten der Natur

Neben dem Gesundheitsaspekt spielte bei der Entwicklung der Volksmedizin auch ein sozialer Aspekt eine Rolle. Man stellte seine Medikamente und seine Tees selbst her, weil man meist zu arm war, sich die teuren Arzneien zu kaufen. Außerdem wusste man bei Selbstgemachtem auch, woraus es bestand. Der Trend zum Selbstmachen wird heute immer stärker, weil man sichergehen möchte, dass die Zutaten nicht bestrahlt oder genmanipuliert sind. Wie damals herrscht auch heute überall ein natürliches Misstrauen gegen alles Fremde und so auch gegen jedes neuartige Medikament.

Es gab zudem noch keine Krankenkassen, und wenn jemand in einer Bauernfamilie ernsthaft krank wurde, musste oft eine Kuh verkauft werden, um die Kosten zu bezahlen. Die Landärzte führten damals oft sogar Operationen zu Hause auf dem Küchentisch durch. Meiner Großmutter wurde der Blinddarm zu Hause entfernt, und meine damals zwölfjährige Mutter musste dem Arzt dabei assistieren.

Teure Schulmedizin nur für Notfälle

So half man sich eben selbst, solange es nur ging, mit selbst gefertigten Medikamenten. Nur in absoluten Notfällen ließ man sich von der Schulmedizin helfen. Diese Einstellung – oft auch aus Sparsamkeit – findet heute auch bei vielen Menschen wieder Anklang, bei denen andere Motive in den Vordergrund treten: Sie schenken der Natur einfach mehr Vertrauen.

Wer die Heilpflanzen nicht selbst kennt und sie auch nicht mit einem guten Pflanzenbestimmungsbuch identifizieren kann, sollte sich lieber die Grundstoffe kaufen. Viele Pflanzen werden heute frisch auf den Märkten angeboten. Andere kann man getrocknet in Gewürzgeschäften oder Apotheken kaufen. Wenn irgendeine geschützte Pflanze verwendet werden soll, kann man sie sowieso nur über den Fachhandel beziehen. Findet man diese Pflanzen trotzdem in der freien Natur, sollte man sie unbedingt stehen lassen. Nicht nur weil das Pflücken strafbar wäre, sondern weil wir uns freuen sollten, dass es noch – hoffentlich recht lange – Stellen gibt, wo solche schützenswerten Pflanzen noch wachsen und sich vermehren können.

Pflanzen dienen als Grundlage für zahlreiche Medikamente und Anwendungen in der Naturheilkunde. Man sollte sich aber immer absolut sicher sein, welche Pflanze man gerade verwendet – im Zweifelsfall findet man das Gesuchte meist auf Märkten oder in Apotheken.

Viele Heilpflanzen und -kräuter sind auch sehr gut selbst anzubauen. Zudem sehen sie oft wunderschön aus und verströmen ein angenehmes Aroma.

Angelika

Die Angelika (Archangelica officinalis), die bis zu zwei Meter hoch wachsen kann, kommt besonders in den Mittelgebirgen an Bächen, Teichen und feuchten Wiesen, wo die Natur noch relativ freien Lauf hat, recht häufig vor.

Der Name »Engelswurz« für die Angelikapflanze soll auf eine Legende zurückgehen, nach der der Erzengel Gabriel während einer Pestepidemie in Europa im 14. Jahrhundert verschiedene Leute im Traum darauf hingewiesen haben soll, dass diese Pflanze gegen die Seuche Heilung bringe.

Der Wurzelstock von Angelika wird entweder im Herbst, wenn sich die ganze Kraft in ihn zurückgezogen hat, oder auch im Frühjahr vor dem Sprießen, ausgegraben, gut mit einer Bürste und viel Wasser gesäubert, der Länge nach gespalten und so zum Trocknen an einem warmen und luftigen Ort aufgehängt.

Angelikatee bei Verdauungsstörungen und Husten

Für den Tee setzt man ein bis zwei Esslöffel der klein geschnittenen getrockneten Wurzeln mit einem viertel Liter kaltem Wasser an, bringt dies langsam zum Kochen, kocht es zwei bis drei Minuten und lässt es dann – vom Herd genommen – nochmals die gleiche Zeit ziehen. Anschließend abseihen und dann lauwarm langsam in kleinen Schlucken trinken.

Der Tee wirkt entblähend und desinfizierend auf den Magen und den gesamten Darmtrakt, bringt aber auch die Galle zum Fließen und hilft den Nieren, dass sie besser Wasser ausscheiden können. Bei nervös bedingten Magenbeschwerden ist er der ideale Tee, da er auch entkrampfend wirkt. Durch diese Wirkung wird der Tee auch bei sehr hartnäckigem Husten und anderen Atemwegserkrankungen mit eingesetzt. Bedingt auch durch die ätherischen Öle, fördert er hier den Auswurf und lindert die Beschwerden.

Angelikatee bei Alkohol- oder Nikotinvergiftung

Auch bei Alkohol- und/oder Nikotinvergiftungen kann man den Angelikatee in der oben beschriebenen Form geben. In solchen Fällen trinkt man den Tee etwa vier bis sechs Wochen lang täglich ohne Unterbrechung. Da der Angelikatee die Galle zum Fließen bringt und dadurch die Leber entstaut, kann diese ihrer Entgiftungsfunktion voll nachkommen. Die anfallenden Restschlacken können so über die Gallenblase abgeleitet werden und damit bei Alkohol- und Nikotinvergiftungen eine positive Reaktion im Körper auslösen. Die spürbare Besserung stellt sich schon gleich am Anfang dieser Entgiftungskur ein, die nachhaltigere Wirkung wird jedoch immer erst einige Zeit danach erzielt.

Angelikatee bei Krämpfen von Kleinkindern

Angelikatee kann man auch mit gutem Erfolg bei Krämpfen von kleinen Kindern einsetzen. Man gießt den Angelikatee in der eben beschriebenen Weise auf, nur nimmt man ein bis zwei Teelöffel Wurzeln, je nach Größe, Alter und Gewicht des Kindes – je jünger, desto weniger. Der Tee wird den Kindern – solange sie unter Krämpfen jeglicher Art leiden – mit einer gewissen Regelmäßigkeit gegeben, aber niemals mehr als ein viertel Liter am Tag und auch niemals länger als zwei bis höchstens drei Wochen. Dann sollte man eine Pause von mindestens drei bis vier Wochen einhalten und erst wenn wieder Krämpfe auftreten, den Tee erneut zwei bis höchstens drei Wochen geben.

Angelikawein bei rheumatischen Beschwerden und Gicht

Für den aromatischen Angelikawein setzt man vier bis fünf Esslöffel der getrockneten Wurzeln mit einem Liter gutem, möglichst aus biologischem Anbau stammendem Wein oder ausgegorenem Apfelmost an und lässt diesen einige Tage stehen. Von dem Wein kann man bei nicht akuten rheumatischen Beschwerden oder Gicht einige Wochen lang täglich ein Gläschen zu sich nehmen. Dadurch hält man die Beschwerden in Grenzen. Man sollte den Angelikawein aber nicht ständig einnehmen, sondern dazwischen immer wieder einmal einige Wochen Pause einlegen. Bei akuten rheumatischen Beschwerden oder akuter Gicht kann man bis zu drei oder vier kleine Gläschen (je 0,1 Liter) einnehmen, sollte aber die Einnahme auf höchstens drei Wochen hintereinander beschränken. Danach sollte eine ebenso lange Pause eingehalten werden, bevor man den Wein wieder einnimmt.

Kandierte Wurzeln oder Likör gegen Impotenz

Die frisch ausgegrabenen Wurzeln wurden früher nach dem gründlichen Säubern gerne in kleine Stücke geschnitten und in reinen, flüssigen Bienenhonig gelegt. Sowohl die darin kandierten Wurzelstücke als auch der Honig, in dem sie lagen, wurden als Potenzmittel gehandelt. Dies war aber kein Mittel für ältere Männer, denen langsam die Kraft fehlte, sondern mehr für jüngere, wenn sie aus verschiedenen Ursachen »nicht mehr so recht konnten«.

Angelikabeerenpulver gegen Hautausschläge

Im Herbst wurden die reifen Beeren der Angelika geerntet, getrocknet und zu feinem Pulver zerrieben. Es hieß allgemein nur das Läuspulver, weil es – mehrere Tage hintereinander immer wieder in Haare und Kopfhaut der Betroffenen fest eingerieben – eines der wirksamsten und billigsten Mittel gegen Läuse war. Es wurde aber auch bei Hautausschlägen aller Art wie etwa der Krätze mit Erfolg eingesetzt.

Auch das Angelikaöl – ein ätherisches Öl, das aus der Wurzel gewonnen wird und das man über den Handel beziehen kann, weil es sehr schwer selbst herzustellen ist – wird zur Unterstützung bei rheumatischen Beschwerden und Gicht sehr gerne in der Volksheilkunde äußerlich angewendet. Es sollte aber auf keinen Fall innerlich benutzt werden, da es sonst sehr stark giftig wirkt.

Apfel

In der Rhön gab es sehr viele Apfelbäume, so dass Äpfel natürlich auch in die dortige Volksmedizin mit ein-

Wer irgendwie mit dem Darm zu tun hatte, der machte zur Zeit der Mostpresse eine Apfelsüßmostkur. Da der Apfelsüßmost – in größeren Mengen genossen – Durchfall auslöste, machte man dies eben, um den Darm und damit den ganzen Körper »richtig auszuputzen«. Wenn man die neuen Erkenntnisse der Medizin betrachtet, hatte man damit auch Recht.

bezogen wurden. Da aber viele Apfelsorten nicht den ganzen Winter über gelagert werden konnten und man auf der anderen Seite das Überangebot im Herbst natürlich auch nicht sofort vollkommen aufessen konnte, wurden sie anderweitig weiterverarbeitet. Man stellte daraus sowohl Trockenobst als auch sehr viel Apfelwein her, indem der süße Saft in Fässern vergoren wurde. Der Apfelwein – tagsüber bei der Arbeit mit einfachem Brunnenwasser verdünnt – war das Alltagsgetränk vieler Bauern.

Heißer Apfelmost bei Erkältungen
Der heiße Apfelmost wurde als Getränk bei Erkältungskrankheiten wie Husten und Schnupfen getrunken. Meist wurde er so sauer, wie er von Natur aus war, verwendet, aber in manchen Fällen gab man auch etwas naturreinen Bienenhonig hinein, der dem Ganzen noch mehr Heilkraft schenkte. Bei schwereren Erkältungskrankheiten nahm man ein richtig heißes Fußbad und trank dann ein paar Gläser heißen Apfelmost. Dann war man so richtig durchwärmt (und eventuell auch leicht angetrunken). In diesem Zustand ging man ins Bett und schwitzte gehörig. Wenn man dann aufwachte, war der Höhepunkt der Krankheit meist schon überschritten. Sicherheitshalber wiederholte man diese Prozedur an den folgenden Tagen und war wieder gesund. Bei gleichzeitigen Herz- und Kreislauferkrankungen sollte man mit dieser Anwendung aber vorsichtig sein!

Apfelschnaps

Aus den Trestern, den Überresten der Äpfel beim Mosten, wurde meist ein guter Apfelschnaps gebrannt. Die Trestern kamen mit Wasser angerührt in ein Fass, das oben noch zusätzlich mit einer dicken Lehmschicht bedeckt wurde. An einer Stelle der Lehmschicht ließ man ein faustgroßes Loch, das man mit einem Lappen zudeckte. Wenn die Gärung abgeschlossen war, wurde das ganze Fass mit Inhalt in die Schnapsbrennerei gefahren, wenn man nicht selbst das Brennrecht im Haus hatte.
Dort kam es in einen Kessel und wurde erhitzt. Der aufsteigende Dampf wurde durch Kupferröhren, die spiralförmig gewunden waren und teilweise in kaltem Wasser lagen, geleitet. Am Ende dieser Kupferleitung tropfte dann der »Erste Brannt« heraus, ein sehr starker Schnaps, der aber meist noch ein- bis zweimal nachgebrannt wurde, bis man einen starken und wohlschmeckenden Apfelschnaps hatte. Manche tranken bei Husten, Schnupfen und Heiserkeit statt heißem Apfelmost diesen hochprozentigen, mit heißem Wasser verdünnten Apfelschnaps. Sie hatten damit denselben Erfolg wie diejenigen, die den heißen Apfelmost mit Honig tranken.

Vitamin-C-haltiger Apfelschalentee

Da früher alle Bestandteile einer Pflanze Verwendung fanden, wurden die Schalen der Äpfel, die zu Apfelmus verarbeitet wurden, auf dem Boden getrocknet. Der daraus durch Überbrühen mit kochendem Wasser hergestellte Apfelschalentee war immer ein sehr angenehm, leicht säuerlich schmeckender Tee, den wir als Kinder sehr gerne tranken, besonders, wenn er noch mit etwas Honig gesüßt wurde. Er war vor allem in der kalten Jahreszeit meist unser Abendgetränk. Durch den hohen Vitamin-C-Gehalt, der ja gerade in den Schalen besonders konzentriert vorhanden ist, sorgte dieser Tee dafür, dass wir selbst bei Nässe und Kälte nicht allzu oft krank wurden.

»Rostige« Äpfel gegen Bleichsucht

Wenn jemand sehr bleich aussah, oft kränklich und schwach war, oder eine schwere Erkrankung überstanden hatte, sagte man, dass der- oder diejenige an der Bleichsucht (Blutarmut) leide. Auch hier gibt es ein probates Rezept, auf das die ländliche Bevölkerung schwor und das, wie auch neueste wissenschaftliche Erkenntnisse bestätigen, tatsächlich sehr gut helfen kann.

Man besorgte sich große Eisennägel, die man gründlich wusch, damit kein Fett oder Öl mehr an ihnen war. Dann wurden drei bis vier solcher Nägel in einen großen Apfel hineingesteckt und dieser in der Küche oben auf den Küchenschrank gelegt. Diese Prozedur führte man jeden Tag mit einem Apfel durch, damit man ohne Unterbrechung seine »Eisenkur« durchführen konnte. Drei Tage später konnte die Kur beginnen, bei der der Kranke über einen längeren Zeitraum jeden Tag einen solchen Apfel essen musste, immer den vordersten in der Reihe nehmend. Die Nägel wurden vorher herausgezogen, sofort wieder in einen neuen Apfel hineingesteckt und dieser in der Apfelreihe auf dem Schrank hinten angestellt. Das im Apfel entstehende Eisenoxid wurde vom Körper verarbeitet und wirkte Blut aufbauend. Die »Eisen-Apfel-Kur« wirkte oft sehr viel besser als ein vom Arzt verordnetes Eisenpräparat in Pillenform.

Das Geheimnis der »rostigen Äpfel« besteht darin, dass sich durch die Apfelsäure nach drei bis vier Tagen an den Einstichstellen und auch im Apfel rund um den Nagel Rost bildet, der teilweise in das weiße Fleisch des Apfels hineinzieht. Dieser Rost sorgt für das dem Blutarmen fehlende Eisen.

Geriebener Apfel gegen Durchfall

Wenn jemand unter starkem Durchfall litt, wurde in der Regel zuallererst ein frisch geriebener Apfel als Medikament eingesetzt, besonders bei Kindern. Dazu wurde ein Apfel entkernt und mit der Schale gerieben. Der so entstandene, zunächst noch helle Apfelbrei wurde etwas stehen gelassen und immer wieder umgerührt. Durch die Einwirkung der Luft kam es zur Oxidation, und der geriebene Apfel wurde tiefbraun. Dies wurde nun dem Kranken gegen seinen Durchfall gegeben, und es wirkte fast immer. Erst wenn der geriebene Apfel nicht half, griff man zu anderen Mitteln, etwa zu getrockneten Heidelbeeren (siehe dazu auch Seite 48f.) oder etwas anderem.

Nach einer Studie der Universität Mainz enthält ein kleiner und nicht immer schön aussehender Apfel der alten Sorten, wie etwa ein Berlepsch, Boskop oder Cox Orange, wenn er noch nicht hochgezüchtet worden ist, so viel Vitamin C, wie der normale Tagesbedarf eines Erwachsenen ausmacht. Um dagegen mit einer modernen Apfelzüchtung dieselbe Menge an Vitamin C zu bekommen, muss man sechs große Äpfel dieser Sorten essen!

Backäpfel und getrocknete Apfelstückchen

Im Winter, wenn man in den Spinnstuben zusammensaß, Handarbeit verrichtete, etwas sang und musizierte und oftmals dabei Geistergeschichten erzählte, war die hohe Zeit der Backäpfel. Sie wurden auf einem Blech in den Röhre des Küchenherdes oder des Kachelofens geschoben und verbreiteten im ganzen Haus einen verführerischen Duft. Die Leute sagten, wenn man gerade im Winter täglich einen oder zwei Äpfel essen würde, könne einem kaum eine Krankheit etwas anhaben. Durch ihren hohen Vitamin-C-Gehalt stärkten sie die körpereigene Abwehr.

Getrocknete Apfelstückchen waren zum Knabbern im Winter und auch aufgeweicht mit anderen Früchten als Obst oder zu Kartoffelreibekuchen, also Kartoffelpuffern, sehr beliebt. Die Äpfelschnitze wurden meist aus den frühen Sorten hergestellt, da man sie schlecht lagern konnte.

Übrigens sagt man auch in der Natur- und Volksheilkunde – ebenso wie in der Hildegard-Medizin – dass erst ein leicht geschrumpelter Apfel sein richtiges, volles Aroma entwickle und dann auch viel bekömmlicher sei. Moderne Apfelzüchtungen können ja fast nicht mehr schrumpeln, da sie entsprechend chemisch behandelt werden.

Diese »modernen« Sorten werden von der Blüte bis zur Ernte – so erzählte mir einmal ein Südtiroler, der sich auskannte – etwa sechsmal mit verschiedenen Chemikalien gespritzt. Dies führe schon dazu, dass dort heute die Blüten an den Bäumen zum Teil künstlich befruchtet werden müssen, weil es nicht mehr ausreichend Insekten in den Gärten gibt. Die Äpfel, die erst einige Monate später im nächsten Jahr verkauft werden sollen, werden noch vor der endgültigen Reife geerntet, aussortiert, gewachst und in großen Kühlhallen eingelagert, in denen die Temperatur

Das ätherische Öl der Arnika wirkt nachweislich desinfizierend, entzündungshemmend und wundheilungsfördernd. Auch in der Homöopathie wird Arnika erfolgreich eingesetzt.

knapp über dem Gefrierpunkt liegt. In diesen Hallen wird der Sauerstoffgehalt abgesenkt und stattdessen ein Edelgas zugesetzt. Dadurch bleiben die Äpfel frisch und prall und behalten später im Geschäft und auch zu Hause im Kühlschrank sehr lange ihr »frisches« Aussehen.

Arnika

Arnika (Arnica montana), die heute noch in den kargen Mittelgebirgen vor allem dort wächst, wo der Mensch noch nicht zu sehr den Kreislauf der Natur gestört hat, stand bei der Landbevölkerung immer in hohem Ansehen. In vielen Gegenden ist sie auch unter dem Namen »Bergwohlverleih« bekannt, und im Frankenwald sagt man Kannes dazu. Es gibt allerdings einige Leute, die auf Arnika allergisch reagieren; diesen wird sowohl von der innerlichen als auch von der äußerlichen Anwendung von Arnika dringend abgeraten!

Die Blüten wurden meist um Johanni herum, also um den 21. Juni, wenn sie voll erblüht waren, möglichst an einem strahlenden Sonnentag geerntet. Ein Teil wurde sofort frisch mit Alkohol verarbeitet und ein anderer Teil im Schatten getrocknet. Bei diesem Trockenvorgang entwickelte sich ein äußerst aromatischer Duft um die Trockenstelle herum, den viele Leute schon als heilsam für die entzündete und gereizte Lunge bezeichneten.

Arnikatinktur bei Verletzungen

Man sammelte die Arnikablüten und legte sie in Korn- oder einem anderen Schnaps ein. Nach drei Wochen Sonnenbestrahlung war die Arnikatinktur fertig. Bei allen äußeren Verletzungen wurde dann damit eingerieben oder auch Umschläge gemacht. Dabei gab man einen kräftigen Schuss Arnikatinktur in etwa einen Liter Wasser und benetzte damit immer wieder den Lappen oder das Handtuch, das man auf die verletzte Stelle auflegte. Immer, wenn der Verband sich warm anfühlte, wurde der Umschlag erneuert. Die Tinktur wirkt sehr schmerzlindernd, saugt einen Erguss im Gelenk oder Gewebe förmlich auf und vermindert die Entzündung innerhalb kurzer Zeit. Wegen ihrer schnellen Wirksamkeit gehört die Arnikatinktur mit zu den beliebtesten und bekanntesten Volksheilmitteln bei Verrenkungen, Verstauchungen, Blutergüssen und Quetschungen aller Art. Aber auch bei Hautabschürfungen und kleineren Wunden wird ein solcher Umschlag mit der Arnikatinktur angelegt. Dieser wird an den offenen Stellen durch den Alkohol wohl erst einmal etwas brennen, was aber sehr schnell einem angenehmen, wohltuenden Gefühl weichen wird. Dann hat der Heilungsprozess fast schon begonnen. Deshalb ist die Arnikatinktur auch ein sehr beliebtes Mittel bei Bergsteigern und Wanderern. Sie verwenden sie mit etwas Wasser verdünnt bei dem bekannten und gefürchteten »Wolf«, zu dem es

Heute steht die Arnika unter Naturschutz und sollte nur – ob getrocknet oder als Tinktur – über die Apotheken bezogen werden. Diese bekommen die Arnika von darauf spezialisierten Firmen, die diese sehr empfindsamen Pflanzen in separaten, genehmigten Anbaugebieten – unter genauer Einhaltung der Schutzvorschriften und der Ökologie des Bodens – ziehen.

Goethe soll sich im vorgerückten Alter bei Herz- und Kreislaufbeschwerden eine Tasse Arnikatee aufgebrüht haben. Ihm habe er seine Spannkraft bis ins hohe Alter zu verdanken, soll er einmal gesagt haben. Mir ist allerdings auch zu Ohren gekommen, dass der Herr Geheimrat Goethe täglich bis zu 40 Tassen Kaffee getrunken haben soll. Ob da eine Tasse Arnikatee noch Wunder wirken konnte, möchte ich bezweifeln.

kommt, wenn man sich zwischen den Beinen wund gelaufen hat. Auch hier brennt die Wunde nach der Anwendung erst einmal, bevor der Wolf nach kurzer Zeit erträglicher wird und abheilt.

Natürlich kann man die Arnikatinktur bei allen Entzündungen und Schmerzen als gut wirksames Einreibemittel benutzen. Man setzt sie in der traditionellen Volksheilkunde nicht nur bei Entzündungen ein, sondern ebenso bei rheumatischen Beschwerden, Gicht und Muskelschmerzen aller Art.

Arnikatinktur zur Mund- und Halsdesinfektion

Auch bei allen Entzündungen und Reizzuständen im Hals- und Rachenbereich kann man diese Arnikatinktur mit sehr gutem Erfolg einsetzen. Sie wird verwendet bei Hals- und Mandelentzündungen, bei entzündetem Zahnfleisch und sogar bei Zahnschmerzen wirkt sie zumindest lindernd. Aber auch bei Aphthen oder offenen Stellen im Mund oder an der Zunge sollte man sie zur Unterstützung mit einsetzen. Dazu gibt man einige Tropfen Arnikatinktur in ein Glas warmes – niemals heißes – Wasser und spült und gurgelt damit immer wieder einige Minuten lang.

Arnikatinktur gegen Hühneraugen und Insektenstiche

Die »Kenner der Materie« benetzen Hühneraugen und störende Hornhautschichten am Fuß immer wieder mit Arnikatinktur oder legen sogar nachts Umschläge damit an. Nach wenigen Tagen lösen sich die störenden Schichten, und die Haut wird wieder weich und glatt. Auch bei Insektenstichen verwenden viele Menschen nur die pure Arnikatinktur, mit der sie die betroffenen Stellen einreiben.

Arnikatee als Tinkturersatz

Überall, wo man die Arnikatinktur nicht einsetzen kann oder will, kann man natürlich auch den Arnikatee

Arnikatinktur bei Herz- und Kreislaufstörungen

Bei sehr schwankendem Blutdruck führte man mit der Arnikatinktur auch eine innerliche Kur durch. Dazu nahm man sie mit etwas Wasser verdünnt nach folgendem Zeitplan ein:

Eine Woche lang einmal täglich zehn Tropfen
Zwei Wochen lang zweimal täglich zehn Tropfen
Vier Wochen lang dreimal täglich zehn Tropfen
Zwei Wochen lang zweimal täglich zehn Tropfen
Eine Woche lang einmal täglich zehn Tropfen

Nach dieser Zeit hatten sich die Herz- und Kreislaufbeschwerden meist reguliert. Ich verordne dieses Mittel recht häufig mit meist gutem Erfolg.

verwenden. Dazu nimmt man einen Teelöffel der aromatisch duftenden trockenen Arnikablüten, übergießt sie mit einem viertel Liter kochendem Wasser und lässt diesen Tee vor dem Abseihen einige Minuten lang ziehen. Für Umschläge benutzt man diesen Tee nur lauwarm, für den innerlichen Gebrauch kann er etwas wärmer sein.

Augentrost

Der Augentrost (Euphrasia officinalis) ist in der Volksheilkunde, wie der Name schon ausdrückt, ein sehr beliebtes Augenheilmittel. Er »tröstet« die Augen bei allen Störungen und gehört zu den gängigen Heilmitteln. Bei Untersuchungen stellte man fest, dass von den vielen Arten des Augentrosts der Steife Augentrost (Euphrasia stricta) die größte Heilwirkung hat.
Das ganze blühende Kraut ohne Wurzeln wird in der Zeit von Juli bis September geerntet und gebündelt an einem schattigen und trockenen Ort, der möglichst auch etwas luftig sein sollte, zum Trocknen aufgehängt. Getrocknet und geschnitten wird dann der Augentrost in dunklen Schraubgläsern aufbewahrt.

Augentrosttee bei Augenerkrankungen

Bei allen Reizungen, Entzündungen und Verletzungen der Augen und der Gegend um die Augen herum kann man den Augentrost als Tee einsetzen. Er ist sehr hilfreich bei Erkältungsbeschwerden wie Husten und/oder Schnupfen, wobei auch oft die Augen in Mitleidenschaft gezogen werden. Diese sind dann meist rot und neigen zur Tränenbildung. Mit dem Augentrosttee kann man allerdings auch eine Augenlidentzündung oder ein Gerstenkorn behandeln. Besonders gut wirkt der Augentrost übrigens bei Kindern, die unter Erkrankungen im Augenbereich leiden.
Man nimmt für den Tee einen Esslöffel voll getrocknetem Kraut und setzt dies mit einem viertel Liter kaltem Wasser an, bringt es zum Sieden und lässt es dann noch einige Minuten lang ziehen. Nach dem Abseihen trinkt man den Tee gut warm, täglich mindestens ein- bis zweimal einen Viertelliter. Einige Patienten meinen, dass man von diesem Tee nur dreimal am Tag ein kleines Gläschen trinken sollte und diesen dann mit etwas Honig süßen muss. Erst dann wirke er richtig. Probieren Sie die für Sie richtige Menge und Mischung aus.

Sollte die Anwendung von Augentrost in irgendeiner Form nicht sehr schnell den gewünschten Erfolg bringen oder ist die Augenerkrankung ernsterer Natur, muss natürlich unbedingt sofort ein Augenarzt aufgesucht werden. Sehr oft wird Augentrost auch parallel zu einer augenärztlichen Behandlung mit eingesetzt. Dies sollte der behandelnde Arzt allerdings wissen.

Die äußerliche Anwendung von Augentrost-Salz-Tee

Für die äußerliche Anwendung als Augenumschlag bereitet man den Tee wie oben beschrieben zu und gibt dann nach dem Abseihen noch auf einen viertel Liter Tee etwa einen halben Teelöffel Salz dazu. Diese Menge entspricht etwa dem Salzgehalt der Tränenflüssigkeit. Die Mischung brennt daher nicht, wenn etwas da-

Diejenigen, die gerne einmal einen kleinen Schnaps trinken, schwören natürlich darauf, dass man den Augentrost sechs Wochen in einen Selbstgebrannten einlegen muss. Trinke man davon dann täglich ein kleines Gläschen, dann brauche man nur in seltenen Fällen eine Brille.

von ins Augeninnere hineingelangt. Den Augentrost-Salz-Tee kann man auch sehr gut für Augenspülungen nach Verätzungen oder bei Entzündungen nehmen.

Auch bei sehr lichtempfindlichen Patienten und solchen, die ständig nervös mit den Augen zwinkern, bringt der Augentrost Besserung. Ebenso wie beim »Verblitzen« beim Elektroschweißen mit der anschließend sehr starken Bindehautentzündung »tröstet« dieser Tee die Augen und nimmt den größten Schmerz. Selbst bei einem akuten Heuschnupfen mit dick angeschwollenen und rot entzündeten Augen sollte man einmal diesen Augentrost-Salz-Tee zum Auswaschen und als Auflage auf die Augen versuchen.

Augentrost für eine bessere Sehkraft

In manchen Gegenden wird auch das warme Kraut direkt auf die Augen gelegt und über Nacht festgebunden. Dies wirkt auf zweifache Weise: Einmal durch die Wirkstoffe der Pflanze selbst und zum anderen auch dadurch, dass für einige Stunden beide Augen völlig ruhig gestellt werden und sich so schneller erholen können. Wenn ich Augentrost in der Praxis empfehle, gebe ich deshalb immer den Rat, die noch warmen Pflanzen, die man beim Abseihen des Tees übrig hat, über Nacht auf beide Augen zu binden, auch wenn nur ein Auge entzündet sein sollte.

Natürlich kann man auch mit zunehmendem Alter, wenn die Augen etwas von ihrer Kraft verlieren, den Augentrost sehr wirksam einsetzen. Viele ältere Leute auf dem Land benutzen ihn ganz regelmäßig und führen ihre relativ guten Augen darauf zurück. Manche meinen auch, dass es reiche, wenn sie ein kleines Beutelchen mit getrockneten Blüten und Blättern des Augentrosts ständig um den Hals tragen. Da sie die Düfte dieser Pflanze dadurch ständig einatmen und auch über die Haut aufnehmen, kann ich mir dies sogar vorstellen. Sie sagen aber auch alle, dass man die Pflanzen immer wieder regelmäßig gegen neue, getrocknete Pflanzen austauschen solle, weil ja die aromatischen Stoffe mit der Zeit »verduften«.

Der Steife Augentrost gegen Übersäuerung

Der Steife Augentrost, Euphrasia stricta, wird in manchen Gegenden gut getrocknet, zu einem Pulver verrieben und bei allen Störungen von Magen oder Darm, die mit einer Übersäuerung einhergehen, gegeben. Es bindet die überschüssige Säure und ist so eine wahre Wohltat für den Magen – auch bei Katerstörungen. Man wendet ihn aber auch unterstützend bei Gelbsucht an. Bei entsprechenden Beschwerden gibt man hier drei- bis fünfmal pro Tag einen gestrichenen Teelöffel des Pulvers, mit oder ohne Flüssigkeit, je nach persönlichem Geschmack des Patienten.

Augentrosttee bei Husten und Katarrhen

Seit Pfarrer Sebastian Kneipp ist der Augentrost auch als schleimlösendes Hustenmittel bekannt und hat so Eingang in die traditionelle Volksheilkunde gefunden. Hier wird Augentrost bei allen Katarrhen des Kopfes, also im Nasen-, Mund-, Rachen- und Kehlkopfbereich als Tee getrunken und/oder, meist zusammen mit Kamille oder Thymian, für ein Kopfdampfbad benutzt.

Bärlauch

Der Bärlauch (Allium ursinum), auch Waldknoblauch oder Hexenzwiebel genannt, wurde vom »Verein zum Schutz und zur Erforschung europäischer Heilpflanzen« zur Arzneipflanze des Jahres 1992 gekürt. Dies ist gut so, wächst er doch in riesigen Beständen in feuchten Buchenwäldern und wird von vielen Waldbesuchern oft für Maiglöckchenblätter gehalten. Die Frühjahrsblätter schmecken sehr nach Knoblauch – nicht ganz so intensiv wie der richtige Knoblauch, aber doch unverkennbar – und der Geruch ist in dieser Zeit sogar in den Wäldern wahrzunehmen.

Es werden nur die Blätter vor der Blüte verwendet. Diese kann man reichlich essen, ohne dass man unangenehm nach Knoblauch riecht. Die Zwiebel selbst wird eher selten verwendet, obwohl manche Leute gerade die Zwiebel sehr loben und später, nach dem Verblühen und dem vollkommenen Zurückziehen der Blätter, diese gerne essen.

Entschlacken mit Bärlauchblättern

Im Frankenwald führen heute noch viele Leute die Vier-Wochen-Frühjahrskur mit Bärlauchblättern durch. Man isst einfach jeden Tag eine Hand voll dieser Blätter, entweder direkt im Wald bei der Ernte oder zum Essen. Man kann die Blätter zu Wurst und Fleisch, zu Käse oder auch ganz allein auf Butterbrot essen – sie schmecken wunderbar und verfeinern jede andere Speise, vorausgesetzt, man mag den leichten Knoblauchgeschmack. Wir selbst frieren uns sogar große Mengen schön fein geschnittene Bärlauchblätter ein und geben sie an alle möglichen Speisen, speziell an verschiedene Suppen. Auch machen wir uns selbst Kräuterquark, den wir dann mit allerlei grünen Kräutern, zu denen an erster Stelle der Bärlauch gehört, anrühren und mit den verschiedensten Gewürzen, u.a. auch mit Mutterkümmel, verfeinern. Viele meiner Patienten machen es ebenso.

Wer diese Frühjahrskur intensiv durchführt, fühlt sich allgemein wohler. Die Wissenschaftler meinen, dass der Bärlauch eine besonders herzstärkende Wirkung hat und bei Beschwerden des Herzes diese teilweise beseitigt. In der Volksmeinung wirkt Bärlauch allgemein kräftigend und reinigend, hilft gegen Verdauungsstörungen und Hautkrankhei-

Im alten Germanien wurde Bärlauch im Frühjahr an bestimmten Tagen gegessen, und man war der Meinung, dass er demjenigen, der ihn isst, »Bärenkräfte« verleiht; deshalb heute noch dieser Name. Aber auch die Bären laben sich an ihm nach einem tiefen Winterschlaf.

ten, gegen hohen Blutdruck und Arterienverkalkung und auch gegen alle Infektionen.

Baldrian

Der Baldrian (Valeriana officinalis), besonders seine Wurzel, hat in der Volksheilkunde wegen der positiven Wirkung auf die Nerven ein hohes Ansehen. Auch bei nervösen Herzbeschwerden und bei Schlaflosigkeit wird Baldrian gerne angesetzt.

In manchen Gegenden wird Baldrian auch Katzenkraut genannt, weil sein Geruch Katzen unwahrscheinlich anzieht. Motten hingegen vertreibt er, deshalb legen manche Leute Baldrianwurzeln in den Wäscheschrank.

Die Wurzeln werden erst dann, wenn sich die Pflanze im Herbst vollkommen zurückgezogen hat und die ganze Kraft in der Wurzel steckt, geerntet, sauber geputzt, gewaschen und dann in kleine Stücke geschnitten. Ein Teil davon wird auf einem Backblech im nur leicht erwärmten Ofen bei offener Backofentür getrocknet. Wenn sie richtig knochenhart sind, werden sie in trockenen Schraubgläsern aufbewahrt. Die getrockneten Wurzelteile werden für den Baldriantee und das Baldrianbad verwendet.

Ein anderer Teil der Wurzeln wird frisch in Schnaps eingelegt, indem man eine Flasche damit locker füllt und dann einen Korn oder hochprozentigen Schnaps aufgießt. Nun lässt man ihn einige Wochen an einem warmen Ort ziehen, indem man das Ganze immer wieder durchschüttelt. Dies ist dann die bekannte Baldriantinktur.

Baldriantinktur

Von der Baldriantinktur nimmt man bei Schlafstörungen, vor allem bei Einschlafproblemen, unmittelbar vor dem Schlafengehen 20 bis 30 Tropfen mit etwas Wasser verdünnt ein. Auch wenn man nervöses Herzklopfen ohne erkennbare Ursache hat, ist dies recht gut, oder wenn man sich wegen unerklärlicher Angstzustände allgemein etwas beruhigen möchte.

Baldriantinktur, aber auch den Baldriantee, sollte man aber prinzipiell niemals länger als vier Wochen ohne Unterbrechung einnehmen, sonst sitzt man womöglich nachts im Bett und kommt nicht mehr zur Ruhe. Nach ununterbrochener vierwöchiger Einnahme kann es nämlich bei manchen Menschen zu einer Art Umkehrwirkung kommen, so dass der Baldrian dann stark anregt und

Baldrian gegen Menstruationsbeschwerden

Mit der verdünnten Tinktur können sich auch Mädchen und junge Frauen, die vor und während ihrer Periode krampfhafte Bauchschmerzen haben, im akuten Zustand einen Unterleibswickel anlegen. Auch zur Vorbeugung kann man Baldrian verwenden. Wer regelmäßig acht Tage vor der Periode beginnt, den Tee (siehe Seite 23) zu trinken, vermeidet damit die starken Schmerzen (siehe auch »Pfefferminze« und »Melisse«, Seiten 92 und 87).

Die beruhigende und entkrampfende Wirkung des Baldrians war bereits Hippokrates bekannt. Seit dem hat Baldrian sich einen festen Platz in der Naturheilkunde erobert.

nicht mehr beruhigt. Erst wenn man eine Pause von vier bis sechs Wochen eingelegt hat, kann man Baldrian wieder zur Beruhigung und Entspannung verwenden. Wenn man dagegen diese Tinktur oder den Tee nur ab und zu einmal nimmt, dann entfaltet er immer seine Wirkung.

Baldriantee, auch für Augenleiden

Fast dieselbe Wirkung wie die Tinktur hat auch der Tee. Dazu setzt man morgens einen Teelöffel der getrockneten Wurzeln mit rund einem viertel Liter kaltem Wasser an und lässt dies bis zum Abend ziehen, bringt es bis zum Siedepunkt – aber nicht zum Kochen – nimmt es vom Herd, lässt es noch einige Minuten ziehen, gießt es ab und trinkt den Tee. Man kann ihn nach Geschmack mit etwas Honig süßen. Hat man das Einweichen morgens vergessen, kann man Baldrian abends mit kaltem Wasser ansetzen, langsam erhitzen und dann noch einige Minuten ganz sachte kochen lassen. Diese zweite Methode hat nicht ganz dieselbe Wirkung wie der Kaltauszug, hilft aber auch.

Der Tee ist vor allem für Frauen in den Wechseljahren sehr hilfreich. In dieser Zeit sollten sie öfter einmal zwischendurch – aber nicht jeden Tag – eine Tasse Baldriantee trinken.

Mit dem lauwarmen Baldriantee werden auch oftmals mit sehr gutem Erfolg Auswaschungen und Umschläge für die Augen gemacht, vor allem bei Augenschwäche und nervösen Augen, einschließlich des nervösen Blinzelns.

Baldrianöl für das Nervenkostüm

Das Baldrianöl, ein ätherisches Öl, das aus der Wurzel gewonnen wird, spielt im Allgemeinen in der Volksheilkunde nur eine sehr untergeordnete Rolle. Manche schwören jedoch darauf, dass gerade dieses Öl für das Nervenkostüm das Allerbeste sei. Die meisten nehmen jedoch die Tinktur oder den Tee.

Manche legen Baldrianwurzeln einige Wochen in Wein ein und meinen damit das Mittel zur Steigerung ihrer nachlassenden Potenz zu haben. Die meisten sind aber mehr um ihre allgemeine Gesundheit bemüht und sehen eine nachlassende Potenz im vorgerückten Alter als einen ganz normalen, biologischen Vorgang an, was ja auch richtig ist.

Den Kindern, die zu Krämpfen und zu häufigem Schreien neigten, legte man oft etwas Baldrian unter das Kopfkissen, damit sie den beruhigenden Duft einatmeten. Diese Anwendung eignet sich aber nur dort, wo nicht die Gefahr besteht, dass sich eine Katze – angezogen von dem Baldrianduft – auf den Kopf des Kindes legt und dieses im Schlaf erstickt. Solch tragische Unfälle kamen bei uns auf dem Lande durchaus vor.

Da Beifuß ein »armer Verwandter« des Wermuts ist, wirkt er ähnlich wie dieser, wenn auch lange nicht so stark. Gerade diese abgeschwächte Wirkung ist es aber, die ihn bei vielen Leuten beliebter macht als den Wermut. Viele haben eine große Abneigung gegen das Gallebittere des Wermuts und ziehen Beifuß vor.

Beifuß

Der Beifuß (Artemisia vulgaris), eine bei uns oft als Unkraut bezeichnete Pflanze, wächst überall dort, wo der Boden nicht bearbeitet wird und brachliegt, also auf Schuttplätzen, an Straßenrändern, an den Ufern von Bächen, Flüssen und Seen und auch in lichten Gebüschen.

Verwendet wird das Kraut am oberen Teil der Pflanze, die bis zu 1,5 Meter hoch wird. Die Spitzen von 20 bis 30 Zentimeter Länge werden in den Sommermonaten Juli und August gesammelt und gebündelt an einem schattigen Ort getrocknet. Sie finden sowohl als Tee als auch als Gewürz in der Volksheilkunde Verwendung.

Beifußtee bei Verdauungsstörungen

Der Tee hilft bei allen Störungen im Verdauungstrakt, also bei allen Magen- und Darmbeschwerden, die von Mundgeruch und übergroßem Völlegefühl bis hin zu übel riechenden Gärungsdurchfällen und Appetitlosigkeit reichen können, sowie bei Störungen von Leber, Gallenblase und der Bauchspeicheldrüse.

Dadurch, dass Beifuß den Gallensaft so richtig zum Fließen bringt, hilft er auch nervlich überreizten Menschen, weil die entstaute Gallenblase die Leber und damit den ganzen Körper entgiftet und so das vegetative Nervensystem positiv beeinflusst. Dadurch können auch alle Kopfschmerzen und Migräne, die von der gestauten Leber oder Gallenblase negativ beeinflusst werden, abgemildert oder in manchen Fällen sogar geheilt werden.

Der Tee wird normalerweise bereitet, indem man ein bis zwei Teelöffel des getrockneten Krauts mit ca. einem viertel Liter kochendem Wasser übergießt, einige Minuten lang ziehen lässt, abgießt und diesen Tee möglichst warm vor dem Essen trinkt. Nach Geschmack kann man aber den Tee auch stärker oder schwächer zubereiten. Bei Bedarf kann man ihn mit etwas Honig süßen.

Beifuß als Gewürz in der traditionellen Küche

Beifuß wird auch sehr gerne in der deftigen Küche als Gewürz verwendet, besonders bei allen fetten Fleisch- und Geflügelgerichten, wie Gans, Ente oder Schweinebraten. In manchen Gegenden wird Beifuß auch als Würzzugabe in der Leberwurst verwendet, weil er hier sowohl den Geschmack der Wurst verbes-

sert als auch nach dem Verzehr ihre Verdauung erleichtert. Deshalb gehört der Beifuß als Gewürz auch bei traditionellen Gerichten wie der Weihnachts- oder der Martinsgans einfach mit dazu.
Er sorgt dafür, dass unsere durch seine Hilfe gut fließenden Verdauungssäfte die Gans im Verdauungstrakt auch richtig verarbeiten können. Und wenn jemand gar unter Appetitlosigkeit leiden sollte, sorgt Beifuß dafür, dass man selbst den Rest der Gans noch schafft.

Beinwell

Beinwell (Symphytum officinalis) oder Beinwurz ist ein bewährtes Volksheilmittel, das speziell im Bereich der Knochenheilkunde und bei Entzündungen aller Art Verwendung findet. Er gehört zur Familie der Borretschgewächse, was man an den haarigen Blättern gut erkennt.
Beinwell wächst meist in Mengen im Halbschatten der Weiden, Erlen und anderer Bäume und Sträucher um Teiche herum oder an Bächen. Die Wurzeln werden im Herbst, wenn sich die ganze Kraft in sie zurückgezogen hat, oder im beginnenden Frühjahr, bevor sie wieder in die neuen Triebe schießt, ausgegraben. Man putzt, wäscht und schneidet sie in kleine Stücke oder in Streifen. Diese werden auf Schnüre gezogen und so an einem luftigen, trockenen Ort ohne direkte Sonneneinstrahlung zum Trocknen aufgehängt.

Beinwelltinktur bei Knochenverletzungen

Die frischen Wurzeln kann man klein geschnitten einige Wochen lang in Alkohol einlegen. Danach werden die Wurzelstücke entfernt und der dickflüssige, sämige Alkoholauszug, etwas mit Wasser verdünnt, bei Bedarf innerlich und/oder äußerlich verwendet.
Von der Tinktur nimmt man bei allen Verletzungen der Knochen, auch bei Knochenbrüchen, drei- bis fünfmal pro Tag 10 bis 20 Tropfen bis einen Teelöffel voll ein, aber immer mit etwas Wasser verdünnt. Man sollte die Beinwelltinktur niemals länger als höchstens sechs Wochen einnehmen, danach sollte unbedingt eine Pause von gleicher Länge folgen. Im Anschluss kann man die Tinktur wieder sechs Wochen lang einnehmen. Diesen Zyklus sollte man bei Bedarf ruhig öfter wiederholen.
Äußerlich kann man die Tinktur, mit Wasser verdünnt, in Form von Umschlägen direkt auf die verletzten Stellen aufbringen. Wenn eine Entzündung außen sichtbar ist, sollte man auf die betroffene Stelle Umschläge legen und Einreibungen mit der Tinktur vornehmen.
Aber auch bei Entzündungen des Verdauungstrakts kann man die Tinktur innerlich mit gutem Erfolg einnehmen.

Der althochdeutsche Name »Beinwell« sagt eigentlich schon das Wesentliche aus: Bein oder Gebein nannte man damals die Knochen und »well« heißt gut. Beinwell bedeutet also schlicht und einfach »gut für die Knochen« – und das ist er auch.

Beinwelltee und warme Umschläge

Die getrockneten Wurzeln werden sowohl für Beinwelltee zum Trinken als auch für warme Umschläge ver-

Warmes Bier oder Biersuppe wärmt innerlich und wirkt beruhigend, so dass man besser schlafen kann. Diese Beruhigung liegt weniger an dem Alkoholgehalt, sondern mehr an dem Hopfenanteil im Bier, da Hopfen bekanntlich entkrampfend auf das vegetative Nervenkostüm wirkt.

wendet. Für den Tee nimmt man einen Teelöffel klein geschnittene Beinwellwurzeln auf eine Tasse kochendes Wasser. Die Stücke übergießt man mit kochendem Wasser, lässt sie eine viertel Stunde ziehen, seiht sie sorgfältig ab und trinkt den Tee gut warm in kleinen Schlucken.

Für die Beinwellumschläge kocht man eine Hand voll (etwa 100 Gramm) getrocknete Beinwellwurzel mit einem Liter Wasser 10 bis 15 Minuten lang. Nach dem Abseihen kann man diese Flüssigkeit für einen lindernden Umschlag bei Wunden, Knochenbrüchen oder Entzündungen verwenden.

Bier

Wenn die Bauern mehr Gerste angebaut hatten, als sie selbst für ihre Tiere zum Füttern brauchten, lieferten sie sie oft in der Landbrauerei im nächsten Dorf ab. Sie bekamen dafür als Entgelt eine genau berechnete Menge »Haustrunk« in großen Literflaschen mit dem alten Hebelpatentverschluss geliefert. Bei dem Trunk handelte es sich um ein Dünnbier, das weniger Alkohol enthielt als das Bier, das in den Gaststätten aus den Fässern gezapft wurde. Dieses Bier wurde auch in der Volksheilkunde eingesetzt. Man kann aber auch ganz normales Bier für Heilzwecke verwenden.

Stark erhitztes Bier wurde bei Erkältungen getrunken, ähnlich wie der warme Apfelmost. Da Bier aber damals sehr viel teurer war als der Apfelmost, den jeder im eigenen Keller hatte, wurde dies nicht so oft angewandt. Wenn jemand sehr krank und schwach war, bekam er schon einmal zur Kräftigung warmes Bier, in das ein Hühnerei eingerührt war, zu trinken oder eine Biersuppe mit einer Einlage gekocht. Die warme Biersuppe war in der kalten Jahreszeit als »Magenwärmer« vor dem eigentlichen Essen auch sehr beliebt. Leute mit empfindlichem Magen schworen darauf, dass ihnen fast nichts so gut helfe wie diese warme Biersuppe.

Bierhefe in der Rekonvaleszenz

Wenn jemand eine schwere Erkrankung überwunden hatte und danach nicht recht wieder zu Kräften kam,

Bierdämpfe gegen Keuchhusten

Wenn ein Kind Keuchhusten bekam, ging man in den Brauereikeller und hielt sich dort mit dem Kind einige Zeit in der Nähe der mit Schaum bedeckten Maischbottiche auf. Durch die eingeatmeten Dämpfe der gärenden Biermaische verbesserte sich der Zustand der erkrankten Kinder oft ohne weitere Medikamente schlagartig und auch »alte Husten«, die die Kinder nach einem Keuchhusten oft zurückbehielten, besserten sich damit merklich. Bis heute ist diese Anwendung noch üblich, wie mir ein Bierbrauer bestätigte.

besorgte er sich Bierhefe, die er einige Wochen lang regelmäßig nahm. Die darin reichlich enthaltenen Vitamine und Vitalstoffe bauten ihn schneller wieder auf, und die Nachwirkungen der Erkrankung wurden wesentlich rascher überwunden. Bierhefe gibt es auch heute noch problemlos in jeder Drogerie, Apotheke oder im Reformhaus zu kaufen.

Ein Bierbrauer erzählte mir, dass alle Leute in der Brauerei öfter zur Vorbeugung gegen alle Krankheiten einfach etwas Bierhefe zu sich nehmen würden und auch den heißen Biersud, der mit der Bierhefe angesetzt wird. Sie führten die robuste Gesundheit der Bierbrauer auf diese regelmäßige Einnahme zurück, die die Selbstheilungskräfte im Körper stärken würde.

Birke

Die weißen, schlanken Stämme der Birke (Betula) verleihen jeder Landschaft etwas Eigentümliches und werden von den Menschen gerne gesehen. Weniger gerne sehen sie aber die Landwirte, weil die Birke dafür bekannt ist, dass sie die Böden auslaugt, also sehr viele Mineralstoffe aufnimmt, und viel Wasser benötigt. Das führt uns auch gleich zu den verschiedenen Indikationen der Naturheilkunde: Die Birke wird gerne eingesetzt bei Mineralstoffstörungen und Unregelmäßigkeiten im Wasserhaushalt, also bei Erkrankungen der Nieren und der Blase sowie ihrer Anhangsorgane.

Frischer Birkensaft gegen Diabetes mellitus

Im Frühjahr wurden die Birken angeschnitten und darunter ein Gefäß genagelt. Von diesem aufgefangenen Saft trank man nun täglich ein Gläschen. Dadurch wurden die Nieren angeregt, der Blutzucker bei Diabetikern orientierte sich nach unten und unterlag nicht mehr so starken Schwankungen. Durch diese Wirkungen fühlten sich Zuckerkranke wesentlich besser.

Birkenblättertee zur Nierenanregung

Junge Birkenblätter (Folia betulae) werden im Frühjahr als Tee zur Blutreinigung und zur Nierenanregung verwendet. Die Birkenblätter als Tee sind eines der harntreibendsten Mittel in der ganzen Volksheilkunde, wobei bei der Behandlung von Stauungen nur das Wasser und nicht die Mineralstoffe dem Körper entzogen werden. Dabei kommt es trotz der starken Harnausscheidung niemals zu Nierenreizungen.

Wer nicht bis zum Frühjahr warten möchte, um frische Blätter zu haben, stelle sich ab Barbara (4. Dezember) junge Birkenreiser an einem warmen Ort in einer großen Vase mit Wasser ins Haus. Die dann schon vor oder ab Weihnachten frisch sprießenden jungen Blätter werden immer bei Bedarf abgepflückt und sofort zu einem harntreibenden Tee verarbeitet. Für den Tee werden je nach Größe vier bis acht solcher Blätter mit einer Tasse kochendem Wasser übergossen und

Frischer Birkensaft wurde in der Volksmedizin schon immer als Haarwasser verwendet. Das mineralstoffreiche Birkenwasser tut eben dem Mineralhaushalt der Haare und auch der Nägel gut. Angeblich sollen Männer davon keine Glatze bekommen. Dies ist wohl nicht immer von Erfolg gekrönt, denn gegen die erbliche Veranlagung zu einer Glatze kann man relativ wenig machen.

einige Minuten ziehen gelassen. Man kann davon ruhig mehrere Tassen pro Tag trinken, da er sehr mild ist.

Birkenblättertee gegen rheumatische Beschwerden
Durch seine ausscheidende Wirkung reagieren auch Menschen mit rheumatischen Beschwerden sehr gut auf diesen Tee, ebenso Patienten mit Hauterkrankungen, da diese oft auf Stoffwechsel- und Entgiftungsstörungen beruhen. Wenn Magen und Darm nicht richtig arbeiten, sucht sich der Körper einen anderen Weg für die Schlacken: die Haut.
Die frischen Birkenblätter sind ebenfalls sehr gesund. Man kann sie im Frühjahr als Salat essen.

Auf dem Land, wo fast jeder Borretsch in seinem Garten hat, ist er besser unter dem Namen »Gurkenkraut« bekannt, weil man mit den klein geschnittenen, haarigen Blättern dem Gurkensalat eine besonders angenehme Geschmacksnote verleihen kann und sie auch beim Einmachen der Gurken mit verwendet werden können.

Borretsch

Borretsch (Borago officinalis) ist ein in der Volksheilkunde beliebtes Hausmittel, das heute leider nur wenig Beachtung findet. Er lässt sich vielfältig bei Hautproblemen und Erkrankungen der Atem- und Ausscheidungsorgane einsetzen.

Borretschtee gegen Bronchial- und Nierenerkrankungen
Der Tee, der aus den frischen wie aus den getrockneten Blättern zubereitet werden kann, sollte stets mit sehr warmem, aber nie kochendem Wasser bereitet werden. Er wird bei Bronchial- und Nierenerkrankungen getrunken, da er den Stoffwechsel anregt. Die Stärke des Tees richtet sich nach dem persönlichen Geschmack. Der Tee sollte aber immer recht warm getrunken werden. Borretschtee wird daneben auch bei rheumatischen Beschwerden eingenommen.

Borretschöl gegen Neurodermitis
Die ganze Borretschpflanze mit Stängel, Blättern und den blauen Blüten wird klein geschnitten, in eine weiße Weithalsflasche oder ein

Borretsch sollte stets frisch verwendet werden, damit er seine volle Wirkung entfalten kann. Ein Aufguss soll auch gegen depressive Verstimmungen helfen, darauf weist auch der volkstümliche Name »Wohlgemuth« hin.

Schraubglas gegeben und mit Öl – Bucheckern- oder Sonnenblumenöl – aufgefüllt. Das Ganze wird dann einige Wochen in die Sonne oder an einen warmen Platz gestellt und immer wieder einmal geschüttelt. Sie können mit der gleichen Methode auch einen Borretschessig bereiten.
Nach dem Abseihen wird dieses Öl für die Speisen und Salate der Neurodermitiker mit verwendet. Dadurch werden alle Speisen, auf die Patienten mit Neurodermitis sonst allergisch reagieren, verträglicher. Der Hauterkrankung wird dadurch teilweise ihre Grundlage entzogen, und andere Anwendungen können so besser wirken.

Brennnessel

Die Brennnessel ist wohl mit Sicherheit eine der Pflanzen, die selbst die Leute kennen, die sich sonst kaum mit Pflanzen beschäftigen. Denn jeder hat sich bestimmt schon einmal als Kind an einer Brennnessel »gebrannt« und hütete sich seither davor, ihr wieder zu nahe zu kommen. Wenn sie seltener wäre, wäre sie wohl eine der teuersten Heilpflanzen, denn ihre Wirkungen sind sehr vielfältig und hilfreich. Man unterscheidet hier generell zwei Arten, die Große und die Kleine Brennnessel (Urtica dioica und Urtica urens), die beide fast gleichwertig eingesetzt werden können, besonders wenn sie als Frühjahrsbrennnesseln im März oder April geerntet werden.

Brennnesseltee als Nierentonikum

Die bekannteste Anwendung der Brennnessel ist sicher die als Teeaufguss. Man nimmt hierfür einen Teelöffel der klein geschnittenen, frischen oder getrockneten Pflanze auf eine Tasse Tee, überbrüht sie mit kochendem Wasser und lässt sie einige Minuten lang ziehen. Der Brennnesseltee wirkt stark nierenanregend und allgemein entschlackend und entstauend. Man sollte für den anregenden Tee – ebenso wie für Brennnesselspinat – möglichst nur die kleinen bis etwa zehn Zentimeter hohen Pflanzentriebe der kleineren Brennnesselart nehmen.
Man kann ruhig drei bis fünf Tassen pro Tag trinken, sollte aber nach einigen Wochen wieder eine längere Pause machen, damit die Wirkung auf den Körper erhalten bleibt. Wer auf Brennnessel allergisch reagiert, sollte anfangs nur getrocknete Brennnesseln für den Tee nehmen. Patienten, die unter einer eingeschränkten Nieren- oder Herztätigkeit leiden und dadurch häufig Wasseransammlungen im Gewebe haben, sollten zur Verwendung von Brennnesseln ihren behandelnden Arzt oder Heilpraktiker befragen.

Für Kinder wurde früher oft der Brennnesseltee mit kochender Milch überbrüht, die dann nach dem Ziehen abgeseiht und mit etwas Honig gesüßt wurde. So schmeckte Brennnesseltee auch den Kleinen und konnte seine Wirkung bei ihnen voll entfalten.

Brennnesseln auch äußerlich gegen rheumatische Beschwerden

Die Brennnessel wirkt nicht nur innerlich als Tee gegen die Erkrankungen des rheumatischen Formenkreises, sondern ganz besonders tapfere Menschen können sie auch äußerlich anwenden.

Auf dem Land ließen sich früher manchmal Leute, die sehr stark unter rheumatischen Beschwerden litten, mit den großen Brennnesseln die nackte Haut auspeitschen. Dies ergibt Quaddeln auf der Haut, also sehr starke und juckend-brennende Hauterhebungen. Die Rheumatiker haben hinterher meist einige Zeit sehr viel weniger, manche sogar gar keine Schmerzen mehr. Auch heute gibt es wieder Patienten, die auf diese Anwendung schwören.

Wenn man eine Stelle hat, an der ausreichend Brennnesseln wachsen und keine Hunde hinkommen (die seltsamerweise gerade bei den Brennnesseln gerne ihr Bein heben), sollte man mit einer Sense oder einer Sichel die zu hohen Brennnesseln einfach abmähen. Die dann jung nachwachsenden Pflanzen kann man das ganze Jahr ernten und verwenden.

Wer Allergiker ist, dem ist von dieser Rosskur aber dringendst abzuraten, da er eventuell darauf mit einem allergischen Schock reagieren könnte. Die Allergiegefahr ist bei der Verwendung von Brennnesseln in jeder Form immer zu beachten und entsprechende Vorsicht anzuraten!

Brennnesselsamen und -wurzeln bei Prostataleiden

Früher sagte man immer, dass der Brennnesselsamen auch gegen die »Männerkrankheit«, also eine Erkrankung der Prostata, wirkt. Andere schworen in diesen Fällen auf die Brennnesselwurzeln. Unbestreitbar ist auf jeden Fall die positive Wirkung der Pflanze auf den Nieren-Blasen-Bereich. Am stärksten wirken die Wurzeln, wenn sich im Herbst die ganze Kraft der Pflanze für das nächste Jahr zurückgezogen hat, und die Samen, in denen die gesamte Erbmasse der Pflanze liegt.

Die Samen werden im Herbst, wenn sie sich noch an den Brennnesseln befinden und schon leicht bräunlich werden, mit einem Handschuh abgestreift, getrocknet und aufbewahrt. Die Wurzeln sollten erst nach dem ersten strengeren Frost, wenn die Pflanze sich zurückgezogen hat, ausgegraben werden oder im Frühjahr, bevor die Kraft wieder in die Jungpflanzen geht.

Brennnesselwurzeln gegen Haarausfall

Der Absud der Brennnesselwurzeln wird in der Volksheilkunde auch gegen Haarausfall verwendet. Die Haare werden entweder gleich mit dem warmen Absud gewaschen, oder der Absud oder ein Brennnesselspiritus wird nach dem Waschen in die Haare und vor allem in die Kopfhaut kräftig einmassiert. Vererbte Glatzenbildung bei Männern kann man damit freilich nicht aufhalten, aber bei krankhaftem Haarausfall ist dies als unterstützende Maßnahme recht gut, weil dadurch die das Haar ernährende Kopfhaut gut durchblutet und versorgt wird.

Der Brennnesselspiritus wird hergestellt, indem man getrocknete und klein geschnittene Brennnesselwurzeln einige Wochen in Alkohol einlegt, zwischendurch immer wieder durchschüttelt und so einen Auszug aus den Wurzeln erhält. Manche Leute seihen die ausgelaugten Wurzelstücke ab, andere schwören darauf, dass er nur dann richtig helfen kann, wenn man die Wurzelstücke im Schnaps lässt. Wie auch immer man es macht, helfen wird es auf jeden Fall.

Brennnesselsaft zur reinigenden Frühjahrskur

Sehr beliebt in der Volksheilkunde ist auch der Brennnesselsaft. Er wird meist im Frühjahr hergestellt, man kann ihn aber auch das ganze Jahr hindurch machen. Die kurmäßige Anwendung sollte auf vier bis sechs Wochen begrenzt werden. Nach einer Pause von einigen Wochen kann man sie dann wiederholen.

Früher setzte man dazu klein geschnittene Brennnesseln rund zwölf Stunden mit so viel Wasser an, dass die Brennnesseln damit bedeckt waren. Dann gab man sie in einen Leinensack und drückte diesen dann kräftig aus. Von diesem Saft nahm man dreimal pro Tag einen Esslöffel voll mit etwas Wasser verdünnt ein. Heute kann man die Brennnesseltriebe so, wie sie sind, in einen elektrischen Entsafter geben und ganz schnell und einfach einen Frischsaft herstellen, von dem man ein- bis dreimal täglich einen Teelöffel voll mit etwas Wasser verdünnt einnimmt.

Vom Brennnesselsaft sagt man, dass er entschlackend, blutreinigend und aufbauend wirke. Man verwendet ihn daher in der Volksheilkunde bei allen Blutkrankheiten, bei rheumatischen Beschwerden, Gicht und auch bei allen Störungen des gesamten Verdauungstrakts. Manch einer behauptet sogar, dass er mit »seiner Brennnesselkur« den zuvor leicht erhöhten Blutzucker wieder auf die durchschnittlichen Normalwerte abgesenkt haben will. Da die Brennnessel sehr stark den Stoffwechsel beeinflusst, ist dies ohne weiteres denkbar, vorausgesetzt – man hat gleichzeitig sehr solide gelebt.

Auch in der Homöopathie findet die Brennnessel schon immer ihre Anwendung. Hier wird sie besonders gerne gegen Hauterkrankungen, etwa die Nesselsucht, angewendet. Ebenso wirksam ist sie gegen rheumatische Beschwerden und Gicht. Hierfür wird aber nur die Kleine Brennnessel gebraucht. Die gängigste Verwendungsform ist Urtica D2 bis D4.

Brennnessel für den Garten

Für den Garten wurde früher oft Brennnesseljauche zum Spritzen gegen übermäßigen Insektenfraß und zum Düngen angesetzt. Dazu wurden die großen Brennnesseln geerntet, grob zerkleinert und in einem Eimer oder einer Wanne mit so viel Wasser angesetzt, dass sie ganz bedeckt waren. Den Eimer oder die Wanne stellte man so auf, dass sie der direkten Sonnenbestrahlung ausgesetzt waren. Genau 24 Stunden nach dem Ansetzen war dann die Nesselsäure voll aktiv. Mit dieser 24-Stunden-Brühe wurde dann als Spritzmittel beispielsweise gegen die Blattläuse und die Raupen des Kohlweißlings am Gemüse vorgegangen. Dies war also ein echtes, ökologisch verträgliches Spritzmittel.

Wenn man unter Beerensträuchern als Mulch Brennnesseln anpflanzt und immer dann, wenn sie eine gewisse Größe erreicht haben und Gefahr besteht, dass sie in den Strauch hineinwachsen, einfach abschneidet und liegen lässt, hat man an diesen Sträuchern kaum Probleme mit irgendwelchen Schädlingen. Außerdem hat man immer junge Brennnesseln zu Verfügung, die man für seinen Tee oder für Spinat verwenden kann.

Durch eine Variation im Verhältnis der Mengen der verschiedenen Blattsorten von Brombeeren, Himbeeren und Walderdbeeren zueinander in einem Pack zum Fermentieren, kann sich jeder nach eigenem Geschmack seine Teemischung für den Haustee zusammenstellen.

Brennnesselspinat zur Entgiftung

Der Brennnesselspinat aus der frischen Pflanze muss – wie die Leute früher auf dem Land sagten – im Frühjahr mindestens siebenmal gegessen werden. Dadurch wird der ganze Magen gereinigt, der Verdauungstrakt von Giften befreit und damit der ganze Körper innerlich gesäubert, so sagt der Volksmund. Außerdem schmeckt er sehr gut, und das ist ein Grund mehr, ihn zu essen. Man rechnet pro Person etwa 150 bis 200 Gramm frische Brennnesseln. Die Brennnesseln werden für den Spinat sauber verlesen, in wenig Wasser weich gekocht und dann mit dem Mixer oder dem Pürierstab zerkleinert. Abgeschmeckt wird der Spinat mit Salz, Pfeffer und Muskatnuss. Wer möchte, kann den Spinat mit etwas (Dinkel-)Mehl eindicken. Dazu gibt es Kartoffeln und Spiegeleier oder weich gekochte Eier.

Brombeere

Die Brombeere (Rubus fructicosus) und ihre Blätter spielen auch in der Volksheilkunde eine wichtige Rolle, und man sagt, dass sie um so wirksamer seien, je »näher sie am Himmel wachsen«, also je höher gelegen in den Bergen sie zu finden sind.

Man trocknete die Blätter der Brombeeren für den Tee, aber man fermentierte sie auch. Dazu wurden sie frisch von wilden Pflanzen gepflückt, schichtweise aufeinander gelagert und fest zu einem Bündel zusammengeschnürt. Dieses legte man dann in den Schatten, so dass wohl Luft, Licht und Wind an sie herankamen, aber keine Feuchtigkeit. Nach einigen Wochen hatten sich die Blätter grünlich braun verfärbt und waren ausgetrocknet. Wenn man nun die äußeren Schichten dieses Pakets löste, sah das Innere dunkler aus und verströmte im fermentierten Zustand einen verführerischen Duft, der sehr viel stärker war als in normal getrocknetem Zustand.

Brombeerblättertee gegen entzündete Schleimhäute

Wenn jemand entzündete Schleimhäute hatte, verwendete man reinen Brombeerblättertee, aus getrockneten oder frischen Blättern. Manche nahmen hierfür aber auch nur fermentierte Blätter. Man übergießt ein bis zwei Teelöffel mit einem viertel Liter kochendem Wasser und lässt den Tee vor dem Abseihen etwa zehn Minuten lang ziehen.

Bei Grippe, Hals-, Rachen- und Mandelentzündungen, bei offenen Stellen in der Mundschleimhaut oder empfindlichem und entzündetem Zahnfleisch gurgelt und spült man mehrmals täglich mit dem Tee, den man zu diesem Zweck etwas stärker zubereitet. Hier nimmt man gut zwei Teelöffel Blätter auf einen viertel Liter Wasser.

Bei Zahnfleischbluten kann man wahlweise auch die ganz frischen, noch jungen Blätter vom Strauch kauen. Sie schenken einem außerdem einen frischen Atem. Bei gereizten

Schleimhäuten im Magen-Darm-Bereich trinkt man den Brombeerblättertee etwas schwächer, nämlich mit einem Teelöffel Blätter auf einen viertel Liter Wasser.

Brombeersaft gegen Fiebererkrankungen
Aus den reifen Brombeeren wurde auch ein wohlschmeckender Saft bereitet, der besonders den Kleinen, mit Wasser verdünnt, bei Kinderkrankheiten mit Fieber als Durstlöscher und als leicht fiebersenkendes »Medikament« verabreicht wurde. Ebenso wie die Heidelbeere wurde auch die Brombeere getrocknet und als Durchfallmittel für alle Eventualitäten in trockenen Schraubgläsern aufbewahrt. Bei Durchfallerkrankungen nahm man davon öfter in Stundenabständen einen Teelöffel voll in den Mund und zerkaute sie vor dem Schlucken intensiv mit viel Speichel. Dies wiederholte man so oft, bis der Durchfall sich merklich besserte.

Buchecker

Das Öl der Bucheckern war in schlechten Zeiten neben der Ziegenbutter oft das einzige Fett, das den Menschen auf dem Land zur Verfügung stand. Tierische Fette wie Schweineschmalz und Butter aus Kuhmilch waren teuer und rar und fanden nur selten Verwendung. Alle öligen Medikamente wurden dementsprechend meist mit dem Öl der Bucheckern zubereitet, das man selbst herstellte, indem man die Bucheckern sammelte und sie zur nächsten Ölpresse schaffte.

Die eigene Herstellung von Bucheckernöl
In ländlichen Gegenden, wo es viele Buchen gibt, hat sich das Bucheckernöl bis heute gehalten, und ich habe immer wieder einmal Patienten in der Praxis, die mir davon erzählen. Heute stellen sie aber meist nur kleinere Mengen her, indem sie die Bucheckern nach dem Waschen und Trocknen in einer Haushaltsmaschine zerkleinern und dann mit einem Entsafter das Öl herausschleudern. Manche haben auch noch eine alte Saftpresse, wo das gemahlene Gut in ein Säckchen gegeben und dann ausgepresst wird.

Obwohl ich in offiziellen Pflanzenbüchern schon gelesen habe, dass Bucheckernöl die Fruchtbarkeit der Frauen negativ beeinflussen soll, habe ich in unserem Dorf und in der Umgebung nichts davon gehört. Meine Großmutter hat in diesem ländlichen Bereich als Hebamme immerhin bei rund 5000 Geburten geholfen.

Ölumschläge gegen Hals- und rheumatische Beschwerden
Bucheckernöl wurde zum Essen ebenso verwendet wie für Heilzwecke, etwa für warme Ölumschläge. Hierzu wurde etwas Öl in einem Topf gut warm gemacht, aber nicht bis zum Siedepunkt erhitzt. Mit dem warmen Öl tränkte man dann einen sauberen Lappen oder ein Tuch, legte dieses bei Halsreizungen um den Hals und befestigte es mit einem weiteren, trockenen Tuch. Auch bei rheumatischen, aber nicht entzündeten Gelenken wurde diese Methode angewendet.
Das Öl hält sehr lange die Wärme und wirkt dadurch sehr intensiv und nachhaltig. Man muss sich nur unbe-

Bucheckernöl fördert die Verdauung

Wenn jemand wegen einer Verstopfung oder einer anderen Beschwerde abführen musste, tranken manche, sehr tapfere Leute, auch einmal eine Tasse Bucheckernöl pur. Das räumte den Darm auf eine recht radikale Weise aus und ist nicht unbedingt jedermann zu empfehlen. Vor allem bei Gallensteinen ist absolute Vorsicht geboten. Hier könnte die Einnahme von Bucheckernöl eine Kolik auslösen.

dingt davor hüten, das Öl zu heiß auf die Haut zu bringen, denn dadurch kann man starke Verbrennungen verursachen. Auch für den heißen Zwiebel-Öl-Umschlag (siehe dazu Seite 126) wurde das Bucheckernöl verwendet.

Die Eiche ist der deutsche Baum schlechthin, und an vielen Orten kann man uralte Eichen, die meist unter Denkmalschutz stehen, bewundern. Meist hatte hier irgendein Kaiser oder König residiert oder hatte sogar zu einem besonderen Anlass diese Eiche eigenhändig gepflanzt. Die Eiche wird auch als die Königin der Bäume bezeichnet.

Eiche

Die Eiche (Quercus) spielt in der Volksheilkunde, nicht nur in den Gegenden, wo sie häufig vorkommt, eine recht große Rolle. Für Heilzwecke wird die Rinde der jungen Triebe verwendet, meist die der Sträucher, die alle paar Jahre im Frühjahr, wenn der Saft schon hineingeschossen ist, abgeschnitten werden. Danach wird die nicht von Flechten besetzte Rinde abgelöst, in Stücke geschnitten und möglichst rasch getrocknet. Diese Rinde enthält sehr viele Gerbstoffe, die man häufig innerlich und äußerlich nutzte. Die Gerbsäure wirkt zusammenziehend auf die Haut und auf die Schleimhäute, die mit ihr in Berührung kommen.

Eichenrindensitzbäder gegen Hämorrhoiden

Bei Hämorrhoiden macht man sich die zusammenziehende Wirkung der Eiche zunutze, indem man ein linderndes Sitzbad mit einem Absud der Eichenrinde anwendet. Eine Hand voll klein geschnittene Eichenrinde – selbst gesammelt oder in der Apotheke besorgt – wird mit etwa zwei Liter Wasser kalt angesetzt, zum Kochen gebracht und rund zehn Minuten sprudelnd gekocht. Man seiht die braune Brühe ab und verdünnt sie mit Wasser auf die Menge, die man in einer kleinen Wanne für ein Sitzbad benötigt. Dabei kommt es vor allem auf die richtige Badetemperatur, etwa 35 bis 37 °C, an. Zu heiß und auch zu kalt schadet das Bad mehr, als es nützt.
Dieses Sitzbad wendet man einmal pro Tag gegen seine Beschwerden an. Nach dem Bad lässt man sein Gesäß möglichst an der Luft trocknen und führt dann ein entzündungshemmendes Gemisch aus Ringelblumensalbe und Honig in den After ein (siehe auch »Ringelblume«, Seite 97f.).

Eichenrindenfußbäder gegen Schweißfüße

Dasselbe Bad kann man auch bei starken Schweißfüßen als Fußbad verwenden. Hierzu sollte man mög-

lichst jeden Abend ein Eichenrindenfußbad nehmen, welches man aber etwas wärmer halten kann als das Sitzbad. Durch die zusammenziehende Wirkung der Gerbsäure wird der starke Schweißfluss an den Füßen langsam zurückgedrängt.
Achten muss man hier allerdings darauf, dass man die Haut der Füße hinterher mit einer Salbe einreibt, damit sie nicht zu sehr austrocknet. Auch sollten die Nieren durch reichlich Flüssigkeitszufuhr angeregt werden, so dass die Gifte auf eine natürliche Weise ausgeleitet werden.

Eichenrindentee gegen Durchfall und Halsschmerzen

Bei Durchfallerkrankungen wird aus der Eichenrinde ein Tee zubereitet, indem man einen Teelöffel Eichenrinde mit einer Tasse Wasser kalt ansetzt, zwei bis drei Minuten kocht und davon täglich mehrere Tassen trinkt. Wenn der Durchfall abgeklungen ist, sollte man mit dem Teetrinken sofort aufhören, damit es nicht zu einem übermäßigen Zusammenziehen der Darmschleimhäute kommt.
Bei Halsschmerzen aller Art sollte man tagsüber etwa alle zwei Stunden mit Eichenrindentee kräftig gurgeln, ihn aber nicht hinunterschlucken! Nachdem der Hals ausgeheilt ist, schält sich oftmals die Haut im Hals, sowie sich darunter neue Schleimhaut gebildet hat. Der Tee wird auch bei Mundfäule, also bei Soor im Mund, verwendet. Selbst bei schlechten Zähnen, wenn die bakterielle Flora in der Schleimhaut um die Zähne nicht gesund ist, wird der Tee mit gutem Erfolg eingesetzt.

Eichenrindenabsud bei Wunden als Umschlag

Mit einem Tee aus der Eichenrinde kann man auch feuchte und lauwarme Umschläge bei Wunden und offenen Beinen – so genannten Unterschenkelgeschwüren – durchführen. Den Umschlag sollte man sehr oft wechseln, so dass er immer feucht ist. Durch die stark zusammenziehende Wirkung der Gerbsäure kommt es zu einer schnelleren Granulation der gesamten Wundoberfläche oder der offenen Stellen am Bein.
Die offenen Stellen an den Beinen bei Unterschenkelgeschwüren werden ebenfalls mit Eichenrindentee bei jedem Verbandswechsel ausgewaschen. Genauso kann man damit auch andersartige Geschwüre beim Verbandswechsel auswaschen.

Eichenrindenumschlag bei Kropf

Im Raum Nordhalben im Frankenwald legt man noch heute im Fall eines Kropfs einen heißen Eichenrindenumschlag um den Hals an, der mit einem warmen Tuch umwickelt wird. Dabei wird nicht nur der Absud verwendet, sondern die heißen Eichenrindenstücke selbst auf die Haut gebracht.
Den Umschlag gibt man so heiß, wie man es ertragen kann, um den Hals und belässt ihn solange es noch angenehm ist. Er sollte immer dann, wenn die Schilddrüse Beschwerden

Auch aus den Eicheln wurde bei Magen- und Darmstörungen ein recht bitter schmeckender Tee zubereitet. Die getrockneten – oder im Herbst die frischen Eicheln – wurden etwas zerquetscht, mit kaltem Wasser angesetzt, zum Kochen gebracht, zwei bis drei Minuten lang gekocht und dann noch etwas ziehen gelassen. Der Tee wurde ungesüßt warm in kleinen Schlucken getrunken.

bereitet, mehrmals täglich angewendet werden, also ruhig fünf- bis sechsmal.

Engelsüß

Die süß schmeckenden Wurzeln des Engelsüßfarns (Polypodium vulgare) werden in der Volksheilkunde nicht nur für Tee verwendet, sondern wurden in Zeiten des Mangels oft auch frisch gegessen. Die Wurzeln für den Tee werden im Herbst gesammelt und gut gewaschen und in kleine Stücke geschnitten möglichst rasch getrocknet.

Selbst wenn der Engelsüßtee mit Honig oder Zucker besser schmecken sollte, empfiehlt es sich, ihn ungesüßt zu trinken. Durch die Zugabe von Zucker verringert sich nämlich die gallenfördernde Wirkung.

Engelsüßtee bei rheumatischen Beschwerden und Gicht

Für den Tee nimmt man ein bis zwei Esslöffel dieser getrockneten Farnwurzeln, setzt sie mit kaltem Wasser an und kocht sie dann sprudelnd mindestens fünf Minuten lang auf. Der Tee wird bei rheumatischen Beschwerden und Gicht ungesüßt getrunken. Da er auch die Galle zum Fließen bringt, entgiftet er dadurch den ganzen Körper und bringt so eine allgemeine Besserung.
Bei leichteren Erkrankungen reichen meist zwei bis drei Tassen pro Tag, um eine gewisse Besserung zu erreichen. Bei schwereren Erkrankungen wird Engelsüßtee zumindest als Zusatztherapie eingesetzt; dann kann man schon fünf bis sechs Tassen pro Tag trinken. Er bringt dann etwas Besserung bei starken Schmerzen. Durch den verbesserten Gallenfluss wurde der Tee früher auch oft bei Schwermut eingesetzt.

Engelsüßtee zur Entschleimung der Lunge

Wenn jemand unter Heiserkeit, Husten und anderen Erkrankungen der Lunge leidet, reicht man diesen Engelsüßtee meist kräftig mit Honig nachgesüßt. Er soll dabei so heiß, wie der Patient ihn trinken kann, eingenommen werden. Der Tee fördert bei derartigen Erkrankungen die Entschleimung und erleichtert dem Erkrankten so die Atmung.

Engelsüßpulver als Ersatz für Tee

Eine weitere Möglichkeit der Engelsüßanwendung besteht in Form des Pulvers. Dazu zerreibt man die Wurzeln des Engelsüß zu ganz feinem Pulver und mischt dieses dann unter Honig, Marmeladen oder Fruchtmus. Bei den Marmeladen und dem Fruchtmus spart man dadurch den sonst üblichen Zucker.
Man isst das Pulver so untergemischt auf Brot oder zu Speisen zusammen mit einem Fruchtkompott. Dies ist besonders wichtig für Diabetiker, die sich so z. B. auch Pfannkuchen »versüßen« können, ohne Schaden daran zu nehmen.
Das Pulver wird ansonsten bei denselben Erkrankungen wie der Tee mit eingesetzt, also bei rheumatischen Beschwerden, Gicht und Lungenerkrankungen.

Erdbeere

Wenn in der traditionellen Volksheilkunde von der Erdbeere geredet wird, dann ist stets die wilde, also die kleine und sehr aromatische Walderdbeere (Fragaria vesca bzw. Fragaria vulgaris) gemeint. Die teilweise sehr großen neuen Züchtungen der Gartenerdbeere sind ihr zwar ähnlich, aber in der Heilwirkung wesentlich schwächer als die wilden Verwandten. Dafür reagieren Allergiker auf die Walderdbeere meist weit empfindlicher.

Erdbeeren trotz akuter Allergie?

Als Erdbeerallergiker, der nicht auf die Früchte verzichten will, sollte man im Frühjahr vor dem Verzehr der allerersten Erdbeeren einmal eine ganz reife Erdbeere zerquetschen. Diese reibt man auf der Haut in die betroffenen Stellen, die auf die Früchte erfahrungsgemäß reagieren, intensiv ein und lässt sie einige Zeit einwirken, bevor man sie wieder abwäscht. Dann sind die Folgereaktionen nicht so stark oder bleiben in manchen Fällen sogar ganz aus. Verschiedene Allergien sprechen auf diese Behandlung an, wenn auch nicht mit dauerhaftem oder besonders lang anhaltendem Erfolg.

Wenn man unter einer Erdbeerallergie leidet, wäre es allerdings das Beste, wenn man die Erdbeeren vollkommen meidet. Aber viele können eben doch nicht von ihnen lassen, und für diese Patienten kann diese Vorbeugungsbehandlung etwas Erleichterung bringen. Sie müssen sich aber darüber im Klaren sein, dass jedes Essen von Erdbeeren – egal, ob Sie sich vorher eingerieben haben oder nicht – die Allergiebereitschaft im Körper langsam steigern kann. Irgendwann kommt dann doch unweigerlich der Zeitpunkt, wo man das Essen dieser Früchte lassen muss.

Erdbeertee gegen entzündete Schleimhäute

Getrocknete Erdbeerblätter werden in der Volksheilkunde auch gerne für einen Haustee verwendet, weil sie ihm einen besonderen Geschmack verleihen. Sie werden oft zusammen mit Himbeer- und Brombeerblättern entweder getrocknet oder fermentiert und anschließend als Tee verwendet. (Zubereitung siehe auch unter »Brombeeren«, Seite 32.)

Der Tee aus den Wurzeln und Blättern der wilden Erdbeere wirkt zusammenziehend und entzündungshemmend und wird sehr gerne als Gurgelmittel bei Entzündungen im Mund- und Rachenbereich eingesetzt. Wenn die Schleimhäute im weiteren Verlauf des Verdauungstrakts – also im Magen- und Darmbereich – gereizt sind, sollte man diesen Tee ungesüßt trinken, auch wenn die Reizungen mit einem leichten Durchfall einhergehen. Durch das Weglassen von Zucker wird der Gallenfluss nicht beeinträchtigt. Bei einer leichten Gelbsucht, also einem Gallenstau, bringt dieser Tee ebenfalls etwas Besserung.

Auf Erdbeeren reagieren viele Leute mit Hautallergien, aber auch mit Störungen des Verdauungstrakts. Das war scheinbar früher schon so – wenn auch nicht im gleichen Ausmaß wie heute. Deshalb gibt es in der alten Volksmedizin dagegen viele Rezepte, die man heute noch zur Anwendung bringen kann.

Essig

Essig spielt in der Volksheilkunde eine sehr große Rolle. Er wurde und wird heute noch vor allem für Umschläge bei Prellungen, Schwellungen und dergleichen benutzt. Aber auch bei Wickeln findet der Essig immer wieder Verwendung – natürlich immer mit viel Wasser verdünnt, oder besser gesagt: Man nimmt Wasser und gibt einen kräftigen Schuss Essig hinein.

Neben dem Trocknen und dem Einmachen kannte man in der alten Volksheilkunde auch den Essig als geeignetes Konservierungsmittel. Die fein geschnittenen Kräuter wurden gut bedeckt mit Essig aufgefüllt und konnten dann für Salate und saure Speisen verwendet werden. Da man sie – wenn man sie zu Heilzwecken einsetzte – frisch haben wollte, war dies eine der besten Methoden, ihre Wirkkraft weitestmöglich zu erhalten.

Die einfachste Art, einen Weinessig herzustellen, verriet mir einmal ein Italiener: »Meine Mama nahm eine Flasche Wein – rot oder weiß – und hängte an einem Faden eine Spaghetti hinein. Nach einigen Tagen war dadurch der Wein sauer geworden, und wir hatten unseren eigenen Weinessig!«

Essigwasser für Wickel aller Art

Zur Unterstützung der Wirkung von Wadenwickeln zur Fiebersenkung kennt man in der Volksheilkunde auch den so genannten Essigsocken. Man nimmt ein Paar ganz normale Wollsocken, gibt sie in Essigwasser, wringt sie gut aus und zieht diese getränkten Socken dem Kranken an. Diese Anwendung darf man aber nur durchführen, wenn der Kranke auch gut heiße Füße hat. Bei kalten Füßen wirkt sie sich sonst schädigend auf seinen Zustand aus.

Man kann dem Fieberkranken mit einem leichten Essigwasser den ganzen Körper immer wieder abwaschen. Das senkt die Temperatur, nimmt den Schweiß weg und tut dem Kranken sehr gut. Nach mehreren Waschungen mit Essigwasser sollte man bei Patienten mit empfindlicher Haut unbedingt ein Pflege- oder Hautfunktionsöl einreiben, da der Essig die Haut etwas auslaugt. Auch eine Ringelblumensalbe hilft.

Essig auf Zucker bei Schluckauf

Beim Schluckauf, dem Singultus, der ja bekanntlich sehr unangenehm und sehr lange anhaltend sein kann, nimmt man ein Stückchen Zucker, das man mit Essig oder noch besser mit Weinessig tränkt, in den Mund und lässt es langsam auf der Zunge zergehen. Dann muss der Essigzucker ganz langsam im Hals hinuntergleiten. Der Schluckauf hört in den allermeisten Fällen sofort auf.

Essig als Insektenschutz

Wer im Sommer in den Wäldern Beeren und Pilze sucht, ist oft ein willkommenes Opfer von Fliegen und Stechmücken. Ein kleines Fläschchen mit ganz gewöhnlichem Essig, den man zur Hälfte mit Wasser verdünnt, kann als natürliches und biologisches Insektenschutzmittel auf jeder Wanderung oder Reise in der Tasche mit dabei sein. Mit dieser Lösung reibt man sich das Gesicht, die Arme und die Beine ein und hat so mindestens eine halbe Stunde vor den Angriffen seine Ruhe.

Faulbaum

Der Faulbaum (Frangula alnus bzw. Rhamnus frangula) hat in der Volksheilkunde aufgrund seiner darmreinigenden Wirkung ein sehr hohes Ansehen. Die Rinde wird im Frühjahr gesammelt; sie lässt sich nach einem kräftigen Regenguss leicht von den jungen Ästen entfernen. Die Rinde sollte man nach dem Trocknen mindestens ein Jahr lang ablagern, bevor man sie verwendet, weil sie sonst auch äußerst unangenehme Beschwerden in Magen und Darm auslösen kann. Auch sollten Frauen während einer Schwangerschaft und Stillzeit die Rinde auf keinen Fall verwenden.

Faulbaumrindentee gegen Verstopfung

Von der getrockneten und gut abgelagerten Rinde des Faulbaums setzt man einen Teelöffel voll morgens mit zwei Tassen kaltem Wasser an, erwärmt das Ganze abends etwas, seiht es sorgfältig ab und trinkt den Aufguss vor dem Schlafengehen.

Der Faulbaumrindentee wirkt leicht gallentreibend und regt den Dickdarm zur Schleimproduktion an. Dadurch werden dem Körper bei der Darmanregung mit diesem Tee sehr viele Mineralstoffe entzogen. Dies kann man wohl einmal verkraften, aber auf keinen Fall auf Dauer. Deshalb sollte man diesen Tee nur in Ausnahmefällen einnehmen!

Der Name »Faulbaum« ist auf den leicht fauligen Geruch der Rinde zurückzuführen. Er wächst bei uns in den Mittelgebirgen und wird von Kennern immer wieder gesammelt.

Fichte

Die Fichte (Picea abies) ist als schnell wachsender Nadelbaum schon im Mittelalter auf den kahlen Flächen der Mittelgebirge angepflanzt worden und hat in dieser Region ganzen Landschaftsbereichen ein eigenes Gesicht gegeben. Die Fichtenmonokultur ist zum Teil auch ein Grund

Die frischen, zart hellgrünen Fichtenspitzen verströmen einen anregenden, frischen Duft. Aufgehängte Zweige verbreiten in den Räumen ein angenehmes Aroma in der Luft.

dafür, dass die Böden in diesen Gegenden schneller »sauer« wurden. Das heutige Problem der so genannten sauren Böden ist also schon viel älter, als man denkt. Wenn man eine reine Fichtenkultur findet, sieht man, dass durch den dichten Nadelbelag unter den Bäumen, vor allem wenn sie sehr eng gepflanzt sind, kaum noch Licht den Waldboden erreicht, fast kein Gras und schon gar kein Busch oder ein Strauch zu finden ist.

Fichtenwasser gegen rheumatische Beschwerden und Hautausschläge

In der Volksheilkunde werden in der Zeit von Ende April bis Anfang Mai die jungen, hellgrünen Fichtenspitzen, also die frischen Frühjahrstriebe, gesammelt, klein geschnitten und in Wasser kräftig ausgekocht und anschließend abgeseiht.

Bei allen Erkältungskrankheiten mit Husten haben wir als Kinder den Fichtenspitzenhonig gerne genommen. Man ließ dazu einen Teelöffel davon im Mund richtig zergehen und langsam den Hals hinunterfließen. Der Hustenreiz wurde dadurch gelindert und die Krankheit abgekürzt.

Dieser bitter schmeckende Absud wird bei rheumatischen Krankheiten und bei flechtenartigen Hautausschlägen tagsüber löffelweise gegeben. Er schmeckt nicht sehr gut und wird von den Patienten daher als eine bittere Arznei empfunden und von ihnen wirklich nur genommen, wenn es unbedingt notwendig ist.

Fichtenwein gegen Nieren- und Blasenerkrankungen

Besser als der bittere Fichtenabsud schmeckt schon der Fichtenwein. Einem guten Wein oder ausgegorenen Apfelmost werden in kaltem Zustand frische Fichtenspitzen zugesetzt – ungefähr zwei Hand voll auf einen Liter Wein – und dies einige Minuten kräftig aufgekocht. Man kann noch nach Geschmack etwas Honig zugeben, aber nicht zu viel; der Fichtenwein

Fichtenspitzenhonig gegen Erkältungen

Aus Fichtenwasser wird auch ein leicht bitter schmeckender, aber köstlicher Fichtenspitzenhonig gemacht. Der Abkochung wird etwa die gleiche Menge Zucker zugesetzt und so lange gekocht, bis sich daraus ein sämiger Fichtenspitzenhonig bildet. In Gläser abgefüllt wartet er in der Hausapotheke auf seinen Einsatz.

Dieser Sirup wird aber manchmal auch auf eine ganz andere Art hergestellt: Man gibt in ein Einmachglas schichtweise immer eine etwa zwei Zentimeter hohe Lage mit frischen Fichtentrieben und drückt diese fest zusammen. Dann kommt eine Lage Kristallzucker oder Honig, so dass die Fichtentriebe davon ganz bedeckt sind. Danach folgt wieder eine Lage Fichtenspitzen, bis das Glas voll ist. Die letzte Lage obenauf sollte wieder Zucker oder Honig sein. Das verschlossene Glas stellt man acht bis zehn Wochen in die Sonne, und schon nach kurzer Zeit kann man beobachten, wie von unten nach oben ein schöner, grüner Sirup das Glas etwa halb füllt. Nach zehn Wochen kommt das Ganze in ein grobes Sieb oder ein grobes Leinensäckchen und wird 24 Stunden lang abgetropft.

sollte nur sehr mäßig süß schmecken. Wenn man nicht richtig Wasser lassen kann – ob durch Stauungen der Nieren, durch Blasensenkung oder durch eine leichte Vergrößerung der Prostata bei Männern – nimmt man einige kleine Gläschen dieses Weins über den Tag verteilt. Höchstens sollte man davon etwa 0,2 Liter am Tag trinken. Dies verbessert in den meisten Fällen den Abfluss des Urins enorm und verschafft den Erkrankten große Erleichterung.

Fichten-Franzbranntwein gegen Lungenentzündung

Auch der Franzbranntwein ist aus der Volksheilkunde kaum wegzudenken. Verwendet wird er meist für die äußerliche Behandlung, und die meisten Menschen bevorzugten seit jeher einen Selbstgebrannten. Man füllt dafür im Frühjahr eine Flasche locker mit den jungen Trieben der Fichte, nimmt einen klaren Branntwein – einen Obstler oder einen Tresterschnaps – und gießt die Flasche damit auf. Diese lässt man an einem warmen Ort einige Wochen stehen, schüttelt sie ab und zu einmal kräftig und seiht dann die grünlich aussehende Flüssigkeit ab.

Wenn jemand sehr krank war und lange Zeit im Bett liegen musste, wurde bei diesem Kranken jeden Tag morgens und abends die Brust und der Rücken mit einer Bürste so lange gebürstet, bis sich die Haut rötlich verfärbte. Dann wurde der Kranke sofort mit Franzbranntwein eingerieben und wieder warm eingepackt. Dadurch wurde die damals in den ungeheizten Häusern bei Bettlägerigen so gefürchtete Lungenentzündung vermieden. Man kann mit dem Franzbranntwein auch alle schmerzenden Gelenke und Muskeln einreiben. Dies hilft besonders dann sehr gut, wenn es zu Reizungserscheinungen mit lokalen Entzündungen kommt.

Fichtennadelbadezusatz bei Erkältungen

Mit getrockneten Fichtenspitzen, von denen man eine Hand voll mit kaltem Wasser ansetzt, alles langsam zum Kochen bringt und nach kurzer Zeit abseiht, lässt sich ein wunderbarer Badezusatz herstellen. Das grünliche, herrlich duftende Wasser wird bei Erkältungskrankheiten, aber auch bei rheumatischen Beschwerden oder Bronchialerkrankungen, dem Vollbad zugesetzt. Kenner, die die Arbeit nicht scheuen, ziehen dieses Bad jedem gekauften Fichtennadelbadezusatz vor.

Das Wort »Franzbranntwein« kommt ursprünglich von »Französischer Branntwein«. Man nahm hierfür einen minderwertigen Weinbrand, dem man ätherische Öle zusetzte und den man innerlich und äußerlich verwendete.

Fieberklee

Den Fieberklee – in manchen Gegenden auch Bitterklee genannt – (Menyanthes trifoliata) findet man dort, wo man leicht Fieber bekommen kann, also in sumpfigen und nassen Gebieten, wie man sie in den Mittelgebirgen immer wieder in manchen tiefen Tälern findet. Es werden von ihm nur die Blätter verwendet. Die Pflanze ist heute geschützt und sollte deshalb nicht selbst gesammelt werden. Über die Apotheken bekommt man aber aus biologisch genehmigtem Anbau die getrockneten Blätter für den Hausgebrauch.

Fieberkleetee gegen fieberhafte Erkrankungen

Man sollte sich unbedingt hüten, Fieberkleetee bei einer Gastritis oder bei Geschwüren im Magen oder im Zwölffingerdarm einzusetzen. Hier kann er mehr schaden als nützen.

Man setzt einen Teelöffel der getrockneten Blätter in etwa einem viertel Liter kaltem Wasser an, bringt es langsam zum Kochen, lässt es noch eine Minute leicht sieden und dann noch einige Minuten ziehen, bevor man es abseiht und noch warm trinkt. Man kann, wie der Name schon sagt, diesen Tee aus den Blättern des Fieberklees bei allen fieberhaften Erkrankungen bis hin zur Grippe recht gut einsetzen. Der Tee senkt zwar nicht das für die Körperabwehr oft wertvolle Fieber, macht es aber erträglich, und die Patienten sind nach dem Abklingen des Fiebers wieder schneller auf den Beinen. Auch macht er dem Kranken durch seine verdauungsanregenden Bitterstoffe etwas Appetit, was auch zur Förderung der schnelleren und besseren Heilung beiträgt. Bei Fieber kann man ohne Bedenken drei bis vier Tassen Tee pro Tag trinken.

Fieber als natürlicher Mechanismus

Fieber ist keine Krankheit im eigentlichen Sinn, sondern eine Begleiterscheinung, die bei verschiedenen Erkrankungen auftritt. Der Körper wehrt sich damit gegen Krankheitserreger, was nicht grundsätzlich unterdrückt werden sollte. Nur wenn das Fieber bedrohlich ansteigt oder länger anhält, empfiehlt sich der Griff in die Hausapotheke.

Fieberkleetee bei Magen- und Darmstörungen

Dieser gerade beschriebene Tee kann aber auch – da er Bitterstoffe enthält – sehr gut bei allen Magen- und Darmstörungen, die mit Fieber einhergehen, recht gute Dienste leisten, ebenso bei Gallenflussstörungen mit und ohne Gallensteinen. Und da viele Allergien auch vom Magen ausgehen, wirkt er auch sehr positiv als Basistherapie bei den Erkrankten. Die Heilige Hildegard von Bingen sagt in ihren Schriften, dass eine Allergie ein »Fieber des Magens« sei. Wenn man dies weiß, ist auch diese Allergiebehandlung über den Magen gut nachvollziehbar.

Frauenmantel

Der Frauenmantel (Alchemilla vulgaris) wird, wie der Name schon kundtut, in der Volksheilkunde besonders bei Frauenleiden eingesetzt.

Frauenmanteltee gegen alle Frauenbeschwerden

Der aus dem Frauenmantelkraut hergestellte Tee kann mit sehr gutem Ergebnis bei allen typischen Be-

schwerden der Frauen, ob jung oder alt, eingesetzt werden.
Man nimmt für den Teeaufguss einen Esslöffel getrocknetes oder frisches Kraut und übergießt es mit einem viertel Liter kochendem Wasser. Den Tee lässt man zehn Minuten lang ziehen und trinkt davon jeden Tag – solange die Beschwerden anhalten – einige Tassen.

Frauenmanteltee gegen Menstruationsbeschwerden
Bei jungen Mädchen, die noch keine rechte oder eine sehr schwache Periode haben, kann man den Tee zur Einregulierung mit verwenden. Viele schwören auch heute noch darauf, dass die im Gesicht auftretenden unangenehmen Pickel, die dann meist mit der regelmäßigen Periode vergehen, durch Frauenmanteltee verschwinden.
Bei den voll entwickelten Frauen hilft der Frauenmanteltee bei allen Unregelmäßigkeiten und Schmerzen, vor allem während und nach der Periode. Aber auch die Frauen in den Wechseljahren können ihn mit gutem Erfolg trinken. Die Beschwerden in dieser kritischen Zeit werden damit etwas abgemildert.

Frauenmanteltee bei Magen- und Darmbeschwerden
Der Tee wird auch gerne bei allen leichteren Beschwerden im Magen- und Darmbereich eingesetzt. Wenn man Probleme mit dem Magen hat, dann trinkt man eine Tasse Frauenmanteltee, dem vielleicht noch ein anderes Bitterkraut zugesetzt ist, beispielsweise Tausendgüldenkraut, etwas Wermut oder auch der weniger bitter schmeckende Beifuß.
Frauenmanteltee wurde und wird auch bei Durchfällen mit eingesetzt, wobei man aber bei derartigen Verdauungsstörungen, die länger als drei Tage andauern, unbedingt einen Arzt oder Heilpraktiker zurate ziehen sollte. Dies gilt besonders bei Kindern und bei alten Leuten, bei denen ein länger andauernder Durchfall durch den zu großen Flüssigkeitsverlust sogar lebensgefährlich werden kann.
Auch bei leichterem Husten nimmt manch einer auch heute noch sehr gerne den Frauenmanteltee als Hausmittel ein. Da er sehr angenehm schmeckt, haben ihn besonders die Kinder recht gerne, die damit unangenehm bittere Medikamente gegen Husten umgehen können.

Der Frauenmantel verdankt den Namen seiner Blattform, die bei etwas Phantasie wie ein kleiner, aufgeschlagener Mantel aussieht, und der speziellen Indikation bei Frauenleiden.

Gänseblümchen

In der Volksheilkunde haben die kleinen Gänseblümchen (Bellis perennis) schon immer den ihnen gebührenden Platz. Sie werden als Tee bei vielen Schleimhaut- und Hauterkrankungen verwendet, bei Magen- und Darm- sowie Leber- und Gallenblasenerkrankungen, ebenso bei Erkrankungen im Urogenitalbereich und der Atemwege. Immer, wenn in den genannten Bereichen eine Entzündung auftritt, sollte man erst einmal einen Gänseblümchentee versuchen. Auch bei allen Krämpfen leichterer Art können die Gänseblümchen sehr hilfreich sein.

Gänseblümchentee bei Hauterkrankungen

Wer unter Entzündungen der Haut mit Brennen und Jucken leidet oder sehr schlecht heilende Wunden hat, sollte Gänseblümchentee nicht nur innerlich verwenden, sondern auch äußerlich als Einreibung und als Umschlag auf den betroffenen Stellen probieren. Da auch rheumatische Beschwerden eine Erkrankung der Überernährung und der Stoffwechselstörungen im Inneren ist, kann man selbst hier diesen Tee mit recht gutem Erfolg einsetzen.

Gänseblümchen sind dank ihrer großen Verbreitung und ihrer Bescheidenheit an fast allen sonnigen Plätzen zu finden. Die Legende besagt, dass die Gänseblümchen am wirkungsvollsten sind, wenn sie am Johannistag, also dem 24. Juni, gepflückt werden.

Vom Tee kann man ohne Bedenken vier bis fünf Tassen pro Tag trinken, am besten immer frisch zubereitet, indem man ein bis zwei Teelöffel der frischen oder der getrockneten Blüten mit kochendem Wasser übergießt, einige Minuten ziehen lässt und dann ungesüßt oder mit etwas Honig noch gut warm trinkt. Da die Blüten uns in der Natur vom März bis in den Oktober hinein frisch zur Verfügung stehen, sollte man dies nutzen und möglichst nur in der kalten Jahreszeit getrocknete Blüten verwenden.

Frischer Gänseblümchenpresssaft zur Frühjahrskur

Im Frühjahr nehmen manche Leute den frischen Presssaft als Reinigungskur. Die Blüten werden dazu zerkleinert und im Entsafter ausgepresst. Von diesem Saft sollte man über einen Zeitraum von drei bis vier Wochen täglich zwei- bis dreimal einen Teelöffel voll nehmen.
Im Frühjahr kommen bei uns auch in den frischen Kräuterquark immer einige Gänseblümchen. Der Quark wird damit auch verziert. Gänseblümchen sollen gut gegen Auszehrung sein.

Gänsefingerkraut

Das Gänsefingerkraut, auch oft nur Anserine genannt (Potentilla anserina), wächst fast überall und ist ein wichtiges Mittel der Volksheilkunde. Es wird meist das Kraut, aber manchmal auch die Wurzel verwendet. In manchen Gegenden wird es auch Krampfkraut genannt, was schon auf seine Wirkung hinweist.

Gänsefingerkrauttee gegen Verdauungsbeschwerden

Solange es draußen frisches Gänsefingerkraut gibt, also von Mai bis Oktober, sollte man den Tee aus dem frischen Kraut zubereiten. Für die kalte Jahreszeit aber sollte man einiges Kraut trocknen. Für den Tee übergießt man ein bis zwei Teelöffel Kraut mit einem viertel Liter kochendem Wasser und seiht nach einigen Minuten ab.
Der Tee aus dem oberirdischen Kraut wurde und wird bei allen leichteren Magen- und Darmbeschwerden sowie bei leichten Durchfällen als Tee eingesetzt. Er wirkt im Darm ent-

Gänsefingerwurzelmilch gegen Unterleibskrämpfe

Durch Pfarrer Kneipp hat sich auch der heiße Milchabsud aus der Wurzel in die Volksmedizin mit eingebürgert. Hierbei werden getrocknete Wurzelstücke des Gänsefingerkrauts mit kochender Milch überbrüht und leicht kochend noch einige Minuten ziehen gelassen. Je nach Bedarf werden von dieser möglichst heiß getrunkenen Milch einige Tage lang jeden Tag zwei bis drei Tassen genommen. Man benötigt etwa einen Teelöffel Wurzelstücke für eine Tasse Milch.
Diese Milch hilft den Frauen bei allen krampfartigen Unterleibsbeschwerden, aber auch bei unregelmäßiger Periode. Natürlich sollten Mädchen und Frauen in diesen Fällen auch unbedingt einen Frauenarzt mit zurate ziehen. Die Gänsefingerwurzelmilch hilft darüber hinaus sehr gut bei allen Muskel- und Wadenkrämpfen.

krampfend und wird deshalb bei allen Magen- und Darmerkrankungen, die mit Krampfneigung einhergehen, eingesetzt.

Gänsefingerkrautessig für die Mundhygiene
Zum Gurgeln verwendete man in früheren Zeiten den Gänsefingerkrautessig recht gerne. Dazu kocht man zwei Esslöffel des Krauts in einem viertel Liter Wein- oder Obstessig einige Minuten sprudelnd. Nach dem Erkalten seiht man den Sud ab und mischt ihn zur Hälfte mit heißem Wasser. Mit dem Gänsefingerkrautessig gurgelt man und reibt auch das entzündete Zahnfleisch damit ein. Dies hilft hier besser als der Tee.

Hagebutte

Hagebutten (Semen cynosbati) sind die Früchte der wilden Heckenrose (Rosa canina) und gelten in der traditionellen Volksheilkunde als das Nierenmittel schlechthin. Sie werden bei allen Erkrankungen der Nieren und der Blase angewendet – ob leichter oder schwer wiegender Natur. Auch Erkrankungen mit Fieber und Schüttelfrost werden damit erfolgreich behandelt. Da sie über die Nieren stark ausleiten, werden sie ebenfalls bei rheumatischen Erkrankungen und Gicht mit eingesetzt, da eben »alles Schlechte über die Nieren aus dem Körper geholt wird«, wie der Volksmund so treffend feststellt.
Im Herbst werden die reifen, scharlachroten Heckenrosenfrüchte gesammelt, die Blütenstände und die Stiele abgeschnitten und dann den verschiedenen Arzneizwecken zugeführt.

Hagebuttentee als Vitamin-C-Lieferant
Für den Tee werden die Hagebuttenfrüchte meist im Ganzen getrocknet oder mit den Kernen klein geschnit-

Beim Abklingen der akuten Beschwerden sollte man den Gänsefingerkrauttee wieder absetzen. Er hat wohl keine negativen Auswirkungen, wenn man ihn über einen längeren Zeitraum nimmt. Aber die Wirkung lässt dann nach, wenn sich der Körper an das Kraut gewöhnt hat, und wirkt dann auch wieder besser, wenn man vorher eine Pause gemacht hat.

ten und dann getrocknet. Zuerst werden sie auf großen Papierbögen an die Luft gelegt. Zum Schluss wird dann noch in der offenen, nicht zu heißen Backröhre die letzte Feuchtigkeit entzogen.

Für einen Tee wird ein Teelöffel der getrockneten und zerkleinerten Früchte mit einem viertel Liter heißem Wasser überbrüht und dann noch mindestens acht bis zehn Minuten ziehen gelassen. Da dieser leicht säuerlich schmeckende Tee sehr stark entwässernd wirkt, wird er bei allen typischen Nierenerkrankungen literweise getrunken. Er ist aber auch ein sehr beliebter Haustee, besonders in der kalten Jahreszeit, wo er mit etwas Honig gesüßt getrunken werden kann. Auch bei allen Erkältungskrankheiten, bei denen man dem Körper sehr viel Flüssigkeit und große Mengen Vitamin C zuführen sollte, kann man den Hagebuttentee verwenden.

Die orange- bis rotfarbenen Früchte der Hagebutten sind Träger eines sehr widerstandsfähigen Vitamin C, das auch durch Hitzeeinwirkung kaum gemindert werden kann und außerdem sehr nierenanregend und nierenstabilisierend wirkt.

Hagebuttenmark, die ländliche Spezialität

Sehr beliebt ist zudem das Hagebuttenmark, auch Hiffenmark genannt. Dazu werden die Früchte erst oben und unten gekappt, aufgeschnitten und die Kerne entfernt. Die roten Schalen werden in wenig Wasser gekocht und durch ein Sieb passiert. Diese feine, sämige Masse wird dann mit der gleichen Menge Zucker zu einem sehr gut schmeckenden Brotaufstrich eingekocht.

Wenn es ganz frisches Hagebuttenmark gab, kochte unsere Mutter bei dieser Gelegenheit auch immer eine feine Hagebuttensuppe daraus. Diese leicht mit Honig gesüßte Suppe konnte warm oder auch als Kaltspeise gegessen werden und schmeckte Kindern und Erwachsenen vorzüglich.

Hagebuttenlikör für Kranke und Gesunde

Natürlich durfte für manchen Nierenkranken auch der stärkere Hagebuttenlikör nicht fehlen. Man wartet für seine Herstellung, bis der erste Frost gekommen ist, weil die Hagebutten dann dafür besser geeignet sind. Die gesammelten Früchte werden oben und unten abgeschnitten, in eine Flasche mit Schnaps gefüllt, etwas Honig dazugegeben und einige Zeit unter gelegentlichem Schütteln stehen gelassen. Danach sehr sorgfältig abseihen und durch ein Tuch filtern, um die Haare der Hagebuttenkerne zu entfernen. Diesen rötlichen, sehr aromatischen Hagebuttenlikör kann man dann bei passenden Gelegenheiten kredenzen, und er schmeckt nicht nur Nierenkranken.

Heckenrosenblüten für Rosenöl

Aus den Blüten der Heckenrose stellte man auch Rosenöl und aus diesem dann wieder eine Rosenölsalbe her. Hierbei gab es zwei Arten der Zubereitung. Die schwierigere Art war die Destillation des begehrten Öls aus den Heckenrosenblüten. Diese Methode wurde meist nur von Schnapsbrennern, die eine richtige Destillationsanlage hatten, praktiziert. Hierzu musste man eine riesige

Menge voll erblühte Heckenrosen in einem geschlossenen Behälter erhitzen und destillieren. So entstand eine sehr geringe Menge Rosenöl, das auch entsprechend teuer war. Es wurde den zumeist selbst hergestellten Medikamenten tröpfchenweise beigegeben und verbesserte ihren Geruch und die Wirkung erheblich.
Die wesentlich einfachere Methode war, dass man eine Weithalsflasche oder ein Glas mit den Rosenblättern der Heckenrose voll stopfte und darüber dann Bucheckernöl goss. Die gut verschlossene Flasche oder das verschlossene Glas stellte man einige Wochen in die Sonne. Auf diese Weise gingen die Geruchs- und Farbstoffe langsam in das Öl über. Auch mit dem so gewonnenen Öl verbesserte man die selbst hergestellten Medikamente.

Rosenölsalbe

Mit dem selbst gewonnenen Öl kann man auch eine Rosensalbe herstellen: Man nimmt dazu meist eine Ringelblumensalbe, erhitzt sie leicht, damit sie sich verflüssigt, gibt etwa ein Drittel bis ein Viertel Bienenwachs und nochmals dieselbe Menge Rosenöl dazu.
Nach der gründlichen Durchmischung gießt man die fast flüssige Salbe in noch warmem Zustand in Gläschen oder kleine Dosen und erhält so eine wunderbare Hautpflegecreme. Heute sagt man Naturkosmetik dazu.

Hahnenfuß

Der Hahnenfuß, auch Scharfer Hahnenfuß (Ranunculus acer) genannt, ist giftig. Es muss daher vor seinem innerlichen Gebrauch gewarnt werden. Er wird wohl auch manchmal frisch gehackt in etwas Milch als starkes Abführmittel gegeben, aber davon würde ich abraten, da er leichte Verätzungen der Schleimhäute im Magen- und Darmbereich hervorrufen kann.
Auch beim Pflücken des Krauts muss man sehr vorsichtig sein, da besonders Kleinkinder und Leute mit sehr empfindlicher Haut oft starke Hautreizungen davontragen, die bis zur heftigen Blasenbildung führen können.

Ebenso wie mit Heidelbeeren setzte man früher auch mit den reifen Hagebutten mit Wasser, Zucker und Gärhefe einen Wein an. Dieser Wein schmeckte völlig anders als die üblichen Beerenweine: Er war goldgelb und recht trocken, wenn man ihn entsprechend lange ausgären ließ. Er hieß der »Weißwein der armen Leute«.

Hahnenfuß äußerlich gegen Gelenkschmerzen

Gerade diese Ätzwirkung mit Blasenbildung aber macht man sich in der Volksheilkunde zunutze. Die frischen Blätter des Hahnenfußes werden klein geschnitten und mit einem Tuch um schmerzende Gelenke gebunden. Die hierbei teilweise erzeugten Blasen auf der Haut ziehen das Gift aus dem Gelenk. Diese Blasen wurden früher mit einer vorher ausgeglühten, sterilen Nadel angestochen und so vorsichtig geöffnet. Die Flüssigkeit floss ab, und die auf diese Weise künstlich erzeugten frischen Wunden wurden meist mit lindernder Ringelblumensalbe (siehe dazu auch »Ringelblume«, Seite 97f.) bis zur Abheilung versorgt.

Das alte paracelsische Gesetz, das auch in die Volksheilkunde eingegangen ist, sagt: »Wenn Du eine Krankheit hast, so mache ein Loch und lasse die Krankheit heraus!« Genau dies wird bei der Hahnenfußbehandlung gemacht.

Das Wirkungsprinzip ist hier ähnlich wie bei einem Cantharidenpflaster, der so genannten Spanischen Fliege, nur nicht ganz so stark. Es ist wohl eine nicht ganz so schöne Sache, und am Anfang, solange die Wirkstoffe des Hahnenfußes die Blasen auf der Haut erzeugen, auch etwas schmerzhaft, aber wenn alles vorbei ist, fühlen sich die Patienten insgesamt schmerzfreier. Diese Art der Therapie muss man jedoch einem Fachmann überlassen, damit es nicht durch Verschmutzungen der Wunden zu Infektionen kommt. Dieselbe Behandlung wirkt übrigens auch bei Warzen, hier ist aber der Schöllkrautsaft (siehe dazu auch »Schöllkraut«, Seite 105f.) angebrachter.

Heidelbeere

Die Heidelbeere (Vaccinium myrtillus) spielte in der Volksheilkunde der Landbevölkerung schon immer eine große Rolle und tut es heute auch noch. Da Heidel- oder auch Blaubeeren in den großen Wäldern besonders in den Mittelgebirgen überall wachsen und man leicht an die Früchte herankommen kann, gelten sie als Volksnahrungsmittel der armen Leute.

Wenn jemand früher sehr krank und dadurch besonders schwach war, dann gab man diesem Patienten den Saft von eingemachten Heidelbeeren zum Trinken. Dadurch bauten die Kranken wieder verstärkt Blut auf und kamen leichter auf die Beine. Da es ein roter Saft war, meinte man, dass es auch ein Blutbildungsmittel sein müsste, was durch die moderne Labormedizin bestätigt wird.

Getrocknete Heidelbeeren gegen Durchfall

Man trocknet die Beeren und bewahrt sie in einem fest verschlossenen, trockenen Behälter auf. Wenn jemand unter starkem Durchfall lei-

Getrocknete Heidelbeeren sollten stets luftdicht verschlossen und an einem trockenen Ort aufbewahrt werden. Achten Sie darauf, nur unbeschädigte und unverschmutzte Beeren zu pflücken.

det und der geriebene, braune Apfelbrei (siehe dazu auch »Apfel«, Seite 15) nicht hilft, setzt man die getrockneten Beeren der Heidelbeere ein. Meist hat man sehr guten Erfolg, wenn man mehrmals pro Tag immer etwa zehn solcher »Hutzelbeeren« durchkaut, mit viel Speichel vermengt und dann schluckt.

Heidelbeertee gegen Hals- und Rachenerkrankungen

Bei allen Erkrankungen des Hals- und Rachenraums sowie des Mundes selbst, gurgelt und spült man mit einem Tee aus den getrockneten Heidelbeeren. Man kann diesen Tee selbstverständlich auch trinken. Dazu werden zwei bis drei Esslöffel getrocknete Beeren mit einem halben Liter Wasser kalt angesetzt, erhitzt und etwa zehn Minuten lang sprudelnd gekocht.
Zuerst spült und gurgelt man mit dem warmen Tee recht gründlich den Mund- und Rachenraum. Dabei löst man die üblen Schleime in diesem Bereich. Den Tee mit den gelösten Schlacken spuckt man wieder aus. Zum Schluss kann man dann noch den Rest des Tees trinken.

Heidelbeerblättertee gegen Diabetes mellitus

Den Tee der getrockneten Heidelbeerblätter, die geerntet werden sollten, bevor die Beeren reif sind, verwendet man auch bei Stoffwechselstörungen mit Veränderungen im Zuckerhaushalt. Er wird in großen Mengen, das heißt sechs bis acht Tassen am Tag, ungesüßt getrunken und reguliert den zu hohen Blutzucker nach unten etwas ein. Man sollte aber darauf achten, dass man den Tee nur drei bis vier Tage hintereinander intensiv trinkt. Dann sollte man eine Pause von drei bis vier Wochen machen, bevor man wieder drei bis vier Tage hintereinander diesem Heidelbeerblättertee zuspricht. Nur so kann er wirklich helfen.

Natürlich sollte Diabetes mellitus immer unter der Kontrolle des behandelnden Arztes bleiben. Trotzdem wird sich auch der Arzt sicher freuen, wenn ein Patient durch den einfach herzustellenden Heidelbeerblättertee seinen Blutzucker etwas reduzieren kann.

Heilerde

Die Heilerde ist eines der großen Mittel der Volksheilkunde, das man in allen Kulturkreisen auf allen fünf Kontinenten findet und das überall innerlich wie äußerlich zur Anwendung kommt. In der Rhön sammelten früher die Leute nach starken Regenfällen den feinen Schwemmsand oder die feine Erde und hoben sie für alle Fälle auf. Meist wurde der Sand oder die Erde zu Hause nochmals gewaschen und alle Unsauberkeiten herausgeholt. Nach dem Trocknen wurde die so gewonnene feine Heilerde in einem Glas aufbewahrt und bei Gelegenheit innerlich oder äußerlich angewendet.

Heilerde innerlich gegen Übersäuerung

Bei der Magenübersäuerung und auch bei sonstigen Magenbeschwerden wird meist erst einmal ein Teelöffel Heilerde genommen. Man nimmt sie entweder pur in den Mund und speichelt sie ein, bevor

man sie schluckt. Wem dies zu unangenehm ist, der nimmt sie mit etwas Wasser ein. Hierbei ist aber die Wirkung meist nicht ganz so gut, was jedoch durch eine entsprechend größere Menge Erde wieder ausgeglichen werden kann.
Die Heilerde hat die Eigenschaft, dass sie die überschüssige Säure im Magen- und Darmbereich und im Darm selbst die Darmgifte an sich bindet und dann das Ganze über den Stuhlgang ausscheidet. Die innerliche Einnahme von Heilerde kann man bei allen Entzündungs- und Reizzuständen des Körpers empfehlen, bei denen es immer zu einer Übersäuerung kommt. Bei Darmverstopfungen wird durch die unverdauliche Heilerde der Darm besser gefüllt und dadurch die Entleerung erleichtert. Man kann sie einnehmen, ob es sich nun um eine Erkrankung des Magen- und Darmbereichs handelt oder um Reiz- oder Entzündungszustände bei rheumatischen Beschwerden. Auch bei letzterem wird über die Entgiftung des Magen- und Darmtrakts der rheumatische Zustand gebessert.

Im alten China sammelte man nach den großen Regenfällen die ausgeschwemmte Lösserde in Eimern, und in jeder Hütte stand ein solcher Eimer für Heilzwecke zur Verfügung. Dies soll bei der ärmlich wohnenden Bevölkerung in China auf dem Land heute noch der Fall sein.

Heilerde äußerlich gegen Schmerzen aller Art

Aber auch äußerlich kann man Heilerde verwenden, sowohl warm als auch kalt. Bei nicht entzündlichen Schmerzen der Gelenke kann man beispielsweise einfache Heilerde oder Lehm – der auch eine Art Heilerde ist – mit kochend heißem Wasser anrühren und auf die kranken Gelenke als Umschlag geben. Diese werden mit einem Tuch umwickelt und durch eine heiße Wärmflasche von außen längere Zeit warm gehalten. Durch die enorme Wärmezufuhr und die dadurch verbesserte Durchblutung wird der akute Schmerz gelindert und der chronische Schmerz langsam aber sicher verbessert.
Bei entzündlichen Schmerzen empfiehlt sich besonders die Anwendung der Heilerde in Form von kalten Umschlägen. So nimmt man die Überhitzung aus dem Bereich heraus und bessert den schmerzhaften Zustand.

Heu

Das Heu von den lieblichen Tälern und vor allem von den Bergwiesen in den Mittelgebirgen stand schon immer in dem Ruf, große Heilkraft zu haben. Es wurde direkt in den Heuschobern oder Scheunen als Heubad benutzt. Man sammelte aber auch die Heublumen auf und setzte sie gezielt als Therapeutikum ein.

Die Heublumen

Wenn die Scheunen im Winter und im Frühjahr leerer wurden, weil das Vieh das eingelagerte Heu langsam aber sicher aufgefressen hatte, wurde am Boden der Scheunen überall die getrockneten Köpfe der Wiesenblumen, eben die Heublumen, gesammelt und in Säcken aufgehoben. Sie waren, weil sie schwerer als das übrige Heu waren, durch das Herausziehen des Heus mit einer Heugabel durch die Halme nach unten gerutscht. Wenn man dann auf den Grund des Heubodens kam, sah man die getrockneten Heublumen dort in Mengen liegen. Dabei handelt es sich nicht um eine einzige Art Blumen, sondern um die verschiedensten getrockneten Wiesenblumen, die mit im Heu waren.

Heublumenfußbad gegen Erkältungskrankheiten

Diese Heublumen wurden u.a. als Extrakt besonders für die allseits beliebten Fußbäder verwendet. Dazu wurden einige Hand voll Heublumen mit kochendem Wasser übergossen, ein paar Minuten auf dem Kochherd beiseite gestellt und etwas ziehen gelassen, abgeseiht und so dem heißen Fußbad als Badezusatz zugegeben. Besonders bei Erkältungskrankheiten waren die Heublumenfußbäder sehr beliebt. Sie wurden in einem warmen Raum «zelebriert«, so heiß wie möglich angewendet, und man goss auch immer wieder heißes Wasser nach. Wenn der Patient dann zu schwitzen begann, wurden die Füße abgetrocknet, und er wurde sofort in ein vorher schon mit Wärmflaschen oder heißen Ziegelsteinen gut erwärmtes Bett gesteckt. Dort musste er noch mindestens ein bis zwei Stunden liegen bleiben und wenn möglich auch etwas nachschwitzen.
Während des Fußbades bekam er noch einen heißen Tee aus Linden- oder Holunderblüten, mit Honig ge-

Dieses Heublumenfußbad wurde auch immer bei schmerzhaften Frostballen gemacht, die in der kalten Jahreszeit besonders empfindlich waren und von denen vor allem ältere Leute betroffen waren. Sie empfanden dann dieses Fußbad als eine große Wohltat.

Das Heubad gegen rheumatische Beschwerden

In der Rhön kannte man von alters her auch das Heubad, das immer dann verabreicht wurde, wenn man sich nicht recht wohl fühlte oder unter leichteren rheumatischen Gelenkschmerzen im ganzen Körper litt. Das Heubad war ganz einfach: Der Patient wurde nur sehr leicht bekleidet über Nacht mitten in das Heu in der Scheune gesteckt, gut eingepackt, bequem gelagert und so abgedeckt, dass nur noch der Kopf herausschaute. Durch die gleichmäßige Temperatur des Heus gab es einen leichten Wärmestau im Körper, der alle Gefäße erweiterte und den Patienten angenehm entspannt darin schlafen ließ. Durch das sehr aromatisch duftende Heu rundherum nahm er in der Nacht auch diese Wirkstoffe über die Atmung auf.
Heute wird diese Form des Heubads in einer technisch perfekteren Form im Alpenbereich wieder angeboten, indem man nackt für eine Stunde in frisches Bergheu gesteckt wird, das von unten mit heißem Wasserdampf erwärmt wird. Dies ist eine recht gute, wenn auch verkürzte Form des traditionellen Heubads; nur ist es eben unserer schnelllebigen Zeit angepasst. Es wird aber sicher auch Biobauern geben, die noch die alte Form praktizieren, wenn man sie speziell darauf anspricht.

süßt, oder den bei vielen Erwachsenen sehr beliebten heißen Apfelwein oder sogar ein heißes Bier.

Heißer Heublumensack gegen rheumatische Beschwerden

Heublumen kann man auch in einen Leinenbeutel einnähen, im Topf auf einem Siebeinsatz liegend mit heißem Wasserdampf erhitzen und so als Auflage verwenden. Bei der Erhitzung im Topf muss man ab und zu den Deckel hochheben und etwas heißes Wasser von oben auf den Heusack träufeln. Bei rheumatischen Erkrankungen, die aber nicht in einem entzündlichen Stadium sein dürfen, sondern eben »nur« schmerzhaft sein sollten, legt man diesen heißen Heusack auf das schmerzende Gelenk oder den schmerzenden Bereich direkt auf. Das Ganze wird dann mit warmen Tüchern und Decken schön eingepackt, damit die Hitze länger hält. Die stark durchblutungsfördernde Wirkung des heißen Heusacks lässt leichteren Schmerz meist verschwinden. Starke Schmerzen werden zumindest gemindert.

Da heute die Heuballen auf der Wiese gepresst werden, gibt es bei den Bauern nur noch selten Heublumen. Aber auch die starke Bodendüngung hat zu einem Rückgang der Heublumen geführt. Dennoch kann man sich auch heute bei Biobauern Heublumen besorgen oder sie in Spezialgeschäften kaufen.

Bei Magen- und Darmerkrankungen wird der heiße Heusack auf die Mitte des Bauchs gelegt, bei Leber- und Gallenblasenerkrankungen auf den rechten Rippenrand. Besonders hilfreich ist der heiße Heusack bei allen Störungen des Verdauungstrakts, wenn man dem betroffenen Patienten den heißen Heusack unmittelbar nach dem Essen auflegt und er damit mindestens eine halbe Stunde liegen bleibt. Dadurch werden die Verdauungssäfte kräftig zum Fließen gebracht, und der Patient fühlt sich damit sehr viel wohler.

Heublumenbad bei schweren rheumatischen Schmerzen

Bei schweren rheumatischen Beschwerden kann ein Heublumenbad Linderung verschaffen. Dazu wird über der Wanne ein großes Leinentuch gespannt, auf das man einige Hand voll trockener Heublumen gibt. Dann schüttet man reichlich kochend heißes Wasser darüber und lässt das Ganze etwas ziehen. Dann nimmt man das Tuch heraus und wringt es über der Wanne aus. Anschließend füllt man das Badewasser mit der gewünschten Temperatur auf. Die Heublumen können übrigens zwei- bis dreimal verwendet werden.

Himbeere

Himbeersträucher und die reifen, köstlichen Himbeeren (Rubus idaeus) gibt es immer noch in den Mittelgebirgen dort, wo die Wälder gerodet wurden und die Erde brachliegt, in rauen Mengen. Es gab früher wohl keine Familie, die sie nicht sammelte und zu Saft und Marmeladen für die kalte Jahreszeit verarbeitete.

Himbeeren als Anregung für die Nieren

Da die frischen Himbeeren harntreibend wirken, sollten alle, die in dieser Richtung Beschwerden haben, im

Sommer jede Menge davon essen. Die heute eingefrorenen Himbeeren wirken zwar auch, aber nicht so gut wie die frischen. Die wilden und sehr kleinen Himbeeren sind natürlich sehr viel besser als die heute üblichen, sehr groß gezüchteten Gartenhimbeeren. Vom Geruch und Geschmack her sind sie auch viel intensiver als die Gartenzüchtungen.

Himbeersaft als Fiebermittel bei Kindern

Himbeersaft wird kalt, d.h. bei Zimmertemperatur, bei allen fieberhaften Erkrankungen – vor allem von Kindern – gegeben. Er macht das Fieber etwas erträglicher. Außerdem wird mit dem verdünnten Himbeersaft zugleich der durch das Fieber enorm gestiegene Flüssigkeitsbedarf des Körpers gedeckt. Alle eventuell unangenehm schmeckenden Medikamente kann man den Kindern mit Himbeersaft geben, da der intensive Geschmack des Safts alle anderen üblen Geschmäcker von Arzneien übertüncht.

Wenn ein Kind etwas Giftiges oder Ungenießbares gegessen oder getrunken hat, gibt man ihm besonders gerne warmen Himbeersaft zum Trinken. Dieser reizt den Magen so sehr, dass das Kind oft augenblicklich den Mageninhalt erbrechen muss. Bei Erwachsenen gibt man in diesen Fällen warmes Salzwasser.

Himbeerblättertee

Getrocknete Himbeerblätter als Tee wirken leicht appetitanregend. Sie werden aber auch bei Erkältungskrankheiten zum Schweißtreiben und auch bei schmerzhaften, rheumatischen Erkrankungen zur Entgiftung über die Haut mit eingesetzt. Wenn der starke, lang gezogene Tee heiß und gleichzeitig in großen Mengen getrunken wird, kann er in Einzelfällen sogar eine akute wie eine chronische Gicht sehr positiv beeinflussen. Da er auch etwas gallenanregend wirkt, entgiftet er innerlich, weil er die Kloake der Leber, eben die Gallenblase, entleert und dadurch die Entgiftungsaufgabe des Organs enorm unterstützt.
Auch bei akuten Durchfällen wirkt der Tee erst einmal leicht abführend und dann leicht stopfend.

Natürlich gibt es auch einen Himbeerlikör für die Gesundheit. Dazu wird ein klarer Schnaps mit der gleichen Menge Himbeersaft gemischt. Ihm spricht man bei den Erwachsenen dieselben gesundheitsfördernden Wirkungen zu wie bei Kindern dem Saft. Dort wo heute noch Himbeersaft selbst hergestellt wird, gehört auch der Himbeerlikör noch zu den Hausspezialitäten.

Hirtentäschel

Das Hirtentäschel (Capsella bursapastoris) spielt in der Volksheilkunde eine große Rolle bei allen Frauenkrankheiten und wird – da es selbst Pflanzenunkundigen bekannt ist – sehr gerne gesammelt. Es wächst meist auf Brachgelände, Abraumhalden und Schuttplätzen.

Hirtentäscheltee gegen Frauenleiden

Der Tee wird bei zu starken Regelblutungen meist mit etwas Erfolg eingesetzt, sofern die Blutung nicht eine andere organische Ursache hat. Wenn der Tee nicht relativ rasch hel-

Hirtentäscheltee hat auch eine kreislaufausgleichende Wirkung und kann daher gut bei zu hohem oder zu niedrigem Blutdruck verwendet werden. Man sollte ihn aber nicht dauerhaft trinken, sondern immer nur drei bis vier Wochen, bevor man eine ebenso lange Pause einlegt. Danach kann man den Zyklus wiederholen.

fen sollte, muss natürlich unbedingt ein Frauenarzt aufgesucht werden! Acht Tage vor der zu erwartenden Regelblutung sollten Frauen oder Mädchen jeden Tag einige Tassen des Hirtentäscheltees trinken. Zwei Teelöffel des klein geschnittenen Krauts, egal ob frisch oder getrocknet, werden mit rund einem viertel Liter kochendem Wasser übergossen, einige Minuten ziehen gelassen, abgeseiht und noch warm getrunken. Aber auch reifere Frauen in den Wechseljahren können von der Wirkung des Tees Gebrauch machen. In dieser Zeit der körperlichen Umstellung sind zwei Tassen am Tag zu empfehlen. Allerdings sollte man immer wieder pausieren.

Hirtentäscheltee gegen rheumatische Beschwerden

Der Tee wird auch bei rheumatischen Beschwerden und zur so genannten Blutreinigung eingesetzt, was in der Volksheilkunde immer gleichbedeutend ist mit Schmerzen, die durch zu viel Schlacken im Körper verursacht wurden. Dies gilt natürlich nur als unterstützende Maßnahme neben anderen Therapien.

Holunder

»Vor dem Holunderbaum sollte man den Hut ziehen!«, sagten früher die Leute auf dem Land, und deshalb hatte fast jedes Haus »seinen« Holunderbaum (Sambucus nigra). In der Volksheilkunde wird meist der Schwarze Holunder bevorzugt, der Rote Holunder spielt fast keine Rolle.

Holunderblütenpfannkuchen als gesunde Delikatesse

Wenn im Frühjahr der Baum in voller Blüte stand, gab es Holunderblütenpfannkuchen. Die frischen Blütendolden wurden abgeschnitten und die

Hirtentäscheleinreibungen gegen Lähmungen

Ganz hartnäckig hält sich in der Volksheilkunde auch die Meinung, dass man Hirtentäschel mit Alkohol angesetzt als Einreibung bei allen Lähmungen verwenden solle. Es gibt hierfür keinerlei Beweise, und die Schulmedizin lehnt Hirtentäschel vollkommen ab. Aber immer wieder kommen Patienten in die Praxis, die behaupten, wenn sie diese Einreibung mit Hirtentäschel nicht gemacht hätten, hätte sich die Lähmung noch nicht so weit gebessert.
Hierzu füllt man eine Weithalsflasche oder ein Glas locker mit klein geschnittenem Hirtentäschel, füllt das Ganze mit einem klaren Selbstgebrannten auf und lässt es einige Wochen an einem warmen Ort ziehen. Zwischendurch muss es immer wieder einmal durchgeschüttelt werden. Nach dem Abseihen wird es dann als Einreibung von gelähmten Gliedern, beispielsweise nach einem Schlaganfall, verwendet.

darin versteckten Insekten kurz herausgeschüttelt. Dann kam ein Löffel Pfannkuchenteig in die Pfanne, eine Dolde wurde in den noch flüssigen Teig hineingehalten, so dass die Blüten im Teig verschwanden, und dann am Stiel abgeschnitten. Die im Teig verbackenen Blüten verliehen dem Pfannkuchen einen ganz eigenartigen, aber sehr guten Geschmack. Außerdem sollte dieser Holunderpfannkuchen sehr gesund sein.

Holunderblütensekt als Erfrischungsgetränk

Auf dem Land wird auch heute noch der so genannte Holunderblütensekt zubereitet. Er ist sehr erfrischend und wohlschmeckend, enthält keinen Alkohol und ist daher gerade für Kinderpartys geeignet und auch äußerst beliebt.

Man nimmt dazu drei Liter Wasser, löst darin zwei Kilogramm Zucker auf und kocht das Ganze mindestens eine viertel Stunde lang. Man lässt dies über Nacht stehen. Am nächsten Tag gibt man dann 50 bis 70 Gramm reine Zitronensäure (aus der Apotheke) dazu, schneidet drei ungespritzte, saubere Zitronen in dünne Scheiben und gibt sie mit hinein. Zum Schluss kommen noch 15 bis 20 Holunderblütendolden dazu. Die groben Stängel kann man wegschneiden, das ist aber nicht unbedingt nötig. Gut verschlossen wird die Mischung an einem dunklen Ort, der nicht zu warm, aber auch nicht zu kalt ist, einige Tage stehen gelassen. Danach wird das Ganze abgeseiht und, in kleine Flaschen abgefüllt, im Kühlschrank oder im kühlen Keller aufbewahrt. Wenn die Kinderparty dann steigt, gibt man in ein Glas ein knappes Viertel von dieser Grundflüssigkeit hinein und füllt dann mit einem gut gekühlten, kohlensäurehaltigen Mineralwasser auf. Fertig ist der Holunderblütensekt.

Holundersaft gegen Erkältungsbeschwerden

Im Herbst, wenn der Baum voller dunkelblauer Dolden mit Beeren hängt, werden diese geerntet. Mit einer Gabel zupft man die Beeren ab, kocht sie mit etwas Wasser, füllt sie in einen großen Leinensack und hängt ihn auf. In den darunter gestellten Eimer fließt und tropft dann der Holundersaft, der mit etwas Zucker oder Honig gekocht und anschließend in Flaschen abgefüllt wird.

Wenn dann jemand in der kälteren Jahreszeit anfängt zu husten oder zu niesen, bekommt gleich die ganze Familie den gesunden, heißen Holundersaft mit Wasser verdünnt zu trinken. Er beugt gut vor und hilft, Erkältungen zu heilen.

Getrocknete Holunderbeeren gegen Durchfall

Die reifen Beeren werden von der Dolde entfernt und getrocknet in Schraubgläsern aufbewahrt. Bei Durchfällen aller Art nimmt man tagsüber alle ein bis zwei Stunden 10 bis 15 der getrockneten Beeren und kaut sie sehr intensiv durch, bevor man sie herunterschluckt. Dies

Schon bei den alten Germanen war der Holunder, auch Holler genannt, ein heiliger Baum und war der Göttin Freya geweiht, die auch den Namen »Holle« trug. Von diesem Namen hat der Baum oder Strauch seinen Namen. Der Name »Holle« ist uns heute nur noch durch das Grimmsche Märchen »Frau Holle« bekannt.

macht man so lange, bis man merkt, dass sich der Durchfall bessert. Dann sollte man jedoch sofort damit aufhören, sonst stellt sich hinterher davon eine Verstopfung ein.

In der alten Volksheilkunde sagte man, dass man niemals Holunderholz im Ofen verbrennen dürfe, weil sonst »der Teufel über einen käme«, und dass man niemals aus dem Holz des Holunderbaums eine Kinderkrippe bauen dürfe, weil sonst das Kind immer krank sein würde. Wahrscheinlich gibt das Holz, wenn es warm ist oder verbrannt wird, Gase ab, die für uns Menschen ungesund sind.

Holunderblüten in Apfelmost gegen Kopfschmerzen

Wer öfter unter Kopfschmerzen oder Migräne leidet, sollte sich in der Blütezeit des Holunders ausgegorenen Apfelmost mit Holunderblüten ansetzen. Diese bleiben einige Wochen in dem Most, werden dann herausgenommen, abgeseiht und in Flaschen abgefüllt.
Zur Vorbeugung trinkt man dann ein- bis zweimal pro Tag ein kleines Schnapsgläschen davon. Wenn die Schmerzen akut werden, trinkt man von dem Most alle halbe bis ganze Stunde ein solches Gläschen und macht gleichzeitig damit feuchte Umschläge auf Kopf und Augen.

Holunderblütentee zum Schwitzen

Der Holunderblütentee wird besonders bei Erkältungen eingesetzt, wenn der Patient richtig schwitzen soll. Mit diesem Holunderblütentee kommt es zu einem wohltuenden Schwitzen, bei dem die Krankheitsstoffe über die Haut ausgeschieden werden. Dazu werden zwei bis drei Teelöffel Holunderblüten – getrocknet oder frisch – mit einem viertel Liter kochendem Wasser überbrüht, zehn Minuten ziehen gelassen, sorgfältig abgeseiht, mit Honig gesüßt und so heiß wie möglich getrunken. Gleichzeitig sollte man schön warm eingepackt ein heißes Fußbad durchführen. Wenn man dann anfängt zu schwitzen, geht man sofort in das vorgewärmte Bett, um dort noch einige Zeit zu ruhen und kräftig nachzuschwitzen. Wenn man keine Holunderblüten zur Verfügung hat oder der Patient sie nicht besonders mag, kann man stattdessen auch Lindenblüten (siehe dazu auch »Linde«, Seite 77f.) nehmen, die fast denselben Effekt nach sich ziehen und ebenfalls kräftig zum Schwitzen anregen.

Holunderblütentee bei rheumatischen Erkrankungen und Gicht

Dieser Tee, den man zum Schwitzen benutzt, kann man auch kurmäßig im Frühjahr aus frischen Holunderblüten zur Blutreinigung des ganzen Körpers trinken. Man setzt ihn – ebenso kurmäßig – bei allen Gicht- und rheumatischen Erkrankungen ein, sofern sich die Krankheit nicht gerade in einer akut-entzündlichen Phase befindet. Auch hier erreicht man zumindest eine deutliche Besserung des Gesamtzustandes. Die Teekur sollte vier bis sechs Wochen dauern, dann sollte man mindestens eine ebenso lange Pause einhalten, und danach kann nochmals vier bis sechs Wochen gekurt werden.

Holundersirup gegen Husten und Fieber

Aus den reifen Früchten kann man auch eine Art Sirup bereiten, der köstlich schmeckt und beinahe als Leckerei bezeichnet werden kann.

Da man früher dachte, der Holunderbusch sei der Wohnsitz der beschützenden Hausgötter, wurde er gerne direkt vor der Haustüre angepflanzt. Die heilende Wirkung des Holunders ist bereits seit der Steinzeit überliefert.

Die von den Dolden abgezupften Beeren werden dazu mit sehr wenig Wasser ganz leicht so lange erhitzt, bis die zarten Häutchen der Beeren platzen. Dann werden sie durch ein Sieb passiert, und dem Mark wird dann etwa ein Drittel der Menge Zucker oder Kandiszucker zugesetzt. Dies wird jetzt unter ständigem Rühren so lange leicht gekocht, bis es eindickt und die Masse sich leicht vom Kochlöffel löst. Dann wird noch etwas Nelken-, Muskat- und Zimtpulver untergemischt und der Sirup noch heiß in kleine Gläser abgefüllt. Diese Masse gibt man bei sehr hartnäckigem Husten mit Fieber tagsüber öfter teelöffelweise. Man muss sie im Mund zergehen und richtig im Hals hinten herunterlaufen lassen.

Holunderblätter für Gurgelwasser

Bei Halsbeschwerden kocht man acht bis zehn frische oder auch getrocknete Holunderblätter in einem viertel Liter Wasser einige Minuten lang. Nach dem Abseihen und Abkühlen auf eine erträgliche Temperatur wird dann mit dieser äußerst wirksamen Flüssigkeit bei allen Hals- und Rachenbeschwerden mehrmals am Tag gegurgelt. Diesen Vorgang wiederholt man so oft, bis sie abklingen.

Für Holunderlikör nimmt man einen frisch hergestellten Holundersaft und mischt ihn zu gleichen Teilen mit einem hochprozentigen Schnaps. Viele nahmen und nehmen Holunderlikör heute noch, wenn sie nach einem Essen eine leichte Übelkeit befällt. Er hilft dann verdauen.

Honig

Den köstlichen Bienenhonig kann man aus der Volksheilkunde gar nicht wegdenken. Honig wird nicht nur innerlich genommen, sondern auch äußerlich angewendet. Die Palette seiner Anwendungen war zu allen Zeiten und ist auch heute noch riesig groß.

Honig als Konservierungs- und Stärkungsmittel

In alle Salben und Pflanzenextrakte, die nicht mit Alkohol haltbar gemacht werden, gibt man immer et-

was Honig dazu, damit sie besser halten und wirken. Da Honig nicht schimmeln kann, hält er alle Salben und Extrakte frisch. Seit jeher setzte man ihn als Konservierungsmittel ein. Auch heute noch gibt es viele Hautsalben – auch solche, die direkt von Hautärzten verordnet werden – die von Haus aus Honig als Konservierungs- und Heilmittel enthalten.
In vielen heute wiederentdeckten Schönheitssalben und -tinkturen gehört Honig selbstverständlich zu den Zutaten. Er ist oftmals sogar – neben dem Bienenwachs – die eigentliche Grundlage für diese Mittel, die Pflanzenauszüge ergänzen die jeweilige Mischung nur noch.
Alle Stärkungs- und Aufbaumittel, die man den Kranken in der Aufbauphase nach überstandener Krankheit gibt, enthalten immer etwas mehr oder weniger Honig. Da er ein enormer Energiespender und außerdem sehr leicht verdaulich ist, belastet er die Rekonvaleszenten nicht, sondern stärkt sie hervorragend.

Als Süßungsmittel ist der Honig dem Zucker weit überlegen. In ihm sind nicht nur verschiedene Zuckerarten vertreten, sondern er enthält auch viele Mineralien, Fermente, biologische Säuren, Wachse, Duft- und Farbstoffe, die positiv auf den Körper einwirken.

Honig zur sorgfältigen Wundversorgung
Mit Honig wird teilweise heute noch auf dem Land, besonders durch die Imker, die Erstversorgung aller nicht zu stark blutenden Wunden vorgenommen. Aber auch bei sehr schlecht heilenden Wunden oder bei Hauterkrankungen mit teilweise offenen Stellen wird Honig mit eingesetzt. Hier mischen manche Leute etwa zehn Prozent ganz fein geriebenen Meerrettich unter den Honig, bevor sie ihn auf die Wunde geben. Dadurch wird die Heilung und die Granulation im Wundbereich unwahrscheinlich beschleunigt.

Honig gegen Hämorrhoiden

Honig, zu gleichen Teilen mit einer Ringelblumen- oder Arnikasalbe gemischt, wird bei Hämorrhoiden verwendet. Nach der Stuhlentleerung wird der After erst mit etwas Wasser ausgewaschen und danach das Salben-Honig-Gemisch eingeführt. Dann wird noch ein sauberes Läppchen hineingeklemmt. Gegen diese Anwendung haben selbst hartnäckigste Hämorrhoiden, auch blutende, kaum eine Chance. Sie ziehen sich durch diese Behandlung meist langsam zurück. Das Honig-Salben-Gemisch hilft auch sehr gut, wenn die Hämorrhoiden besonders stark jucken.

Honig gegen Heuschnupfen
Bei allergischem Heuschnupfen ist die tägliche Einnahme von zwei bis drei Teelöffeln Honig vom Imker aus der näheren Umgebung sehr wirksam. Es ist sehr wichtig, dass der Honig von einem Bienenvolk kommt, das nicht weiter weg als höchstens zehn Kilometer Luftlinie vom Wohnort des Patienten seinen Standort hat. Dadurch sind in dem Honig auch einige Pollen enthalten, gegen die der Heuschnupfenpatient normalerweise allergisch reagiert.

Durch die tägliche Einnahme des Honigs oder auch durch Auskauen von ausgeschleuderten Honigwaben – auch wieder von einem Bienenvolk aus der Wohngegend des Patienten – wird er wie bei einer Impfung mit den wenigen Pollen im Honig oder in den Waben langsam aber sicher immun gegen den großen Ansturm der Pollen in der eigentlichen Heuschnupfenzeit gemacht.

Honigumschlag bei schmerzenden Gelenken

Wer unter sehr schmerzenden Gelenken leidet, der sollte abends vor dem Schlafengehen entweder Honig pur oder Honig mit Beinwelltinktur (siehe »Beinwell«, Seite 25) vermischt, der im Wasserbad gut erwärmt wird, auf die schmerzenden Gelenke auftragen und mit Mull verbinden. Mit einer heißen Wärmflasche, einem erwärmten Kirschkernsäckchen oder einem heißen Heublumensack sollte dann das betroffene Gelenk noch längere Zeit gut warm gehalten werden. Die Honigumschläge wirken oft auch dann, wenn alle anderen Methoden versagen.
Eine Einschränkung gibt es allerdings: Honigumschläge dürfen auf keinen Fall angewendet werden, wenn das Gelenk rot entzündet und erhitzt ist. Dann würde man so die Entzündung verstärken.

Propolis, Gelée royale und Pollen

Neben dem Honig gibt es noch drei Erzeugnisse der Bienen, die unserer besonderen Aufmerksamkeit bedürfen: Propolis, Gelée royale und Pollen. Propolis ist der Kittharz, den die Bienen erzeugen, um die Wachswaben zusammenzukleben und zuzudeckeln. Er wird heute als Mittel zur Stärkung der körpereigenen Abwehr hoch gepriesen. Seine Wirkung entspricht der des Honigs, ist nur um einiges stärker.
Gelée royale ist das Kraftfutter, das die Bienenkönigin bekommt. Die normale Arbeitsbiene hat nur eine Lebensdauer von einem Monat. Die Königin wird dank dieses Kraftfutters bis zu fünf Jahre alt. Gelée royale wird deshalb heute auch als Wundermittel gegen das Altern und als Vorbeugungsmittel gegen alle Erkrankungen angepriesen.
Pollen sind das direkte Sammelergebnis der Bienen auf ihrem Flug von Blume zu Blume und stärken – über einen gewissen Zeitraum eingenommen – die Abwehrkräfte des Körpers.

Als Konservierungsmittel für Obst, das man in rohem Zustand mit Stiel in Honig einlegt, ist Honig fast unübertroffen. Im alten Ägypten gehörte Honig selbstverständlich zu den Mitteln der Einbalsamierung mit dazu.

Hopfen

Von dem in der Rhön und in anderen Gegenden teilweise wild wachsenden Hopfen (Humulus lupulus) werden die Zapfen kurz vor der völligen Reife gesammelt und getrocknet. Sie brauchen andere Sträucher, um zu wachsen, an denen sie sich hochwinden, um zum Licht kommen zu können.

Die Zubereitung von Hopfentee

Die Zapfen sollte man entweder frisch oder höchstens bis zu vier bis fünf Monate nach der Ernte und der

In ärmeren Gegenden wurden die jungen Sprossen des Hopfens im Frühjahr als Wildgemüse zubereitet, entweder in Suppen mitgekocht oder auch in Salzwasser gegart und als Beilage mit oder ohne Sauce gegessen, ähnlich wie Bohnen oder Spargel. In den Hopfengegenden ist dies heute noch eine Spezialität.

Trocknung verwenden. Länger sollte man sie nicht aufheben. Ein bis zwei solcher Zapfen werden mit einem viertel Liter kochendem Wasser übergossen, zehn Minuten lang ziehen gelassen, abgeseiht, und fertig ist der Hopfentee. Dieser beruhigende Tee sollte bei Beschwerden, wie etwa nervösen Störungen, mit etwas Honig gesüßt und noch sehr warm getrunken werden. Bei Bedarf kann man davon bis zu zwei oder drei Tassen täglich trinken.

Viele schwören beim Hopfen auf den Kaltansatz. Hierbei werden die Hopfenzapfen mit reichlich kaltem Wasser acht bis zehn Stunden angesetzt, das Ganze dann zum Sieden gebracht, einige Minuten lang ziehen gelassen und dann abgeseiht als heißer Hopfentee getrunken. Dieser Auszug ist sehr viel intensiver als das Übergießen mit heißem Wasser, aber da das rechtzeitige Ansetzen von den Patienten sehr oft vergessen wird, machen die meisten ihren Tee ohne dieses kalte Ansetzen.

Hopfentee gegen nervöse Störungen

Man verwendet den Tee bei allen nervösen Magen- und Darmstörungen, auch bei solchen mit Krampfneigung sowie bei ständiger innerer Unruhe vom Herzen mit erhöhter Pulsfrequenz, so genannten Tachykardien, und bei Schlaflosigkeit. Bei Schlaflosigkeit sollte man den Tee etwas stärker zubereiten, mit drei bis vier getrockneten Zapfen auf einen viertel Liter Wasser, und ihn abends vor dem Schlafengehen warm trinken. Auch Frauen in den Wechseljahren – die auch häufig unter Schlafstörungen leiden – verwenden den Hopfentee sehr gerne als natürliche Alternative zu Beruhigungs- oder Schlafmitteln.

Er wird aber auch bei nervösen Blasen- und Nierenstörungen verwendet und hilft, die Wasseransammlungen und damit auch Ablagerungen, wie etwa Harnsäureablagerungen bei rheumatischen Beschwerden und Gicht, aus dem Körper herauszuschwemmen. Durch die leichten Bitterstoffe wirkt Hopfen daneben auch gallenflussfördernd und leicht appetitanregend.

Hopfenblätter sind überdies sehr oft Bestandteil der so genannten Duftkissen. Sie wirken beruhigend, entkrampfend und schlaffördernd. Diese Wirkung hat natürlich auch der Hopfen im Bier, weshalb man bei manchen Krankheiten ein warmes Bier verabreicht.

Huflattich

Der Huflattich (Tussilago farfara) spielt in der Volksheilkunde eine große Rolle, auch wenn er in letzter Zeit von der Schulmedizin wegen angeblicher Nebenwirkungen etwas geächtet wird. Bei sehr lang andauerndem Gebrauch soll er die Leber schädigen. Viele halten dieses Argument für etwas übertrieben, denn wer benutzt schon eine Heilpflanze länger als nötig? Im Frühjahr sprießen die Blüten des Huflattichs oft schon ab Ende Februar zwischen den letzten Schneeflecken als eine der ersten Pflanzen. Huflattich wächst meist an Wegrändern, Böschungen und Ödland auf trockenem und unfruchtbarem Boden. Wenn die weithin gelb leuchtenden Blüten in der warmen Frühjahrssonne richtig offen sind, sollten sie an einem trockenen Tag während der Mittagszeit gesammelt und an einem schattigen Ort auf Papier großflächig zum Trocknen ausgebreitet werden. Wenn dann später im Jahr die Huflattichblätter herauskommen, sammelt man etwa die gleiche Menge Huflattichblätter, wie vorher schon Blüten, und trocknet auch diese. Wenn sie richtig trocken sind, werden sie klein geschnitten und mit den Blüten vermischt.

Huflattichtee gegen chronischen Husten

Bei Bedarf wird ein Teelöffel des Gemischs aus Blüten und Blättern mit einem viertel Liter kochendem Wasser überbrüht, zehn Minuten ziehen gelassen, abgeseiht und noch heiß mit etwas Honig gesüßt getrunken. Besonders, wenn der Husten nicht vergehen will und immer wieder ein trockener Reizhusten aufkommt, ist dieser Tee ein Segen. Auch bei den immer wiederkehrenden, morgendlichen Hustenattacken, von denen besonders Raucher befallen werden, kann er gut mit eingesetzt werden. Er löst den zähen Schleim und bringt enorme Linderung, wo andere Mittel nur wenig wirken.

Huflattichtee gegen äußere Hautreizungen

Äußere Hautreizungen und schlecht heilende Wunden werden mit einem feuchtwarmen Umschlag aus diesem Huflattichtee behandelt. Die Heilungstendenz wird damit sehr positiv beeinflusst. Man muss hinterher jedoch die Hautpartien immer mit einem guten Hautpflegemittel, das etwas Fett enthält, einreiben. Ringelblumensalbe ist hier besonders zu

Wie der botanische Name des Huflattichs – Tussilago farfara – schon sagt, ist er ein uraltes Hustenmittel, denn »tussis« heißt nichts anderes als Husten. Den deutschen Namen verdankt der Huflattich seinen ein wenig nach Pferdehufen aussehenden Blättern.

Huflattichtee bei Magen- und Darmstörungen

Auch bei Magen- und Darmstörungen mit Stauungen im Leber- und Gallenblasenbereich kann man den Huflattichtee mit einsetzen. Hier wird er aber zweckmäßigerweise ungesüßt getrunken, damit die Säure, die durch den Honig oder den Zucker im Magen entsteht, die Wirkung nicht zunichte macht.
Auch bei allen Schleimhautreizungen im Mund wird der ungesüßte Huflattichtee als Gurgelmittel benutzt. Dies gilt für Beschwerden von Verätzungen in diesem Bereich, über Mandelentzündungen bis hin zu Zahnfleischbluten und Soor. Hier hilft eine große Kanne Huflattichtee, mit dem man tagsüber alle halbe bis eine Stunde den Mund sehr kräftig ausspült und dabei den Tee immer einige Minuten im Mund belässt.

empfehlen, da diese auch den Heilungsprozess unterstützt. So hat man im Wechsel zwischen Salbe und Huflattichumschlägen immer die besten Erfolgsaussichten.

Huflattichblätterauflagen und Huflattichsaft

Wenn die Blätter im Frühjahr sprießen, kann man bei Husten mit Fieber neben den Blüten auch die Blätter, wie bereits beschrieben, für den Tee mit verwenden. Mit den großen Blättern jedoch werden auch Auflagen auf die Brust gemacht. Man presst sie etwas mit einem Nudelholz oder einer Flasche und wickelt die Brust des Hustenden damit rundum ein und hält das Ganze dann mit Tüchern fest. Durch die äußerliche Wirkung der Blätter und die innerliche des Tees hat der Husten kaum eine Chance mehr. Sehr gut hilft auch, wenn man neben dem Tee dem Kranken auch noch den frisch gepressten Saft aus den Blättern teelöffelweise gibt.

Pfarrer Kneipp wusste um die guten Wirkungen des Huflattichs und empfahl die Blätter als wirkungsvolle Auflage bei Fußgeschwüren. Dort halfen sie ähnlich gut wie gegen rheumatische Beschwerden und Gicht.

Die frischen Blätter werden unterstützend mit sehr gutem Erfolg auch bei der Wundrose sowie der Gesichtsrose aufgelegt. In solchen Fällen sollte man aber unbedingt einen Facharzt aufsuchen und die Behandlung mit Huflattich als gute Zusatztherapie einsetzen.

Huflattichblätter gegen rheumatische Beschwerden und Gicht

Diese Huflattichblätterauflagen werden von manchen Leuten bei Schmerzen, die durch rheumatische Beschwerden oder Gicht ausgelöst werden, mit sehr gutem Erfolg angewendet. Dabei werden die frischen Huflattichblätter mit einem Nudelholz weich gerollt und dann sofort in ihrem weichen und nassen Zustand um das schmerzende Gelenk gewickelt. Wenn die Blätter trocken sind, sollte man sie sofort wieder gegen frisch gerollte Huflattichblätter austauschen.

Huflattichblätter gegen Gerstenkorn

Um ein Gerstenkorn mit Huflattichblättern zu beseitigen, werden die Blätter klein geschnitten und mit sehr wenig Wasser zu einem dicklichen Schleim verkocht. Diesen lässt man erkalten und macht damit eine Auflage auf das Auge und das Gerstenkorn. Diese Auflage sollte man öfter wechseln, bis das Gerstenkorn aufgeht und ausheilt.

Johanniskraut

Das Johanniskraut (Hypericum perforatum) lässt sich beim Sammeln durch einen einfachen Test von anderen ähnlich blühenden Kräutern unterscheiden: Man zerquetscht einfach ein Blütenblatt zwischen zwei Fingern. Werden die Finger davon rot, hat man ein echtes Johanniskraut vor sich, sonst muss man weitersuchen. Dieser Trick hilft dem Sammler beim Vermeiden von unter Umständen gefährlichen Verwechslungen. In den Blättern und vor allem in den Blüten des Johanniskrauts lagern winzige Öldepots, die bei Druck das rote Öl austreten lassen. In diesem Öl befindet sich der heilende Hauptwirkstoff Hyperizin.

Johanniskrautöl zum Selbstmachen

Die Herstellung ist relativ einfach: Man sammelt dafür etwa 100 bis 150 Gramm Blütenköpfe, die gerade aufgegangen sind. Diese werden zu einem roten Brei zerquetscht, in eine möglichst weiße oder durchsichtige Weithalsflasche oder ein Glas gefüllt, in das man einen halben Liter Öl gießt. Hier sollte man qualitativ hochwertiges Öl nehmen. Dies stellt man an einen warmen Ort und rührt ab und zu um oder schüttelt es. Nach einer halben bis einer Woche ist dann der Auszug abgeschlossen.

Dann verschließt man die Flasche fest und stellt sie für rund sechs Wochen an einen sonnigen Platz. Der Inhalt hat dann eine tief rubinrote Farbe angenommen. Die Flüssigkeit wird danach abgepresst und einige Zeit ruhig stehen gelassen. Das fertige Öl wird von der sich darunter bildenden wässrigen Schicht abgegossen und in kleine Flaschen abgefüllt.

Johanniskrautöl gegen Depressionen und rheumatische Beschwerden

Eines der berühmtesten Heilmittel der traditionellen Volksheilkunde ist das Johanniskrautöl. Von ihm erzählt man sich wahre Wundersachen, weil dieses Öl sowohl innerlich als auch äußerlich hervorragend bei den verschiedensten Beschwerden hilft. Innerlich wird davon bei Bedarf dreimal täglich ein kleiner Teelöffel unverdünnt eingenommen. Es hilft dann bei Depressionen, Stress oder nervlicher Überlastung. Darüber hinaus wirkt es gallentreibend und somit leicht abführend, und es entlastet den Magen-Darm-Trakt.

Äußerlich wird es als gut wirksames Einreibemittel bei rheumatischen Schmerzen aller Art verwendet. Es werden damit die oberflächlichen Nerven beruhigt und die verspannten Muskeln entkrampft. Durch die dann entstehende bessere Durchblutung wird der Schmerz gelindert. Dieses Öl kann man aber auch gleichzeitig äußerlich zu Einreibungen und Wundauflagen verwenden und innerlich zwei- bis dreimal pro Tag fünf Tropfen auf ein Stückchen Zucker nehmen. Dadurch lässt sich die heilende Wirkung des Öls zusätzlich steigern.

Das Johanniskraut hat seinen deutschen Namen davon, dass es um Johanni herum, also den 24. Juni, in voller Blüte steht und weil dies auch der Zeitpunkt ist, wo man es sammeln sollte.

Johanniskrauttee für Magen und Darm

Sehr beliebt in der Volksheilkunde ist auch der Johanniskrauttee. Man sammelt in der Hochblüte, also um Johanni herum, in der prallen Mittagssonne an einem trockenen Tag die Kräuter und hängt sie gebündelt im Schatten zum Trocknen auf. Von dem nach dem Trocknen klein geschnittenen Kraut braucht man einen Teelöffel auf eine Tasse zur Ner-

Lichtempfindliche Menschen, die sehr leicht einen Sonnenbrand bekommen, sollten Johanniskrautöl nicht nehmen oder sich in der Zeit der Einnahme nicht der direkten Sonnenbestrahlung aussetzen. Es kommt sonst zur so genannten Photosensibilisierung, die mit massiven Beschwerden der Haut, aber auch des Kreislaufs einhergehen kann!

venberuhigung, aber auch für den Magen- und Darmbereich bei allen Störungen.

Johanniskrauttinktur zur Wundbehandlung

Für die eigene Herstellung der Johanniskrauttinktur nimmt man auf 100 Gramm reinen Alkohol aus der Apotheke etwa 20 bis 25 Gramm getrocknetes Johanniskraut. Dies lässt man unter gelegentlichem Schütteln rund 10 bis 14 Tage ziehen, gießt es dann in eine kleine Flasche ab und presst die Rückstände aus.

Die nun fertige Johanniskrauttinktur kann man innerlich wie äußerlich verwenden. Bei allen frischen Wunden und Hautabschürfungen kann man sie zur Desinfektion der Wunde nehmen. Aber auch bei schlecht heilenden Wunden und Hautausschlägen kann man mit ihr einen sehr wirksamen Umschlag machen. Bei allen Schmerzzuständen sowie bei nervösen Zuständen und Überreizungen kann man mehrmals pro Tag von der Tinktur zehn Tropfen auf einem Esslöffel Wasser einnehmen.

Kalmus

Der Kalmus (Acorus calamus) ist ein Einwanderer aus Asien, der schon seit fast 500 Jahren bei uns heimisch und voll in die Volksheilkunde mit einbezogen worden ist. Als Medikament wird nur die Wurzel eingesetzt, die im Frühherbst gesammelt und in kleine Stücke geschnitten frisch oder getrocknet verwendet wird. Die getrockneten Wurzelstücke sollten kühl und trocken aufbewahrt werden, am besten in einem Schraubglas. Früher wurden kleine Wurzelstücke in das Trinkwasser gegeben, um es länger haltbar zu machen und »vor dem Teufel zu schützen«. Inzwischen ist die leicht desinfizierende Wirkung des Kalmus wissenschaftlich nachgewiesen.

Für die Zubereitung von Johanniskrautöl empfiehlt es sich, keine Holzwerkzeuge zu verwenden, da sich diese sonst durch den roten Farbstoff verfärben können.

Kalmustee als natürliches Desinfektionsmittel

Für den Tee setzt man abends zwei bis drei Teelöffel Kalmuswurzel mit einem Liter kaltem Wasser an und lässt ihn über Nacht stehen. Am Morgen wird die Mischung bis zum Kochen erhitzt und vor dem Abseihen noch zehn Minuten ziehen gelassen. Nur in Ausnahmefällen sollte man die Kalmuswurzeln mit kaltem Wasser ansetzen und sofort zum Kochen bringen. Hier sollte man dann aber den Tee zwei bis drei Minuten sprudelnd kochen lassen, bevor man ihn noch ziehen lässt.

Der Kalmustee dient zur Mund- und Rachendesinfektion, indem man mit ihm spült und gurgelt. Sollte man unter Verdauungsbeschwerden leiden, so trinkt man schon morgens nüchtern und jeweils immer eine halbe Stunde vor den Mahlzeiten eine Tasse warmen Kalmustee. Er verbessert die Verdauung enorm, entkrampft, lässt die Galle fließen, nimmt starke Blähungen weg und regt den Appetit an. Kindern sollte man auch öfter den leicht gesüßten Kalmustee geben, da er Blut bildend und stärkend wirkt. Den Rheumatikern tut er gut, da er den inneren Stoffwechsel verbessert. Kalmustee ist überdies als Spülung nach der Kopfwäsche ein sehr wirksames Mittel gegen Schuppen.

Kalmusextrakt als »Allheilmittel«

Man füllt eine Weithalsflasche etwa zu einem Viertel locker mit klein geschnittenen frischen Wurzelstücken. Wenn man getrocknete Wurzeln verwendet, reicht die Hälfte, also etwa eine zu einem Achtel gefüllte Flasche. Dann gießt man einen Schnaps (ca. 40 Prozent Alkohol) auf und stellt die Flasche verschlossen sechs bis acht Wochen an einen warmen Platz. Wenn möglich, sollte man das Ganze einmal pro Tag kräftig durchschütteln. Die abgeseihte Kalmustinktur wird in der Volksheilkunde beinahe als ein Allheilmittel verwendet: Äußerlich dient sie als eine sehr wohltuende und schmerzlindernde Einreibung bei allen Schmerzen in den Knochen und Muskeln. Auch Patienten, die bettlägerig sind, werden damit an allen Auflageflächen eingerieben, um das gefürchtete Wundliegen zu verhindern.

Innerlich wirkt die Kalmustinktur genauso auf den Verdauungstrakt wie auch auf das Wasser ableitende System. Sie reguliert und stärkt den nervösen und verdauungsschwachen Magen, regt den Gallenfluss und den Darm an und fördert so den normalen Stuhlgang. Außerdem regt sie die Nieren und die Blase zur besseren Ausscheidung an und wirkt so möglichen Wasseransammlungen im Gewebe entgegen.

Der Name des Kalmus kommt vom griechischen Wort »Kalamos«, was so viel wie »Rohr« bedeutet, und ist eine Anspielung auf die wie Rohre aussehenden, am Boden entlangkriechenden Wurzeln der Pflanze.

Kalmuswein als Stärkungsmittel

Sehr bekannt und beliebt in der Volksheilkunde ist auch der Kalmuswein, den man dem Kranken, der die Krankheit schon überwunden hat und sich auf dem Wege der Besserung befindet, am Vormittag um etwa zehn Uhr reicht: Man reibt von einer möglichst frischen Wurzel des Kalmus ganz fein etwa einen Teelöffel voll ab (oder zerkleinert die Wurzel im Mixer), gibt dies in ein Glas süßen Südwein und lässt ihn den Kranken langsam in kleinen Schlucken trinken. Dabei darf jeder Schluck von diesem Kalmuswein erst hinuntergeschluckt werden, wenn der Wein im Mund warm geworden ist. Dadurch wird der Magen nicht unterkühlt, sondern zu einem vermehrten Verdauungssaftfluss angeregt, und die Galle kommt zum Fließen; auch der Blutzucker bleibt relativ konstant. Dadurch erholt sich der Kranke sehr viel schneller, bekommt mehr Appetit und eine bessere Verdauung.

Fast denselben Effekt wie mit Kalmuswein erreicht man, wenn man die frischen Kalmuswurzeln in kleinen Stücken in Zucker oder Honig legt und so kandiert. Sie dienen zur Appetitanregung und zur Stärkung der Nerven, besonders nach schweren Erkrankungen.

Kalmuswurzelbad für Knochen, Haut und Haare

In der Volksheilkunde ist das Kalmuswurzelbad dafür bekannt, das es gut für die Knochen ist. Man verwendet es bei Rachitis und bei rheumatischen Beschwerden.

Man stellt einen starken Kaltauszug aus Kalmuswurzeln her, indem man ein bis zwei Hand voll klein geschnittener Wurzeln mit fünf Liter Wasser mindestens zwölf Stunden lang stehen lässt. Dann kocht man das Ganze zehn Minuten auf und gießt den heißen Auszug – zusammen mit den Wurzelstücken – in das Badewasser. Die Badetemperatur sollte so heiß sein, dass es der Patient gerade noch gut ertragen kann. Nach 20 bis 30 Minuten kommt der Patient aus dem Bad, streift die Flüssigkeit nur ab, wird noch feucht in ein großes Badetuch gewickelt und sofort für ein bis zwei Stunden ins vorgewärmte Bett gesteckt.

Auch bei Hautausschlägen verschiedener Ursache hat sich das heiße Kalmusbad als sehr heilsam und äußerst wirkungsvoll erwiesen, vor allem, wenn Kalmus als Tee oder Tinktur gleichzeitig auch innerlich regelmäßig genommen wird.

Kamille

Die Echte Kamille (Matricaria chamomilla) ist – besonders in Form von Kamillentee – in der traditionellen Natur- und Volksheilkunde eine der beliebtesten und bekanntesten Pflanzen. Sie findet Verwendung bei allen Entzündungen im Körper, besonders bei Störungen des Magen- und Darmbereichs sowie bei Erkältungs- und Infektionskrankheiten. Das Öl der Blütenköpfchen der Echten Kamille enthält nach neuesten Forschungen ein Mittel, das die Bakteriengifte deutlich »entschärft« und in ihrer Wirkung auf den Körper enorm abschwächt.

Die Kamillenblüten werden ohne die übrige Pflanze in der Zeit von Mai bis August bei trockenem und sonnigem Wetter gesammelt. Anschließend breitet man sie am besten auf einem aufgeheizten Dachboden – wo die Temperatur im Sommer schon einmal 30 bis 40 °C erreichen kann – aus; dort werden sie zunächst getrocknet und dann in Leinensäckchen locker und trocken gelagert.

Kamillentee als Magen- und Darmmittel

Die Kamillenblüten werden meist als Tee angewendet. Sie wirken innerlich entkrampfend, schmerzstillend, entblähend, entsäuernd, beruhigend, blutreinigend und entzündungshemmend. Auch bei den häufig auftretenden leichten Durchfallerkrankungen nehmen viele Menschen oft nur Kamillentee als Heilmittel.

Für den Tee wird ein Esslöffel der Blüten mit einem viertel Liter kochendem Wasser übergossen und etwa zehn Minuten ziehen gelassen. Er sollte nicht gekocht werden, da der Kochvorgang die ätherischen Öle fast völlig zerstört und der Tee dadurch wirkungslos würde. Der Tee sollte unmittelbar nach dem Ziehenlassen und Abseihen getrunken und jedesmal frisch zubereitet werden. Man sollte ihn niemals auf Vorrat herstellen, da er sonst sehr viel von seiner Wirkung verliert.

Kamillentee in der Säuglings- und Kinderpflege

Der Kamillentee wird gerne in der Säuglings- und Kinderheilkunde mit eingesetzt, und zwar immer dann, wenn etwas mit der Verdauung nicht stimmt. Aber auch bei leichten Hautunreinheiten oder Entzündungen kann man dem Badewasser des Säuglings ab und zu einen Liter Kamillentee zusetzen. Dies stabilisiert das Hautbild und erhöht die Abwehrkräfte. Wenn man das Kamillenbad gegen Abend durchführt, schläft der Säugling meist viel besser.

Bei Bauchschmerzen von Kindern kann man den Tee nicht nur innerlich geben, sondern gegebenenfalls auch einen feuchtheißen Bauchwickel damit anlegen. Dies ist besonders nach jeder Mahlzeit wirksam. Für Säuglinge sollte man den Tee zum Trinken niemals zu stark machen: Eine Prise, also die Menge, die man zwischen Daumen und Zeigefinger zu fassen bekommt, reicht schon für eine kleine Flasche Tee von 100 bis 150 Milliliter.

Bei Säuglingen sollte man bei entsprechenden Beschwerden den Tee – eventuell im Wechsel mit Fencheltee – so reichlich geben, dass sie mit diesem Getränk ihren täglichen Flüssigkeitsbedarf decken. Man kann bei Störungen des Verdauungstrakts damit sogar die Babynahrung anrühren, sofern die Kinder nicht gestillt werden. Auch bei häufigen Ohrenschmerzen der Kinder sollte man erst einmal Kamille anwenden, entweder als Tee für Spülungen der Ohren oder als Kamillensalbe, die man auf ein Wattebäuschchen gibt und damit bei Entzündungen die äußeren Gehörgänge verschließt.

Die Kamille erscheint vielen ganz harmlos, aber man sollte mit ihr – wie mit jedem anderen Medikament natürlich auch – immer recht vorsichtig umgehen. D. h., kurmäßig verwendet sollte man größere Mengen Kamillentee höchstens vier bis sechs Wochen einnehmen und anschließend eine ebenso lange Pause einlegen.

Kamillentee als Gurgelmittel bei Entzündungen

Bei allen Entzündungen im Mund-, Hals- und Mandelbereich wird mit Kamillentee gespült und gegurgelt. Oft reicht diese Maßnahme allein aus, um bei derartigen Atemwegserkrankungen recht schnell eine Besserung herbeizuführen. Sie muss nur, solange die Entzündung oder Reizung be-

Kamille kann in äußerst seltenen Fällen Hautreaktionen in Form eines Ekzems auslösen. Meist geschieht das dort, wo mit der innerlichen oder äußerlichen Anwendung von Kamille maßlos übertrieben wurde, so dass sich der Körper dagegen wehrt und eine Allergie aufbaut.

steht, sehr oft am Tag durchgeführt werden und wenn möglich, immer mit frisch zubereitetem Kamillentee.

Kamillensitzdampfbad bei Unterleibsleiden

Ebenso wie das Kopfdampfbad (siehe Kasten) wird auch das Kamillensitzdampfbad angesetzt. Es ist besonders wirksam bei Entzündungen im Unterleibsbereich, bei Harnverhalten und Blasenkatarrh. In den meisten Fällen hilft das Sitzdampfbad vorzüglich und relativ schnell.

Kamillenbäder zur Wundbehandlung

Warme Kamillenbäder werden auch bei entzündeten Wunden sehr gerne angewendet, meist als Hand- oder Fußbad. Die schlecht heilenden, eventuell sogar eiternden Wunden werden in warmem Kamillentee mit einer für den Patienten angenehmen Temperatur gebadet oder damit ausgewaschen. Auch bei einer Nagelbettentzündung werden sie oft mit angewendet, sowie bei den früher häufiger vorkommenden Geschwü-

Kamillenkopfdampfbad

Bei Schnupfen oder Husten wird auch heute noch ein Kamillenkopfdampfbad angewendet. Dies war früher allseits sehr beliebt, weil es zur gleichen Zeit Schleim löste und austrocknete.

Zu diesem Zweck wird eine Hand voll Kamillenblüten mit einem Liter kochendem Wasser übergossen und eine Weile ziehen gelassen. Der Kranke setzt sich an einen Tisch, der dampfende Kamillentopf wird vor ihn hingesetzt, er hält den Kopf darüber und wird mit einem großen Handtuch, eventuell auch noch mit einer Decke, abgedeckt. Durch Mund und Nase atmet er nun vorsichtig die heißen Kamillendämpfe ein. Ab und zu muss er kurz aus der Deckung, wenn die Nase läuft und er sich schnäuzen muss. Wenn der Dampf nachlässt, wird der Topf kurz weggenommen, auf dem Herd wieder bis kurz vor den Siedepunkt erhitzt, und die Prozedur geht weiter. Der Kopf des Erkrankten wird auch währenddessen zugedeckt gelassen. Heute könnte man sich auch mit einem Stövchen behelfen, so dass der Kamillentee während des 10- bis 20-minütigen Kopfdampfbads nicht kalt wird.

Nach dem Kopfdampfbad werden die strapazierten Schleimhäute der Nase mit einer milden Arnikatinktur oder Ringelblumensalbe (siehe dazu auch »Arnika« und »Ringelblume«, Seite 17f. und 96f.) gepflegt, der Kopf gut abgetrocknet und der Patient ins Bett gelegt. Diese Prozedur bringt nicht nur bei Husten, Schnupfen oder Heiserkeit etwas, sondern auch bei allen, sogar chronischen Nebenhöhlenentzündungen sowie bei Asthma und Bronchitis, vor allem bei Kindern. Bei letzteren Krankheiten muss man das Kopfdampfbad mit Kamillentee öfter anwenden, da chronische Erkrankungen fester sitzen.

ren, Furunkeln und Karbunkeln. Oftmals wendet man statt des Auswaschens eine Kamillenauflage auf den betroffenen Stellen an. Hierzu wird ein Tuch, das auf der wunden Stelle liegt, immer wieder mit frischem Kamillentee angefeuchtet.
Die Bäder werden meist mehrmals pro Tag durchgeführt. Nach dem Bad, der Auswaschung oder dem Umschlag wird dann eine Heilsalbe – meist eine Ringelblumensalbe – aufgetragen und die Wunde wieder verbunden. Wenn die Heilung schon weit fortgeschritten ist, beschränkt man sich oft sogar darauf, dass man nur die Wunde auswäscht, etwas Salbe aufträgt, damit die Haut nicht zu trocken wird, und dann die Luft auf die offene Stelle einwirken lässt. Dadurch wird die Reizung oder Entzündung verringert, und die Wundheilung schreitet schneller voran.

Kamillenbäder bei Schweißfüßen

Die Kamillenfußbäder werden auch bei Schweißfüßen sehr gerne und mit viel Erfolg jeden Abend angewendet. Da Schweißfüße nur ein Anzeichen dafür sind, dass die Nieren nicht richtig ausscheiden, gibt man neben den regelmäßigen Fußbädern mit Kamillentee auch immer reichlich Nierentees zu trinken, beispielsweise Hagebuttentee (siehe dazu auch »Hagebutte«, Seite 45f.). Auch sollte man reine Woll- oder Baumwollsocken tragen, diese täglich wechseln und die Füße vor dem Anziehen der Socken mit Talkum oder einem ähnlichen Mittel einpudern.
Parallel empfiehlt sich im Sommer häufiges Barfußlaufen sowie Tautreten (siehe dazu auch »Tautreten«, Seite 116). Im Winter sollte man hin und wieder mit den nackten Füßen durch den Schnee gehen. Das fördert die Durchblutung der Füße und damit des ganzen Körpers. Wenn man diese Maßnahmen regelmäßig durchführt, lässt die Schweißbildung an den Füßen meist nach kurzer Zeit deutlich nach.

Lindernde Kamillenaugenbäder

Auch bei entzündeten Augen nimmt man oft Kamillentee, wenn man keinen Augentrost (siehe auch »Augentrost«, Seite 19) zur Hand hat. In diesem Fall wäscht man mit Kamillentee die Augen aus oder legt feuchte Kompressen, die mit dem Tee getränkt werden, auf die Augen und wechselt diese öfter. Dies hilft auch bei Entzündungen der Tränenkanäle und bei allergischen Reizungen. Man sollte dem Tee immer eine kleine Prise Salz beigeben. So wird er von den Augen besser angenommen, da die Tränenflüssigkeit ebenfalls salzig ist.
Es gibt auch Patienten, die auf die Verwendung von Kamille im Augenbereich mit Reizungen reagieren. Diese sollten dann natürlich auf Kamille im Augen- und Kopfbereich gänzlich verzichten.

Kamillentinktur zum Selbstmachen

Sehr beliebt in der Naturheilkunde ist auch die Kamillentinktur. Zur Herstellung füllt man eine Flasche

Früher sagte man auf dem Land, dass das allererste Bad, das eine Frau nach einer Geburt nehmen soll, unbedingt ein Kamillenbad sein muss. Viele Frauen schwören auch heute noch auf eine einfache Auswaschung ihres intimen Unterleibsbereichs mit Kamillentee. Wegen der guten Wirkung wird Kamille auch als Mutterkraut bezeichnet, was der erste Teil des lateinischen Namens «Matricaria« schon andeutet.

mit einem weiten Hals oder ein Glas locker mit Kamillenblüten, übergießt das Ganze mit hochprozentigem Alkohol aus der Apotheke und lässt es einige Wochen ziehen. Dabei sollte man die Flasche oder das Glas immer wieder einmal kräftig schütteln. Danach wird die Flüssigkeit sorgfältig abgeseiht, gefiltert und in kleinere Flaschen abgefüllt.

Auch bei Hautunreinheiten und bei brüchigem Haar sollte man es erst einmal mit Kamillenbädern versuchen. Wenn Frauen ihr Haar waschen, sollten sie zum Schluss die Haare mit Kamillentee spülen und anschließend ein Tuch um den Kopf wickeln, damit die Dämpfe noch etwas einwirken können.

Man kann die Tinktur tropfenweise in heißes Wasser geben und erhält so eine Art Kamillentee. Man kann sie auch als Zusatz für Dampf-, Teil- oder Vollbäder einsetzen. Die Stärke richtet sich nach dem persönlichen Befinden. Bedenken Sie auch, dass die Tinktur Alkohol enthält.

Kamillenschnaps zur Vorbeugung von Verdauungsproblemen

Auf dem Land wird heute noch gerne Kamillenschnaps hergestellt und gelegentlich nach dem Essen ein Gläschen getrunken. Dazu wird statt hochprozentigem Alkohol aus der Apotheke mit 96 Prozent Alkoholgehalt ein Selbstgebrannter mit 50 bis 60 Prozent Alkoholgehalt verwendet und ansonsten genauso verfahren wie bei der Tinktur. Dies ist mit Sicherheit für Kranke nicht das Richtige, da der scharfe Schnaps den Verdauungstrakt zu sehr reizt. Er wird daher meist vorbeugend genommen.

Heiße Kamillenauflage gegen Gerstenkorn

Wenn man ein Gerstenkorn am Auge hat, hilft sehr oft eine heiße Kamillenauflage. Man kocht dazu Kamillenblüten mit ganz wenig Wasser, gibt die heißen Kamillenblüten in ein Stückchen Verbandsmull oder Gaze und legt dies so heiß wie man es vertragen kann auf das Gerstenkorn. Relativ schnell nach wenigen Auflagen wird das Gerstenkorn nach außen aufgehen und meist problemlos abheilen.

Kartoffel

Die Kartoffel (Solanum tuberosum l.) – obwohl erst vor etwas über 200 Jahren aus Amerika bei uns eingebürgert – hat sich sehr schnell einen festen Platz sowohl in der täglichen Ernährung als auch in der Volksheilkunde erobert.

Roher Kartoffelsaft zur Entsäuerung

Bei Übersäuerung des Magens, also auch bei chronischer Magenschleimhautreizung, der Gastritis, sollte der Patient morgens nüchtern ein Gläschen rohen Kartoffelsaft trinken. Dazu wird eine kleine Kartoffel gewaschen und roh durch einen Entsafter gepresst. Man sollte sich allerdings davor hüten, keimende Kartoffeln zu verwenden. Die Keime enthalten ein Gift, das dem Patienten mehr schaden als nutzen kann. Wenn die Keime sorgfältig entfernt worden sind, kann man auch alte Kartoffeln nehmen, jedoch sind neue, frische Kartoffeln in jedem Fall besser.

Den frisch zubereiteten Saft sollte man sofort trinken, ehe er sich verfärbt. Er entsäuert den Magen- und Darmtrakt und darüber hinaus langsam aber sicher auch den ganzen Körper. Der Patient fühlt sich bei regelmäßiger Anwendung nach einigen Tagen schon merklich wohler. Der Kartoffelsaft hilft aber nicht nur bei einem übersäuerten Verdauungstrakt, sondern auch bei allen rheumatischen Erkrankungen bis hin zur Gicht, da diese immer in Verbindung mit einer Übersäuerung des Körpers stehen. Durch die basischen Stoffe der Kartoffel wird die Harnsäure gebunden und dann ausgeschieden. In diesen Fällen ist selbstverständlich keine sofortige Wirkung zu erwarten. Doch ist die Anwendung als wirkungsvolle Begleit- oder Basistherapie bei rheumatischen Erkrankungen aller Art gedacht.

Kartoffelsäckchen bei Hexenschuss und Ischiasbeschwerden
Bei Hexenschuss und Ischiasbeschwerden legten früher die Bauern auf dem Land ein heißes Kartoffelsäckchen auf. Dies wird auch heute noch auf dem Land sehr oft eingesetzt und ist eines der bekanntesten Mittel bei solch schmerzhaften Erkrankungen.
Man kocht Kartoffeln, wickelt sie in ein Tuch oder gibt sie in ein Säckchen, zerdrückt die Kartoffeln in dem Säckchen mit der Hand oder der Faust leicht und legt das Ganze möglichst heiß auf die schmerzende Körperregion auf. Man muss nur darauf achten, dass es nicht zu heiß ist. Die Haut sollte nicht in Mitleidenschaft gezogen werden, und es darf natürlich auch nicht zu Verbrennungen kommen.

Erste Hilfe bei Verbrennungen
Interessanterweise kann die Kartoffel auch bei Verbrennungen und Verbrühungen beste Dienste leisten. Dazu werden rohe Kartoffeln gerieben und mitsamt dem Kartoffelsaft auf die verbrannten oder verbrühten Stellen gegeben. Durch die angeneh-

Die Kartoffel ist in Mitteleuropa neben den alten Apfelsorten der größte Vitamin-C-Lieferant und wird auch die Zitrone des Nordens genannt. Man sollte sich allerdings davor hüten, sie in einem Aluminiumtopf zu kochen, wie man es früher sehr oft gemacht hat. Durch das Kochen in solch einem Topf gehen bis zu 70 Prozent des Vitamin C verloren.

Kartoffel-Knoblauch-Suppe zur Appetitanregung

Bei großer Appetitlosigkeit, wie sie sehr oft während oder nach schweren Krankheiten auftritt, sollte der Patient eine ganze Woche lang jeden Tag frisch zubereitete und gut abgewürzte Kartoffelsuppe ohne Fleisch, aber mit reichlich gekochtem Knoblauch, zu sich nehmen. Gemüse wie Möhren oder Blumenkohl können auch darin enthalten sein, jedoch kein säuerndes wie beispielsweise Tomaten oder Paprika.
Der Kranke ist meist total übersäuert und erhält durch dieses Gericht die nötigen Basen für seinen Körper. Durch den Knoblauch wird die ganze Suppe sehr würzig und regt den Fluss der Verdauungssäfte im Magen an. Das macht Appetit, und durch vermehrte Nahrungsaufnahme steht dem Aufbau nach schwerer Krankheit nichts mehr im Weg.

me Kühle des nassen Breis wird der Schmerz fast augenblicklich gelindert, durch die Feuchtigkeit des Breis die geschrumpfte und ausgetrocknete Haut fast augenblicklich regeneriert. Alle Hautzellen, die noch nicht zerstört sind, erholen sich auf diese Weise so schnell, dass kaum Narben zurückbleiben.

Voraussetzung bei jeder Art der ersten Hilfe bei Verbrennungen ist natürlich, dass sie so schnell wie möglich kommt, also möglichst unmittelbar nach dem Unfall. Je mehr Zeit zwischen der Verbrennung oder der Verbrühung und der Auflage mit nasskaltem Kartoffelbrei vergeht, desto weniger kann dies helfen. Deshalb sollte man zunächst als erste Hilfe nur klares, kaltes Wasser nehmen, das dann, wenn die Kartoffeln gerieben sind, von diesem lindernden Kartoffelbrei abgelöst wird.

Auch bei schlecht heilenden Wunden kann man diese Auflage aus Kartoffeln verwenden. Manche schwören darauf, dass diese noch besser hilft, wenn man den Kartoffeln etwas frische Vollmilch beimengt.

Der rohe Kartoffelbrei hilft auch ausgezeichnet bei stark juckenden Hautbeschwerden. Man trägt den frischen Kartoffelbrei einfach dort auf und fixiert ihn. Manchmal reicht es aber auch, wenn man einfach die betroffenen Stellen mit einer Scheibe roher Kartoffel einreibt. Allerdings sollte man bei ständigem Hautjucken unbedingt einen Arzt oder einen Heilpraktiker aufsuchen.

Fußbad mit Kartoffelwasser gegen schwere Beine

Wer immer müde und schwere Beine und Füße hat, sollte beim Kochen von Kartoffeln das Wasser nicht wegschütten, sondern es sammeln, erwärmen und damit immer wieder ein heißes Fußbad machen. Die Füße schwellen dadurch ab, sind besser durchblutet und fühlen sich leichter an. Dies war früher das Mittel der Bäuerinnen auf dem Land. Sie mussten den ganzen Tag auf den Beinen sein und hatten abends oft schwere und geschwollene Beine. Wenn sie dann für das Schweinefutter die Kartoffeln abkochten, hoben sie das Wasser auf und machten darin abends vor dem Schlafengehen ein heißes Fußbad.

Knoblauch

Der Knoblauch (Allium sativum) ist eines der beliebtesten und bekanntesten, aber auch wegen seines intensiven Geruchs am meisten abgelehnten Naturheilmittel, die es gibt. Knoblauch führte früher bei uns eher ein Mauerblümchendasein und wurde nur von wirklichen Kennern hoch geschätzt. Die Flüchtlinge aus dem Osten, die in ihrer alten Heimat häufig Knoblauch verwendeten, machten diese große Heilpflanze auch im Westen Deutschlands populär.

Leider wird die Einnahme dieses Naturheilmittels sehr oft durch Pillen vorgenommen, die meiner Meinung nach lange nicht dieselbe Wirkung haben wie die frische Knoblauchzehe. Viele Hersteller sind da natürlich ganz anderer Meinung und rühmen sich damit, dass man durch die Pillen nicht nach Knoblauch rieche. Aber gerade die »riechenden« Teile des Knoblauchs, der grüne Keim in der Mitte der Zehe, enthält die meisten Wirkstoffe und wird bei der Herstellung von Knoblauchpillen oft entfernt.

Knoblauch gegen Magen- und Darmbeschwerden
Wer öfter Gärungsprozesse im Darm mit starken Blähungen und leichtem Durchfall auszustehen hat, sollte regelmäßig Knoblauch zu sich nehmen. Er sollte ihn aber niemals ganz frisch aus dem Garten holen und genießen, sondern immer etwas abgelagert essen. Durch das Ablagern verwandelt sich der Wirkstoff Alliin mit Hilfe bestimmter Fermente in Allizin. Das Allizin hat, wie man jetzt weiß, sogar antibiotische Eigenschaften und wirkt gegen alle Infekte und sonstige Reizerscheinungen im gesamten Magen- und Darmbereich.
Da Knoblauch auch gallentreibend wirkt, sorgt er für die Entgiftung der Leber und damit des ganzen Körpers. Durch die Anregung aller Verdauungssäfte ist Knoblauch darüber hinaus bestens geeignet, fette und schwer verdauliche Speisen besser verträglich zu machen. Diabetiker sollten ebenfalls öfter Knoblauch essen, da er diese Krankheit sehr positiv beeinflusst.

Vorbeugung gegen Gefäßerkrankungen

Knoblauch wirkt gefäßerweiternd und -entspannend, besonders im Bereich des Gehirns und der Augen sowie der Beine. Die Zellen in diesen Körperregionen werden durch die Wirkstoffe des Knoblauchs besser durchblutet und ver- bzw. entsorgt. Dies beugt der Entstehung von Arteriosklerose vor, verhindert Bluthochdruck und sorgt für einen besseren und tieferen Schlaf. Auf diesen Wirkungen gründet auch die Aussage vieler Anhänger des Knoblauchs, dass Knoblauch das Altern des Geistes und des Körpers aufhält und eine jugendliche Frische bewirkt.

Knoblauch als Mittel gegen Würmer
Ein uraltes Hausmittel gegen die früher weit verbreiteten kleinen Fadenwürmer bei Kindern war Knoblauchmilch. Diese zeigt in den meisten Fällen guten Erfolg, wie sich in der Praxis erwiesen hat. Eine oder zwei Knoblauchzehen werden dazu fein zerdrückt und mit einem viertel Liter warmer Milch den Kindern zum Trinken gegeben. Sollte dies alleine noch nicht ausreichen, nimmt man mit der gleichen Milch einen Einlauf vor. So traktiert, verschwinden die Würmer meist sehr schnell.
Es gibt in der Volksheilkunde noch unzählige Knoblauchrezepte, angefangen von reinen Kochrezepten bis zum alkoholischen Auszug. Das Allerbeste ist und bleibt der wirklich frische Knoblauch. Nur in der Reinform, ohne chemische Zusatzmittel, kann man seine Wirkung unverfälscht genießen.

Knoblauch als »Liebesmittel«
Frischer Knoblauch soll neben ewiger Jugend bei Männern auch für eine erhöhte Potenz und Liebesfähigkeit sorgen. Von dieser Wir-

Gegen den intensiven Geruch des Knoblauchs kann man sich etwas schützen, indem man nach jedem Essen mit Knoblauch sofort ein Glas frischer Vollmilch (keine H-Milch) nimmt und mit dieser vor dem Hinunterschlucken kräftig den Mund spült. Man kann dann noch etwas frische Petersilie gut zerkauen.

Wenn Sie etwas Gutes für Ihre Gesundheit tun wollen, dann essen Sie einmal pro Woche mindestens eine Zehe Knoblauch. Frisch gehackt auf einem Butterbrot verteilt, mit etwas Pfeffer und Salz gewürzt und dazu ein Gläschen Rotwein oder ein frisches Glas Bier ist »ein Genuss ohne Reue«.

kung ist man zumindest in den typischen Knoblauchländern Südeuropas überzeugt.

Knoblauch im Garten gegen Schädlinge

Gartenschädlinge kann man hervorragend vertreiben, indem man auf ca. jeden Quadratmeter eine Knoblauchzehe in den Rasen oder die Beete steckt. Zusätzlich kann man im Herbst auch noch frischen Knoblauch ernten, zu Zöpfen flechten und zum Trocknen an einem luftigen Ort aufhängen. Aber nicht vergessen: Einen Teil davon sollten Sie wieder dem Garten zurückgeben, damit die für den Gärtner oftmals lästigen Tiere abgehalten werden.

Kohl

Weißkohl (Brassica alba) und Wirsing sind in der Volksheilkunde Lebens- und Heilmittel zugleich. Man kann die verschiedenen Kohlsorten sowohl innerlich, als auch äußerlich verwenden, und immer sind sie – richtig angewendet – ein äußerst wirkungsvolles Heilmittel.

Allheilmittel – der Kohlumschlag

Kohlumschläge werden angewendet bei Kopfschmerzen und Neuralgien im Kopf, bei Entzündungen, Wunden und Schmerzen aller Art – ob außen am Körper oder bei Erkrankungen der Organe. Dafür wird die dicke Mittelrippe des Kohls herausgeschnitten, die Blätter gewaschen und mit einem Nudelholz zu weichen Lappen gerollt und dem Patienten auf die schmerzende Körperpartie gelegt. Wirsingkohl wirkt am stärksten. Wenn man eine weniger starke Wirkung erreichen möchte, nimmt man Weiß- oder Rotkraut. Zur Not kann man auch die Blätter des Kohlrabis nehmen, die allerdings lange nicht so gut wirken wie die Blätter der anderen Kohlarten.

Viele Zutaten für ein duftendes Kräuterkissen lassen sich einfach auf dem Balkon oder im Kräuterbeet ziehen. Zugleich hat man dann immer eine Auswahl an frischen Küchenkräutern zur Hand.

Salat aus Kohl für Magen und Darm
Richtig verarbeitet ist der Kohl eines der größten Heilmittel für den Magen- und Darmtrakt. Man nehme am besten Weißkohl oder, wie er auch genannt wird, Weißkraut, hoble oder schneide ihn ganz fein und gebe ihn ohne jedes Gewürz in eine Schüssel. Man kann etwas Salz dazugeben, das muss aber nicht sein. Dann stampft man ihn mit einem Holzlöffel so, dass der Saft aus den geschnittenen oder gehobelten Kohlblättern austritt. Dies muss man nun einige Zeit – mindestens eine Stunde, besser etwas länger – stehen lassen. Danach kann man entweder den Saft abpressen und als Medikament einnehmen oder die im eigenen Saft liegenden klein geschnittenen Kohlblätter als Salat oder gekocht als Gemüse verwenden; die letzten beiden Gerichte sollten dann entsprechend gewürzt werden.
Der Kohl wirkt so verarbeitet – gleich in welcher Form er dem Körper zugeführt wird – auf den Verdauungstrakt wie ein gutes Medikament, und es wird fast keinen Magenkranken geben, der ihn nicht verträgt. Man kann, wenn man den Saft mit einer gewissen Regelmäßigkeit einige Wochen lang nimmt, fast jede Magen- und Darmstörung auskurieren.

Sauerkraut als Antikrebsmittel
Sauerkraut enthält – wie alle sauer vergorenen Gemüse – große Mengen rechtsdrehender Milchsäure L (+), die nach den Forschungen der letzten Jahre das beste Abwehr- und auch Vorbeugungsmittel gegen krebsartiges Zellwachstum im Körper ist. In Russland hat man vor einigen Jahren festgestellt, dass in den Gebieten, in denen viel Kapuschka, also Sauerkraut, gegessen wird, die Krebserkrankungsrate vergleichsweise am niedrigsten liegt.

Früher wurden auf jedem Schiff einige Fässer mit Sauerkraut mitgeführt. Da Sauerkraut ein wichtiger Vitamin-C-Träger ist, verhinderte man dadurch das Ausbrechen von Skorbut auf den langen Schiffsreisen ohne frisches Obst und Gemüse.

Kräuterkissen

Das Kräuterkissen ist ein kleiner wohlriechender Leinenbeutel, der mit aromatisch duftenden, getrockneten Heilpflanzen gefüllt ist. In der Volksheilkunde war es schon immer von großer Bedeutung. Obwohl damals noch niemand von einer Aromatherapie sprach, erfassten die einfachen Leute und die Kräuterkundigen, dass solch ein duftendes Kräuterkissen eine sehr heilsame Wirkung auf den Menschen ausübt.
Durch die Duft- und Aromastoffe der Gewürz- und Heilpflanzen, mit denen die Kissen frisch gefüllt werden, kommt es zu fast denselben Wirkungen wie bei der innerlichen Einnahme der Pflanzen als Tees oder Pulver.

Kräutersäckchen im Bett für erholsamen Schlaf
Das Kräuterkissen kann sich jeder gut selbst herstellen, wenn er sich vor Augen hält, welche Kräuter gerade ihm bei seinen Beschwerden gut tun könnten. Hat jemand etwa einen chronischen Husten, der ihn beim

Kleine Kräuterkissen gegen Insekten

Man wusste früher genau, dass bestimmte Pflanzen, bzw. die Düfte dieser Pflanzen, Insekten vertreiben können oder dafür sorgen, dass die Insekten erst gar nicht in die Nähe kommen. So packte man beispielsweise Lavendel oder junge Triebe des Wacholderbeerstrauchs in die Säckchen oder auch frische Kalmuswurzeln. Diese Säckchen mit den entsprechenden Pflanzen wurden in den Schrank zu den Kleidern gehängt und auch zwischen die Wäsche gesteckt. Dadurch roch diese sehr angenehm, und der Geruch schreckte gleichzeitig Ungeziefer wie Motten und dergleichen ab.
Die Kräuterkissen für einen erholsamen Schlaf sind ebenso wie die für den Kleiderschrank wieder im Trend. Sie werden auf vielen Märkten und teilweise auch schon in Bioläden und -geschäften zum Kauf angeboten. Man tendiert also eindeutig wieder zurück zu natürlichen Mitteln.

Das Kräuterkissen sollte man jedes Jahr, immer wenn es frische Kräuter gibt, auswechseln. Den alten Kisseninhalt braucht man aber deswegen nicht gleich wegzuwerfen, sondern man kann ihn mit kochendem Wasser überbrühen, einige Zeit ziehen lassen und dann abgeseiht einem Vollbad als Badezusatz zuführen.

Schlafen stört, so packt er Kräuter wie Rosmarin, Lavendel und Pfefferminze in sein Kräuterkopfkissen und legt sich dieses möglichst unter oder neben seinen Kopf. Bei Kindern, die schlecht einschlafen, wirkt in der Regel ein Duftkissen recht gut mit einer Mischung aus Rosenblättern, Salbei, Lavendel, Kamille und Sternanis.
Durch die Wärme, die der Körper in der Nacht ausstrahlt, werden ganz sachte die ätherischen Öle in den Kräutern zum »Verduften« gebracht. Diese atmet man dann ein. Die Öle können dann im Körper ihre heilsame Wirkung ausüben, und da man in der Nacht völlig entspannt ist, ist die Wirkung noch besser als am Tag.

Liebstöckel

Vom Liebstöckel (Levisticum officinalis) wird in der klassischen Schulmedizin meist nur die Wurzel verwendet. In der traditionellen Natur- und Volksheilkunde hingegen nimmt man beim Liebstöckel die ganze Pflanze mit Wurzel, Früchten und Kraut.

Liebstöckel, das große Nierenheilmittel

Vor allem die Wurzel wird sehr gerne und mit gutem Erfolg bei allen Nierenerkrankungen und begleitenden Wasserstauungen im Gewebe eingesetzt. Sie wird im Herbst, wenn sich die Pflanze zurückgezogen hat, ausgegraben. Man nimmt aber immer nur die eine Hälfte der Wurzel, da die andere für den Fortbestand der Pflanze benötigt wird. Nach einer gründlichen Säuberung schneidet man die Wurzel in kleine Stücke und trocknet sie so im Schatten. Den Rest der Trocknung führt man im offenen Backofen bei 50 °C durch, so dass die Wurzelstücke knochenhart werden. Diese hebt man dann in einem fest verschlossenen Schraubglas an einem kühlen und trockenen Platz auf.

Liebstöckeltee und Pulveraufguss

Man setzt ein bis zwei Teelöffel dieser Wurzelstücke in einem viertel Liter kaltem Wasser an, bringt es langsam bis zum Kochen und gießt es sofort ab. Von diesem Tee trinkt man zwei bis höchstens drei Tassen pro Tag. Mehr sollte man davon nicht trinken. Wer den Geschmack so nicht mag, der kann die harten Wurzelstücke zu Pulver vermahlen und davon zwei- bis dreimal täglich einen halben Teelöffel voll mit viel Wasser oder Tee einnehmen.

Liebstöckel als Heilmittel bei Frauenleiden

Liebstöckel erhöht bei regelmäßiger Einnahme die Durchblutung im Unterleibsbereich und wirkt zudem entkrampfend. Deshalb wird Liebstöckel besonders bei Frauenleiden wie ausbleibender oder schwacher Periode sowie bei starken, krampfartigen Regelschmerzen angewendet.
Aufgrund seiner stark durchblutungsfördernden Wirkung sollten schwangere Frauen in den ersten vier Monaten mit Liebstöckel vorsichtig sein oder ihn sogar weglassen.

Linde

Die Dorflinde war früher nicht nur der Mittel- und Sammelpunkt kleiner ländlicher Gemeinden, sondern auch ein Heilbaum, den man sich mitten ins Dorf gepflanzt hatte, so dass sich jeder von ihm bei Bedarf ganz einfach und schnell bedienen konnte.
Man sammelte die ganzen Blütenstände (Flores Tiliae) mitsamt dem unteren Deckblatt. Wenn im Frühsommer die Blüten aufbrachen, mussten diese sofort geerntet werden, möglichst unmittelbar am Tag des Aufbrechens, weil dann ihre Heilwirkung erfahrungsgemäß am stärksten war. Vielleicht war dies auch ein Grund dafür, dass man die Linden in die Mitte des Dorfes stellte, damit keiner den richtigen Sammelzeitpunkt verpasste. Jeder Anwohner sammelte sich dann seinen Jahresvorrat, trocknete ihn schnell und hob ihn trocken auf für den Fall der Fälle.

Liebstöckel wird wegen seines intensiven Geschmacks im Volk auch Maggikraut genannt und ist vielen Leuten sogar nur unter diesem Namen bekannt.

Lindenblütentee gegen Erkältungskrankheiten

Der Lindenblütentee wird speziell bei klassischen grippalen Infekten und Erkältungen eingesetzt, wenn der Patient richtig schwitzen soll. Der Tee wirkt sehr stark schweißtreibend und damit reinigend. Außerdem erhöht er die allgemeine Widerstandskraft gegen alle Erkältungskrankheiten und wird auch – in abgeschwächter Form – oftmals im Herbst als eine Art Haustee getrunken, aber immer nur bei richtigem »Schnupfenwetter«.
Für den Tee werden im akuten Fall zwei bis drei Teelöffel Lindenblüten – getrocknet oder frisch – mit einem viertel Liter kochendem Wasser überbrüht, zehn Minuten ziehen ge-

Bei den Linden unterscheidet man die Winterlinde und die Sommerlinde. Die Winterlinde blüht zwei Wochen nach der Sommerlinde und hat kleinere und reichblütigere Blütenstände. In der Wirkung sind beide gleich.

lassen, abgeseiht, mit Honig gesüßt und so heiß wie möglich getrunken. Der Honig verstärkt die Wirkung noch. Zur weiteren Steigerung der Heilwirkung kann man, schön warm eingepackt, ein heißes Fußbad durchführen und, wenn man anfängt zu schwitzen, sofort danach in das vorgewärmte Bett gehen.

Der Vorbeugungstee aus Lindenblüten wird mit nur einem Teelöffel auf einen viertel Liter kochendem Wasser bereitet. Wenn man keine Lindenblüten zur Verfügung hat, kann man stattdessen auch Holunderblüten (siehe auch »Holunder«, Seite 54ff.) verwenden, die fast denselben Effekt haben.

Lindenhonig als »Allheilmittel«

Wenn die Lindenblüten offen sind und man sich in die Nähe eines Lindenbaums stellt, hört man darin ein Summen und Brummen. Bei näherem Hinsehen kann man dann Tausende von Bienen bei ihrer Arbeit betrachten. Aus diesem Grund stellen viele Imker sehr gerne ihre Bienenstöcke in der Nähe von Linden auf.

Der reine Lindenblütenhonig wirkt wie eine gute Arznei. Ihm schreibt man alle guten Eigenschaften, die man von der Linde kennt, zu.

Wenn man einen Lindenblütentee beispielsweise noch mit reinem Lindenblütenhonig süßt, ist die Wirkung noch sehr viel stärker.

Lindenblätter oder -rinde bei Magenbeschwerden

Die Blätter der Linde setzt man als Tee dann ein, wenn man etwas mit dem Magen hat, besonders bei im Sommer öfter auftretenden Magen- und Darmbeschwerden, verbunden mit Durchfällen, sowie bei allen krampfartig ablaufenden Magenbeschwerden. Hier bereitet man aus den frisch gepflückten Blättern einen Tee und gibt ihn dem Kranken mäßig warm und immer ungesüßt zum Trinken. Täglich werden drei bis fünf Tassen davon verabreicht. Dazu schneidet man eine Hand voll Blätter klein und übergießt sie mit einem halben Liter kochendem Wasser. Im Winter, wenn man keine frischen Blätter zur Verfügung hat, kann man auch ein Stück der Rinde nehmen, sie zerkleinern und aus einem Teelöffel Rinde und einem viertel Liter Wasser einen Tee bereiten. Hier setzt man den Tee aber mit kaltem Wasser an, bringt ihn zum Kochen und lässt ihn zehn Minuten lang leise kochen und dann noch etwas ziehen, bevor man ihn abseiht und ebenfalls ungesüßt dem Magenkranken zum Trinken gibt.

Bei krampfartig auftretenden Magenbeschwerden zieht man die Rinde vor, weil sie in der Regel die bessere Wirkung mit sich bringt.

Lindenholzkohle bei Sodbrennen und Durchfall

Selbst die Kohle aus dem Lindenholz findet in der Volksheilkunde Verwendung. Bei starkem Sodbren-

nen sollte man die Holzkohle zu einem feinen Pulver zerstoßen und davon einen Teelöffel voll mit etwas Wasser nach dem Essen einnehmen. Es bindet die überschüssige Säure und auch Darmgifte an sich und neutralisiert sie, so dass sie dem Patienten nicht mehr schaden können. Wer das Holzkohlenpulver mit Wasser nicht nehmen mag, sollte es unter einen Esslöffel Hafer- oder Dinkelflocken mischen, mit Wasser oder Milch (keine H-Milch) verrühren und dann so einnehmen.
Lindenholzkohle ist wie andere Pflanzenkohlen auch ein gutes Mittel gegen Durchfall. Aber auch hier gilt, dass man unbedingt einen Arzt zurate ziehen sollte, wenn eine Durchfallerkrankung nach zwei bis drei Tagen nicht abklingt.

Lindenschleim zur Wundheilung

Aus dem frischen Bast, dem Teil, der unter der Rinde liegt, kann durch intensives Beklopfen und Ausdrücken ein zäher Schleim gewonnen werden. Diesen kann man auf Wunden, Furunkel, Karbunkel, Geschwüre u. Ä. auftragen und anschließend mit einem Mullverband einbinden. Dadurch wird der Heilungsvorgang verkürzt und verbessert.

Aus dem Lindenbast fertigte man früher nicht nur Seile, sondern man verwendete ihn auch als Tee: Frisch geerntet wird der Bast klein geschnitten, ein Esslöffel voll mit einem viertel Liter kochendem Wasser übergossen, ziehen gelassen und sofort getrunken. Er entkrampft den gesamten Urogenitalbereich und lässt den Urin wieder problemlos abfließen.

Löwenzahn

Wenn im April oder im Mai die Wiesen wie gelbe Teppiche aussehen, dann ist die hohe Zeit des Löwenzahns (Taraxacum officinalis) gekommen. Bei dieser Pflanze gibt es seltsamerweise nur glühende Verehrer oder strikte Gegner. Die Verehrer preisen den Löwenzahn als Heilkraut in allen seinen Formen und wirksamen Anwendungen, die Gegner verabscheuen ihn, weil er ihnen nicht schmeckt und angeblich nicht hilft und ihre Gärten zudem verunziert. Dem ist aber beileibe nicht so.

Löwenzahn-»Honig« für Leber und Gallenblase

Die offenen Löwenzahnblüten werden im Frühjahr in der prallen Mittagssonne gesammelt, mit Wasser ausgekocht und abgeseiht. Dazu nimmt man etwa zwei gute Hand voll Blüten (so viel man mit beiden Händen zusammen fassen kann) auf einen Liter Wasser. Dem gelben Saft fügt man dann etwa 500 Gramm Zucker zu. Manche verfeinern die Mischung auch noch mit etwas Zitronensaft und einer Prise Zimt. Er wird so lange eingekocht, bis er dickflüssig ist. Dann wird er noch heiß in Schraubgläser abgefüllt, die sofort verschlossen werden. Nach dem Erkalten ergibt dies einen gelben, dickflüssigen Honig, der als Brotaufstrich verwendet wird und sich sehr positiv auf Leber und Gallenblase auswirkt.

Löwenzahntropfen gegen Verdauungsbeschwerden

Im Frühjahr sammelt man die ganze Pflanze von der Wurzel bis zur Blüte, reinigt sie gut, schneidet sie klein und setzt sie mit einem hochprozen-

Der Löwenzahn kann bei vielen Erkrankungen helfen, aber bei einem Verschluss der Gallengänge durch einen Stein oder bei einem Darmverschluss sollte er auf keinen Fall in irgendeiner Form angewendet werden!

tigen Schnaps an. Diese Mischung lässt man einige Wochen ziehen und seiht und filtert die Rückstände dann sorgfältig ab. Von dem Alkoholauszug sollte man bei allen Magen- und Darmbeschwerden, bei denen Leber oder Gallenblase mitspielen, vor dem Essen, nach Belieben mit Wasser verdünnt, ein halbes Schnapsglas trinken.

Löwenzahn ist vor allem für diejenigen geeignet, die schon einmal eine Gelbsucht hatten, zu Gallen- und Leberstauungen neigen oder wo in der Familie solche Erkrankungen öfter vorkommen. Wenn man vorbeugend mit dem Heilmittel an sich arbeitet, kann man viele dieser Erkrankungen vermeiden.

Löwenzahntee zur Gallenflussanregung

Die offenen Blüten werden in der prallen Mittagssonne gesammelt und an einem trockenen und luftigen Ort getrocknet. Aus den getrockneten Blüten kann man dann bei Bedarf, beispielsweise bei Leber- und Gallenblasenstörungen einen Tee durch Übergießen mit kochendem Wasser bereiten. Die Stärke richtet sich nach dem Geschmack des Patienten. Möchte man eine stärkere Wirkung erreichen, so sollte man im Herbst Löwenzahnwurzeln ausgraben, gut reinigen und klein geschnitten in der offenen Backröhre bei 50 °C schnell trocknen. Da die Wurzeln Luftfeuchtigkeit sehr schnell aufnehmen, dadurch zäh werden und an Wirkung verlieren, sollte man sie unmittelbar nach dem Trocknen und Auskühlen in trockenen Gläsern aufbewahren. Zur Gallenflussanregung sollte man abends einen Teelöffel der getrockneten Löwenzahnwurzeln in einem viertel Liter Wasser kalt ansetzen, morgens das Ganze langsam zum Sieden bringen und anschließend noch zehn Minuten lang ziehen lassen. Den Tee sollte man möglichst ungesüßt noch vor dem Frühstück auf nüchternen Magen trinken.

Frische Blütenstängel gegen Diabetes mellitus

Bei Diabetes mellitus sind besonders die frischen Stängel des Löwenzahns wirksam. Diese sollte man im Frühjahr ernten. Als Salat – eventuell zusammen mit den jungen Blättern der Pflanze und anderem Salat – der regelmäßig auf dem Speiseplan steht, sind die Stängel recht wirkungsvoll. Durch sie werden Blutzuckerschwankungen abgemildert, was gerade die sich selbst kontrollierenden und insulinpflichtigen Patienten als positiv empfinden. Wenn man den Salat mit etwas Joghurt oder süßer Sahne anmacht, kommt übrigens der bittere Geschmack auch nicht so zur Geltung.

Hauswein aus Löwenzahnblüten

Die frisch gepflückten Blüten werden ausgekocht und abgeseiht. Man nimmt etwa zwei bis drei Hand voll Blüten auf einen Liter Wasser, die man einige Minuten sprudelnd kochen und dann im Wasser erkalten lässt, bevor man sie abseiht. Auf fünf

Liter der Flüssigkeit gibt man ein halbes Kilogramm Zucker und etwas Gärhefe. Diese Mischung lässt man vergären und filtert sie ab. Der leichte Hauswein schmeckt erst richtig gut, wenn er mindestens ein halbes Jahr in der Flasche gelegen hat. Ein Gläschen dieses Weins macht jedes reichhaltige Essen bekömmlicher.

Lungenkraut

Das im zeitigen Frühjahr schon recht bald wachsende Lungenkraut (Pulmonaria officinalis) mit seinen in verschiedenen Grüntönen gefleckten Blättern und seinen oft mehrfarbigen Blüten, die von Rosa und Rot über Violett bis Blau gehen, wird in der Volksheilkunde sehr geschätzt.
Das Lungenkraut wird, wie sein Name schon sagt, bei allen Erkrankungen der Lunge mit eingesetzt. Es vermindert, als Tee getrunken, außerdem die Reizungen der akuten Frühjahrserkältung und des Hustens und wirkt dabei auch auswurffördernd und entschleimend. Selbst gegen Durchfall hilft es als ein nicht allzu radikales Mittel. Da es sich schon sehr bald im Frühjahr, wenn rundum noch fast alles kahl ist, in seiner ganzen Schönheit zeigt und später unter der anderen Vegetation fast verschwindet, sagt man auch, dass es gerade in dieser frühen Jahreszeit auch die besten Heilkräfte für den Menschen entwickelt.

Lungenkrauttee gegen Erkältungen

Für den Erkältungstee aus Lungenkraut nimmt man ein bis zwei Esslöffel der mitsamt der Blüte klein geschnittenen, frischen Pflanze ohne Wurzel, übergießt sie mit einem viertel Liter kochendem Wasser und lässt dies etwa zehn Minuten ziehen. Danach abseihen und mit Honig gesüßt trinken. Solange die Erkrankung akut ist, sollte man sechs bis

Um die Wurzeln des Löwenzahns im Herbst ausgraben zu können, muss man sie spätestens im Frühsommer mit einem Stöckchen oder dergleichen markieren, sonst findet man sie später nicht mehr!

In der Volksmedizin ist das Lungenkraut erst durch Paracelsus bekannt geworden. Er empfahl es in seiner Signaturenlehre vor allen bei Erkrankungen im Hals- und Lungenbereich.

In alten Kräuter- und Medizinbüchern findet man Lungenkraut bei der Heiligen Hildegard von Bingen (1098–1179). Sie empfahl Lungenkraut mit Wein gekocht als Mittel gegen Lungenemphysem. Es taucht erst 300 Jahre später wieder in der Signaturenlehre des Paracelsus (1493–1541) auf. Seither ist es auch in der Volksheilkunde vertreten.

acht Tassen, bei Besserung nur noch ein bis drei Tassen des Lungenkrauttees pro Tag zu sich nehmen.
Da sich im Frühjahr die Erkältungskrankheiten auch oft im ableitenden Harnbereich bemerkbar machen, trinkt man Lungenkrauttee bei allen diesen Erkrankungen, solange sie akut sind, in derselben Dosierung. Natürlich gehört in der Volksheilkunde immer auch das heiße Fußbad als Anwendung mit dazu. Ob nun die Erkrankung im Lungen- und Bronchialbereich oder im Nieren- und Blasenbereich liegt, das heiße Fußbad und die Sorge dafür, dass die Füße niemals kalt werden, ergänzt und verbessert die Wirkung eines jeden Tees, und man wird schneller wieder gesund.

Lungenkrauttee bei Wunden und gegen Akne

Auch äußerlich wird der Lungenkrauttee bei kleineren Wunden zur Auswaschung angewendet. Dadurch heilen diese rasch ab und entzünden sich nicht so schnell. Aber auch als Gesichtspackung bei Pickeln oder Akne hat sich der Tee sehr bewährt.
Wer mit derartigen Hautausschlägen behaftet ist, sollte sich täglich einen frischen Lungenkrauttee ansetzen und dann jeden Abend immer wieder Gesichtspackungen damit durchführen. Dazu nimmt man einen Leinenlappen, befeuchtet ihn gut mit Lungenkrauttee und legt ihn auf die betroffenen Stellen. Die Packung sollte man immer wieder mit dem lauwarmen Tee befeuchten und dann kurz vor dem Schlafengehen auf die noch leicht feuchte Haut eine Ringelblumensalbe (siehe »Ringelblume«, Seite 97) auftragen.

Mädesüß

Mädesüß (Filipendula ulmaria bzw. Spiraea ulmaria), in vielen Gegenden auch Spierstrauch genannt, ist für viele Kenner das Rheumamittel überhaupt. Es wächst an feuchten Orten, meist entlang von Teich- und Bachufern.
Die blühenden, bis zu einem Meter hohen Pflanzen mit ihren hell leuchtenden und büschelartigen Blüten an den Spitzen werden während der Blütezeit im Juli/August gesammelt, zu Büscheln gebunden und an einem schattigen Ort getrocknet. Man hängt sie an einem Haken auf und legt noch ein Papier für die herabfallenden Blüten darunter. Kenner bevorzugen die Wurzel, die sie im Herbst ausgraben. Sauber gewaschen wird sie in kleine Stücke geschnitten, getrocknet und warm und trocken aufbewahrt.

Mädesüßwurzeltee als Kaltansatz

Aus den Wurzelstücken bereitet man bei Bedarf einen Tee, indem man einen Teelöffel der getrockneten Wurzelstücke mit einem viertel Liter kaltem Wasser über Nacht ansetzt, am Morgen zum Kochen bringt, ihn kurz aufkocht, zehn Minuten ziehen lässt und dann nach dem Abseihen mit etwas Honig gesüßt trinkt. Morgens setzt man dann wieder für den Abend kalt an. Von diesem Tee sollte man nicht mehr als zwei Tassen pro Tag zu sich nehmen.

Mädesüßwurzelschnaps als Tropfen

Oft wird auch ein alkoholischer Auszug aus den frischen Wurzelstücken bereitet. Dazu gibt man sie locker in ein Glas oder eine Weithalsflasche, übergießt sie mit reinem Alkohol aus der Apotheke oder mit einem Selbstgebrannten, lässt sie einige Wochen stehen und schüttelt sie in dieser Zeit immer wieder durch. Nach dem Abseihen wird der Auszug aus dem hochprozentigen Alkohol tropfenweise mit Wasser verdünnt genommen. Mehrmals täglich, je nach Schwere der Erkrankung, sollte man zwischen 5 und 20 Tropfen einnehmen. Der Auszug mit dem Selbstgebrannten wird meist als Schnäpschen getrunken – Gichtpatienten ist von dieser Behandlung abzuraten!

Meerrettich

Der Meerrettich (Armoracia rusticana) findet in der Schulmedizin kaum Anwendung, obwohl in ihm Wirkstoffe mit antibakterieller Wirkung gefunden wurden, besonders das Allylsenföl. Umso größer ist sein Ansehen aber in der Volksheilkunde, wo er äußerst vielseitig und mit sehr großem Erfolg eingesetzt wird, wenn er auch als Radikalmittel gilt: Wenn er eingesetzt wird, dann hilft er meist schnell und gründlich. Verwendet wird nur die Wurzel, die ab September frisch geerntet und zubereitet wird, in fein geriebenem Zustand. Wo es die Boden- und Witterungsverhältnisse erlauben, bleibt der Meerrettich bis in den Februar des nächsten Jahres hinein in seinem natürlichen Aufbewahrungsort, dem Boden, und wird nur bei Bedarf herausgeholt. Sonst wird er im kühlen Keller in einer Sandkiste gelagert.

Meerrettich als Ausputzer für Nebenhöhlen und Darm

Schon das Essen von Meerrettich beispielsweise mit gekochtem Rindfleisch und breiten Nudeln oder ro-

Meerrettich bei empfindlichem Magen

Wer einen sehr empfindlichen Magen hat, sollte sich mit dem Essen von sehr scharfem Meerrettich etwas zurückhalten. Schließlich kann er den Magen unangenehm überreizen und ein recht schmerzhaftes Brennen verursachen. Wer weiß, dass sein Magen nervös reagiert, und trotzdem Meerrettich essen möchte, sollte ihn bei der Zubereitung etwas mehr kochen lassen und dann mit Milch oder süßer Sahne abmildern. So kommt es zu einer abgeschwächten Wirkung, die aber gerade dem empfindlichen Magen sehr gut tut und sogar als natürliche Abhilfe zu empfehlen ist.

Mädesüß gehört zu den Heilpflanzen, deren positive Auswirkungen auf die menschliche Gesundheit und speziell gegen Rheumaerkrankungen schon im Altertum bekannt waren.

Bei Fertigmeerrettich in Gläsern muss man darauf achten, dass man ihn frisch gerieben, ohne irgendwelche Konservierungsstoffe und auch ohne Schwefel bekommt, da viele Patienten heute auf diese Stoffe allergisch reagieren und sie die Wirkung des Meerrettichs negativ beeinflussen.

hen Kartoffelklößen gilt schon als Heilmittel, weil er »richtig ausputzt und den Kopf frei macht«. Er darf aber nicht zerkocht werden, sondern muss so scharf bleiben, dass er beim Essen »durch die Nase pfeift«, wie man so schön sagt. Dabei reinigt er diese und auch die Nasennebenhöhlen recht gründlich.

Da er auch stark gallentreibend wirkt, entstaut er die Leber und regt so deren Entgiftungsfunktion an. Durch den verstärkten Gallenfluss wird der Darm sehr stark angeregt und so der ganze Körper gereinigt.

Meerrettich bei Nieren- und Blaseninfektionen

Ganz fein geriebener, frischer Meerrettich wird mit derselben Menge dünnflüssigem Honig zu einem Brei verrührt und zwei- bis dreimal pro Tag davon ein Teelöffel voll eingenommen. Dies wirkt sich positiv bei allen Infektionen der Nieren und der Blase aus, auch bei allen Harnwegsreizungen oder Entzündungen, die mit dem so genannten Wasserschneiden einhergehen. Gleichzeitig sollte man immer große Mengen Tee (bis zu drei Liter am Tag), beispielsweise Hagebuttentee, trinken, um die Schadstoffe und Schlacken regelrecht herauszuschwemmen. Heiße Fußbäder unterstützen auch hier den Gesundungsprozess.

Dabei wirkt der geriebene Meerrettich mit Honig zusammen mit den Begleitmaßnahmen oft besser und schneller als jedes Antibiotikum oder ein anderes Medikament aus der Schulmedizin oder der übrigen Naturheilkunde. Äußerlich kann man die Heilung von Nieren- oder Blasenreizungen auch noch mit Meerrettichumschlägen in der Nierengegend wirksam unterstützen.

Meerrettich bei Husten, Schnupfen und Asthma

Dieselbe Mischung aus fein geriebenem Meerrettich mit Honig wirkt sich, regelmäßig ein- bis dreimal täglich einen Esslöffel eingenommen, auch positiv auf Husten, Schnupfen und Asthma aus, selbst wenn diese schon chronisch sein sollten.

Unterstützen sollte man die Anwendung mit Breiauflagen aus geriebenem Meerrettich. Man gibt von dem frisch geriebenen Meerrettich etwas auf ein Tuch für eine Brustauflage, die man aber nur einige Minuten auf der Haut lassen darf, dann muss man sie unbedingt wegnehmen. Der Meerrettich wirkt stark hautreizend, weshalb die Stelle, wo die Auflage lag, sofort nach der Anwendung mit warmem Seifenwasser abgewaschen und mit einem guten Hautfunktionsöl oder auch etwas Ringelblumensalbe eingerieben werden muss. Das Hautöl mildert den starken Hautreiz ab und verstärkt die intensive Durchblutung im Lungen- und Bronchialbereich.

Meerrettich gegen rheumatische Beschwerden

Manche Leute schwören auf Meerrettich – frisch geriebenen, innerlich und äußerlich angewendet – bei allen rheumatischen Erkrankungen. Hier sollte man ab und zu einen viertel bis halben Teelöffel voll Meerrettich mit viel Wasser einnehmen. Magenempfindliche Patienten sollten auf diese Anwendung verzichten, da sie sonst dort Beschwerden bekommen können. Auch kann man schmerzhafte Gelenke mit einer Meerrettichpackung für fünf bis höchstens zehn Minuten behandeln. Hinterher sorgfältig reinigen und mit Öl einreiben.

Wer unter starken, immer wiederkehrenden Kopfschmerzen leidet, sollte es einmal mit frisch geriebenem Meerrettich versuchen, den er sich als Packung in den Nacken legt. Auch hier sollte man aufgrund der zu starken Hauteinwirkung nach höchstens zehn Minuten abbrechen und eine entsprechende Nachpflege mit Öl durchführen. Die Packungen mit Meerrettich kann man auch an die Fußsohlen geben, soweit diese keine offenen Stellen aufweisen. Sie wirken hier stark ableitend und bessern so die Kopfschmerzen.

Meerrettich zur Lymphentstauung

Geriebener Meerrettich, eingenommen wie oben beschrieben, und auf die Schlüsselstellen als Auflage gebracht, hilft auch meist recht gut gegen alle lymphatischen Stauungen im Gewebe. Da der Lymphbereich jedoch sehr empfindlich ist, sollten hier unbedingt die Auflagen mit Meerrettichquark durchgeführt werden. Auch sollten diese für höchstens fünf Minuten aufgelegt werden. Hinterher sollte man ebenfalls für eine gute Hautpflege sorgen.

Die wichtigsten lymphatischen Schlüsselstellen des Körpers sind im Beinbereich die Kniekehlen und vor allem die Leistenbeugen, im Armbe-

Sehr gut ist es auch, wenn der betroffene Patient selbst den Meerrettich reibt, weil nicht nur die Auflage über die Haut, sondern auch die intensiv riechenden ätherischen Öle stark lösend auf die Bronchien wirken. Dabei ist aber darauf zu achten, dass die Augen geschützt werden, da diese Öle die Augen unangenehm reizen.

Zum Umgang mit Meerrettichauflagen

Die starke Hautreizung der äußerst wirksamen Meerrettichauflagen kann man abmildern, indem man fein geriebenen Meerrettich mit Quark vermischt und so die Auflagen herstellt. Allerdings ist dann auch die starke Wirkung, die man mit der Auflage erreichen möchte, abgeschwächt. Dies ist aber manchmal sogar erwünscht, denn nicht immer gilt das Wort »viel hilft viel«. Manchmal sind es gerade die feineren Reize, die besser wirken. Deshalb ist es von jedem selbst abzuwägen, ob er im Augenblick einen starken oder einen milden Reiz benötigt.
Sehr hautempfindlichen Patienten ist aber in jedem Fall anzuraten, die mildere Art der Applikation zu wählen.
Wer den sehr scharfen Geschmack des Meerrettichs beim Einnehmen nicht mag, der sollte den fein geriebenen Meerrettich unter Quark oder fein geraspelte Mohrrüben mischen und ihn so einnehmen. Er ist dann sehr viel milder und angenehmer auf der Zunge.

reich die Achselhöhlen und im Kopfbereich der seitliche Hals von hinter den Ohren bis zum seitlichen Kehlkopfbereich.

Meerrettichessig in der Haut- und Wundpflege

Folgendes Rezept gegen Akne und andere Hautunreinheiten wurde mir von Patienten mitgeteilt: Eine Meerrettichstange wird fein gerieben oder im Mixer zerkleinert, in eine Flasche oder noch besser ein Schraubglas gegeben und mit Branntweinessig (nicht mit Weinessig!) so übergossen, dass der locker geriebene Meerrettich vollständig bedeckt ist und der Essig sogar noch einen Zentimeter über der geriebenen Masse steht. Das Glas oder die Flasche wird zehn Tage lang sehr warm gestellt und täglich einmal kräftig durchgeschüttelt. Danach wird das Ganze sorgfältig abgeseiht und durch ein feines Tuch gepresst, das noch alle Reste aus der Flüssigkeit herausfiltert.

Die Behandlung mit Merrettich, ob innerlich oder äußerlich, wurde in der durch Quark abgemilderten Form früher in der Volksheilkunde sehr oft bei Keuchhusten mit recht gutem Erfolg mit eingesetzt. Dazu vermischte man Quark mit etwas geriebenem Meerrettich und machte damit eine verstärkte Quarkpackung im Brustbereich.

Mit diesem Meerrettichessig werden nun alle lädierten Hautstellen, besonders bei Akne, täglich mehrmals betupft. Da solche Hautunreinheiten sehr oft mit Entzündungen einhergehen, sollte bei Hauterkrankten auch (fast) jedem Essen möglichst ein wenig fein geriebener Meerrettich zugefügt werden. Er wirkt dadurch auch von innen leicht antibiotisch und hemmt somit die allgemeine Entzündungsbereitschaft etwas.

Bei schlecht heilenden Wunden oder auch bei Hauterkrankungen mit teilweise offenen Stellen wird der Meerrettich mit Honig eingesetzt. Man mischt zehn Prozent ganz fein geriebenen Meerrettich unter den Honig, gibt davon etwas vorsichtig auf die Wunde und hält dies mit einem Verband fest. Dadurch wird die Heilung und die Granulation im Wundbereich beschleunigt.

Meerrettichtinktur für ältere Wunden

Mit der Meerrettichtinktur, einem kleinen Wundermittel in der Hausapotheke, werden vor allem ältere Wunden behandelt. Für frische Wunden ist die Tinktur zu stark, weil sie zu sehr brennt. Man benutzt sie aber auch für Einreibungen dort, wo man sonst einen Meerrettichwickel oder Umschlag anwenden würde, und nimmt sie innerlich bei allen oben aufgeführten Krankheiten ein, bei denen man den Meerrettich roh essen würde. Die Menge kann von einigen Tropfen bis zu einem ganzen Esslöffel gehen, je nach Patient und Krankheit.

Zur Herstellung wird einfach frischer Meerrettich gerieben oder fein geraspelt, mit einem guten Selbstgebrannten angesetzt. Dann lässt man ihn einige Wochen unter gelegentlichem Schütteln stehen. Danach abseihen und filtern, und schon ist das Wundermittel fertig. Durch den Alkohol ist diese Tinktur natürlich sehr haltbar und kann auch dann, wenn man keinen frischen Meerrettich bekommen kann, eingesetzt werden.

Statt der Meerrettichtinktur sollte man besonders bei Kindern und

Menschen, die keinen Alkohol vertragen, den Meerrettichsirup anwenden. Fein geraspelter Meerrettich wird mit der gleichen Menge Honig oder Rohrzucker angesetzt und ziehen gelassen. Die entstehende Flüssigkeit wird abgeseiht und ausgepresst, eventuell nochmals mit etwas braunem Rohrzucker eingekocht und besonders als Hustenmittel für Kinder eingesetzt.

Melisse

Die Melisse (Melissa officinalis), wegen ihres Wirkstoffs Zitronellal auch unter dem Namen »Zitronenmelisse« bekannt, ist eine uralte Heilpflanze, die schon im Altertum weit verbreitet war und auch in den Klostergärten des Mittelalters gezogen wurde. Sie hat einen vierkantigen, schwach behaarten Stängel, und ihre zitronenähnlich duftenden, breiten Blätter sind paarweise um diesen angeordnet. Die weißen bis rötlichen Blüten sind von Juli bis August als Blütenquirle zu sehen. Die Pflanze sollte vor der Blüte bei Sonnenschein in der Phase des abnehmenden Mondes geerntet und getrocknet werden. Die Melisse wirkt leicht beruhigend, krampflösend und schlaffördernd. Deshalb wird sie bei allgemeiner Nervosität, nervösen Herzbeschwerden, Schlafstörungen, Kopfschmerzen, nervösen Verdauungsstörungen mit Blähungen und Brechreiz, Koliken und Übelkeit angewendet. Auch bei krampfartigen Periodenbeschwerden, besonders bei jungen Mädchen, wird sie gerne verwendet.

Manche Patienten schwören für ihre Gesundheit auf ein Gemisch von vier Fünfteln fein geriebenem Meerrettich und einem Fünftel Knoblauch. Sie geben beides zusammen in einen Mixer und zerkleinern und vermischen es. Davon nehmen sie dann mindestens einmal pro Tag einen Teelöffel voll zum Essen.

Einfache Herstellung von Melissengeist

Man sammelt die frischen Melissenblätter oder bei zarten und jungen Pflanzen auch die ganze Pflanze ohne Wurzel vor der Blüte in der Zeit von Juni bis September, zer-

Die Zitronenmelisse ist in ihrer Wirkung zwar etwas schwächer als die echte Melisse, dafür verbreitet sie einen stärkeren aromatischen Duft. Sie lässt sich hervorragend selbst anbauen und ist ein erfrischendes Gewürz.

Die Melisse wird in manchen Gegenden auch Frauenkraut genannt. Wegen ihres Duftes nennt man sie auch Zitronenmelisse. Sie darf in keinem Hausgarten fehlen und wird bei jedem bewussten Kräuterfan im Garten stehen.

schneidet sie und gibt sie in ein Glas oder eine Weithalsflasche. Die Flasche wird locker gefüllt und dann mit hochprozentigem Alkohol oder einem Selbstgebrannten aufgefüllt. Diese Mischung lässt man einige Wochen an einem warmen Plätzchen ziehen, schüttelt sie immer wieder einmal durch und seiht und presst sie dann ab. Den Hochprozentigen darf man nur tee- oder esslöffelweise verdünnt einnehmen. Den Selbstgebrannten kann man auch pur verwenden. Man sollte sich allerdings davor hüten, dass man von diesem Melissengeist zu viel des Guten einnimmt.

Melissenwein zur Entkrampfung

Wer nicht so sehr für Hochprozentiges ist, der kann sich stattdessen einen eigenen Melissenwein zubereiten. Man nimmt hierfür eine große Hand voll klein geschnittener, möglichst frischer Melissenblätter, gibt sie in ein bis zwei Liter Weißwein – je nach Geschmack einen süßen oder herben –, erwärmt ihn ganz leicht bis etwa 50 °C und lässt den Wein dann einige Tage stehen, bevor man abseiht. Man kann wahlweise auch die getrockneten Melissenblätter nehmen. Dann ist der Wein jedoch nicht ganz so schmackhaft und auch etwas weniger wirksam.

Von dem Melissenwein nimmt man dreimal pro Tag vor jeder Mahlzeit ein kleines Gläschen als Aperitif. Diese Anwendung führt man zwei Wochen lang durch und hält danach zwei Wochen Pause ein. Nimmt man den Wein auf diese Weise ein, so ist er gleichzeitig am bekömmlichsten und wirksamsten.

Melissengeist bei Verletzungen und rheumatischen Beschwerden

Die wohl bekannteste Form der Melisse ist der Melissengeist, der in früheren Zeiten besonders in den Klöstern rege Verwendung fand. Heute hingegen wird er mehr denn je von verschiedenen Firmen nach alten Rezepturen hergestellt und fehlt in kaum einem Haushalt.

Äußerlich wird der Melissengeist zur Einreibung bei Blutergüssen, Quetschungen, Nervenschmerzen sowie bei rheumatischen und Gichtschmerzen verwendet. Man kann ihn jedoch auch für lindernde Auflagen einsetzen, indem man einen Esslöffel davon auf einen halben Liter kaltes oder heißes Wasser gibt. Mit dieser Lösung hält man ein sauberes Baumwoll- oder Leinentuch, das man auf die betroffenen Stellen legt, ständig feucht. Die Auflagen können heiß und kalt durchgeführt werden: Bei einem schmerzhaften Gichtanfall, bei dem das Großzehenrundgelenk heiß, rot und geschwollen ist, oder einem frischen, schmerzhaften Bluterguss nimmt man natürlich einen kalten Umschlag mit Melissengeist. Wenn es sich jedoch um einen arthrotischen Gelenkschmerz ohne Entzündung handelt, so wird der Melissengeist für diesen Umschlag mit heißem Wasser verdünnt. Dieser bringt immer eine wohlige Erleichterung bei Schmerzen.

Melissengeist innerlich bei nervösen Störungen
Innerlich wird der Melissengeist oder auch Melissentee bei allen nervösen Störungen von Magen, Leber, Gallenblase, Darm und Herz genommen. Zu diesem Zweck kann man zwei bis drei, wenn nötig sogar bis zu sechs Tassen des Melissengetränks pro Tag zu sich nehmen. Bei Schlafstörungen sollte man abends zwei Tassen trinken, bei akut-nervösen Gallenstauungen, Blähungen und Krämpfen hintereinander zwei bis drei Tassen, bis die Beschwerden merklich nachlassen.

Melissentee bei Durchfall von Kindern
Da ein Durchfall bei Kindern sehr oft auch mit einer gewissen Übererregung verbunden ist, sollte bei solchen Erkrankungen immer erst einmal ein Tee aus den Blättern der Melisse versucht werden, bevor man zu stärkeren Maßnahmen greift. In vielen Fällen wirkt so ein Tee schon so gut, dass man nichts anderes mehr benötigt.
Bei Kindern kann man mit dem lauwarmen Melissentee auch Ohrspülungen durchführen. Sie sind ein sehr mildes Mittel bei allen Reiz- und Entzündungszuständen im Ohrbereich und wirken sehr wohltuend, entkrampfend und schmerzlindernd. Magen- und Darmbeschwerden sowie Leber- und Gallenblasenleiden kann man mit Melissentee lindern. Dies empfiehlt sich besonders bei Patienten, die auf Alkohol und daher auf Melissengeist oder -wein verzichten sollten.

Melissenblätter äußerlich bei Hauterkrankungen
In der Volksheilkunde werden auch die mit einem Nudelholz oder einer Flasche gequetschten, frischen Blätter der Melisse als Auflage direkt auf die erkrankten Hautbezirke gegeben und mit einem Tuch umwickelt. Dies

Für Umschläge gilt die einfache Regel: Heiße Umschläge macht man bei nicht entzündlichen Schmerzen, kalte Umschläge verwendet man bei Entzündungen und Reizungen aller Art.

Melissentee

Bei der Zubereitung des Tees kann man auf verschiedene Weise vorgehen: Man nimmt eine Tasse mit heißem Wasser und gibt ihm einen Teelöffel bis einen Esslöffel, je nach Geschmack und Alkoholverträglichkeit, fertigen Melissengeist zu.
Für die alkoholfreie Variante nimmt man einen Esslöffel klein geschnittenes, getrocknetes oder frisches Melissenkraut, übergießt es mit einem viertel Liter kochendem Wasser, lässt es einige Minuten ziehen und seiht es dann sorgfältig durch ein feines Sieb oder ein Tuch ab.
Für Menschen mit Geduld gibt es auch die folgende Methode: Man nimmt einen Esslöffel klein geschnittenes, getrocknetes oder frisches Kraut, übergießt es mit einem viertel Liter kaltem Wasser, lässt es acht Stunden ziehen, erwärmt es bis zum Siedepunkt und seiht es dann ab.

wirkt sich sehr wohltuend und entspannend auf die betroffene Hautpartie aus und fördert den Heilungsprozess.

Auch bei Insektenstichen kann ein frisch zerquetschtes Melissenblatt, das man als Sofortmaßnahme auf die Stelle aufbindet, große Erleichterung bringen.

Den Tee oder den Geist der Melisse sollte man nie länger als zwei Wochen ohne Unterbrechung einnehmen, da es sonst zu einer Umkehrwirkung kommen kann. D. h. also, dass das, was man zwei Wochen damit bekämpft hat, dann durch die Melisse wieder ausgelöst werden kann.

Melissen-Pfefferminz-Tee bei Menstruationsbeschwerden

Bei Periodenstörungen aller Art, besonders wenn sie mit krampfartigen Beschwerden einhergehen, sollten die Mädchen und Frauen acht Tage vor der zu erwartenden Blutung bis zum zweiten oder dritten Tag der eigentlichen Periode täglich drei bis vier Tassen Tee trinken, der zur Hälfte aus Zitronenmelisse und zur anderen Hälfte aus Pfefferminze gemischt ist.

In meiner Praxis gehört dieser »Periodentee« aus der Volksheilkunde besonders bei schmerzhafter Periode bei Mädchen immer zur Verordnung und hat in diesen Fällen auch den allergrößten Erfolg. Dadurch sparen sich die jungen Frauen sehr viele Schmerzmittel und schonen so ihre anderen Organe.

Den Tee können auch Frauen trinken, denen die Gebärmutter entfernt wurde und die daher alle vier Wochen zum Zeitpunkt der Periode, die nicht mehr eintritt, unter Stauungsbeschwerden leiden. Auch hier hilft er sehr gut und greift regulierend und entkrampfend in das Geschehen ein. Auch Kopfschmerzen, die oft in Verbindung mit der Periode auftreten, können mit dem Tee sehr gut gebessert werden. Oft gehen sie sogar alleine damit vollkommen weg.

Petersilie

Die Petersilie (Petroselinum hortense), gleich ob krause oder glatte Petersilie oder ob Kraut oder Wurzeln, hat auf den menschlichen Körper die mannigfaltigsten Wirkungen. Ihre Inhaltsstoffe regen den Saftfluss im ganzen Körper enorm an und wirken damit auf Herz und Kreislauf. Außerdem helfen sie gut gegen Blähungen, bei Magenbeschwerden aller Art, sind appetitanregend, krampflösend und ein hervorragendes Entwässerungsmittel. Aus diesem Grund kann Petersilie in (fast) jeder Form in Diäten, auch von Herz- und Nierenkranken, bestens mit eingesetzt werden.

Nach den neuesten Forschungen enthält die Petersilie sehr viel Vitamin B12. Dies ist vor allem für reine Vegetarier sehr wichtig, da diese sehr oft unter Mangel an diesem Vitamin leiden, das sonst fast nur im Fleisch und in der Leber zu finden ist und so auf pflanzliche Weise dem Körper zugeführt werden kann.

Petersilie zur Stabilisierung der Nieren

Wer im Nierenbereich sehr empfindlich ist, der sollte in seinem Speiseplan immer wieder etwas Petersilie mit einbauen. Täglich etwas Petersi-

lie regt die Nierentätigkeit an und stabilisiert die Funktion dieser wichtigen Organe.
Die Nieren sollten bei einer vorliegenden Schwäche auch immer gut warm gehalten werden. Zudem sollte der Patient durch heiße Fußbäder, die man bei Bedarf ruhig öfter am Tag durchführen sollte, immer dafür sorgen, dass er nie kalte Füße hat. Allgemein sollte er immer unter Kontrolle eines Arztes oder eines Heilpraktikers stehen, damit dieser im akuten Fall rechtzeitig eingreifen kann.

Petersilie zur Förderung des Wachstums

Petersilie fördert das Wachstum von Kindern. Wenn diese nicht so recht wachsen wollen, wie sie eigentlich sollten, dann sollte man einfach immer wieder einmal eine Petersilienkur durchführen (siehe dazu auch Seite 132f.). Vorausgesetzt, die Kinder machen mit! Zwingen sollte man sie dazu nicht, wenn sie eine Abneigung gegen Petersilie haben, bringt die Kur absolut nichts. Da bei den Kleinen der Instinkt, was dem Körper gut tut und was nicht, viel besser ausgeprägt ist als bei den Erwachsenen, sollte man sich darauf verlassen. Die Erwachsenen haben sich diese gute Fähigkeit meist schon lange durch Rationalität ersetzt.

Petersilie gegen Ohren- und Zahnschmerzen

Frisch mit einem Nudelholz zerquetscht und anschließend aufgelegt, wirkt Petersilie angenehm schmerzstillend und krampflösend bei akuten Ohren-, aber auch bei Zahnschmerzen. In solchen Fällen darf man die Petersilie nur als Erste-Hilfe-Maßnahme einsetzen, was einem nicht den Gang zum Arzt erspart, eine dauerhafte Lösung bietet sie nicht.

Petersilienwurzelsaft gegen Gallensteine

Der frisch gepresste Saft der Petersilienwurzel fördert, drei- bis fünfmal pro Tag einen Esslöffel voll davon eingenommen, den Abgang sowohl von Nieren-, als auch von Gallensteinen. Voraussetzung dafür ist, dass dazu auch ausreichend – bei Nierensteinen einige Liter pro Tag – getrunken wird. Empfehlenswert ist Tee in jeder Form oder auch Weizenbier. Letzteres sollte man natürlich nicht literweise trinken, sondern nur ab und zu einmal eine Flasche, da es sehr harntreibend wirkt und damit den Ausstoß von Nierensteinen gut unterstützt.

Petersilie und Wacholder gegen Harnverhalten

Wenn ältere Männer nicht richtig Wasser lassen können, hilft schon ab und zu eine Tasse Tee aus getrockneten Petersilienwurzeln, dem man noch einige Tropfen Wacholderöl beigegeben hat. Hier muss man aber aufpassen und auch möglichst unter der ständigen Kontrolle eines Arztes stehen, denn Wacholder sollte man nicht anwenden, wenn sich Eiweiß im Urin befindet (siehe auch »Wacholder«, Seite 113f.).

Warnen muss man vor den Früchten und dem Samen der Petersilie, die giftig sind, und auch das Öl ist nicht ganz unproblematisch. Die Früchte und auch der Samen der Petersilie sind, da in ihnen die volle Konzentration der ganzen Pflanze steckt, in der Wirkung auf den menschlichen Körper zu stark.

Die Früchte der Preiselbeere sind eine wohlschmeckende Beilage zu vielen Wildgerichten. Doch auch zu Süßspeisen passen sie durch ihr herbes Aroma hervorragend.

Pfefferminze

Pfefferminze ist ein beliebtes Teekraut, das besonders gerne bei Magenproblemen und Übelkeit zum Einsatz kommt. Doch auch als Küchengewürz eignet sie sich sehr gut.

Die Pfefferminze (Mentha piperita) ist bei uns eine beliebte Pflanze, die besonders als Tee geschätzt wird.
Zur Inhalation oder als Saunaaufguss sollte der Tee oder das ätherische Öl bei Säuglingen, Kleinkindern und sehr empfindlichen Menschen nicht benutzt werden, da es zu Verkrampfungen der Atemwege führen kann! Hier hat sich in mancher Sauna die Unsitte eingeschlichen, dass der Aufguss mit einem konzentrierten Pfefferminzöl durchgeführt wird. Dies sollte unterbleiben, da es Menschen gibt, die darauf mit starken Reizungen der Schleimhäute, besonders der Augen, reagieren.

Pfefferminztee bei Verdauungsstörungen

Als Tee ist die Pfefferminze mit Abstand das beliebteste Kraut, das bei Störungen im Verdauungstrakt genauso getrunken wird wie als ganz gewöhnlicher Haus- und Gesundheitstee, auch wenn man gar nicht direkt etwas für seine Gesundheit tun möchte. Pfefferminztee wird oft getrunken, weil er einfach gut schmeckt. Und ich habe in der Praxis schon oft erlebt, dass Leute, die vom Kaffee wegkommen wollten, weil sie langsam gemerkt haben, dass er ihnen gar nicht gut tut, gerne und ohne Probleme auf Pfefferminztee umgestiegen sind, weil er eben einen sehr angenehmen und intensiven Geschmack hat.

Pfefferminze als Likör

Nicht zu vergessen sind auch die sehr intensiv schmeckenden Pfefferminzliköre. Man setzt hierzu in der Regel frische Pfefferminzblätter mit Honig und einem guten Obstbrannt an. Die Dosierung ist Geschmackssache und sollte von jedem selbst ausprobiert werden. Man lässt das Ganze einige Wochen reifen, schüttelt es immer wieder einmal durch und seiht es zum Schluss ab. Kühl oder sogar auf Eis serviert, schmeckt es den Pfefferminzliebhabern sehr gut. Wer den intensiven Geschmack nicht mag, wendet sich mit Grausen ab.

Pfefferminzöl

Sehr beliebt ist in den letzten Jahren das »Allheilmittel« Pfefferminzöl geworden. Am bekanntesten ist das ätherische Öl aus Japan, wo Pfefferminze an den sonnigen Hängen auf Vulkangestein besonders gut wächst. Da das Öl der Pfefferminze hier dreimal destilliert wird, riecht und schmeckt es sehr viel intensiver als das herkömmliche Pfefferminzöl. Es wird für äußerliche und innerliche Anwendungen mit großem Erfolg verwendet. Man muss sich nur vor einer Überdosierung hüten, und es darf auf keinen Fall in die Augen oder an andere empfindliche Schleimhäute kommen. Im Mund- und Rachenraum sowie im Verdauungstrakt dagegen wird es erfahrungsgemäß recht gut von (fast) allen Patienten vertragen.

Preiselbeere

Die Preiselbeere (Vaccinium vitis idaea) wird in den Mittelgebirgen, wo sie oft ganze Bodenflächen in den lichten Wäldern bedeckt, als großer Vitamin-C-Träger sehr geschätzt. Sie wird von Mai bis Juli gesammelt und auf verschiedene Weise, meist als delikate Konfitüre oder köstlicher Saft, für die vitaminarme Zeit im Winter konserviert.

Preiselbeeren gegen Nieren- und Blasenentzündungen

Die Preiselbeere wird meist als Saft oder Konfitüre bei chronischen Blasen- und Nierenentzündungen mit sehr gutem Erfolg eingesetzt. Auch bei immer wiederkehrenden Blasenkrämpfen kann man dieses wirksame Mittel verwenden. Zu diesem Zweck muss man die Preiselbeeren allerdings über einen sehr langen Zeitraum möglichst ohne Unterbrechung einnehmen.
Am besten wirken sie, wenn man sie in regelmäßigen Abständen über den

Pfefferminzöl wirkt auch bei schmerzenden Muskeln und Gelenken, man kann Insektenstiche damit betupfen oder es bei einer Übelkeit vom Essen oder bei Kreislaufschwäche auf Zucker einnehmen. Der Anwendungen sind so viele, dass man sie gar nicht alle aufzählen kann.

Preiselbeeren bei Magen- und Darmstörungen

Preiselbeeren kann man auch bei chronischen Störungen des Magen- und Darmtrakts mit gutem Erfolg einsetzen. Die Früchte, die meist mit Zucker eingekocht gerne als Beilage zu Wildgerichten und Meerrettich gereicht werden, wirken leicht regulierend auf den Darm, sollten aber bei empfindlichem Magen mit wenig Zucker eingemacht werden.
Hervorzuheben ist die stets ausgleichende Wirkung der Preiselbeeren, da sie – je nach Beschwerden – bei Verstopfung leicht abführend und bei Durchfällen aller Art leicht stopfend wirken.

Tag verteilt einnimmt, also alle zwei bis drei Stunden einen Esslöffel Preiselbeersaft oder einen Teelöffel Preiselbeerkonfitüre. Preiselbeeren sind auch in Verbindung mit der Meerrettichtherapie gut wirksam (siehe auch »Meerrettich«, Seite 83ff.).

Preiselbeertee gegen rheumatische Beschwerden und Gicht

Die Blätter werden frisch oder getrocknet als Tee bei allen Blasen- und Nierenstörungen zusätzlich mit eingesetzt. Man nimmt dazu einen Teelöffel Blätter, übergießt sie mit einem viertel Liter kochendem Wasser und trinkt drei- bis viermal pro Tag eine Tasse Preiselbeertee.

Da besonders der Tee über die Nieren eine Reinigung des Körpers erreicht, kann man ihn auch unterstützend bei rheumatischen Erkrankungen und Gicht mit einsetzen. Er bringt eine gewisse Linderung, allerdings nicht, wenn er nur als alleinige Therapie eingesetzt wird, und auch nicht, wenn die Ursachen – in der Regel zu viel tierisches Eiweiß wie z. B. Schweinefleisch und zu viel Alkohol – nicht gemieden werden.

Bei Kindern kann man die Preiselbeeren in beiden Formen einsetzen, wenn sie nicht trocken werden, also noch Bettnässer sind. Sie werden gerade von den Kindern wegen ihres guten Geschmacks sehr gerne eingenommen. Kinder empfinden sie nicht als Medikament, sondern als Leckerei.

Quendel

Quendel (Thymus serpyllum) nennt man den wilden Wiesenthymian, der in der Volksheilkunde des Frankenwalds seit Generationen zu den Hausmitteln bei allen Hauterkrankungen gehört und besonders gerne bei Kindern angewendet wurde und wird. Er blüht rosarot und enthält viel ätherisches Öl, was ihm seinen charakteristischen Duft verleiht. Er wächst auf trockenen sonnigen Waldwiesen, an Böschungen und Waldrändern, manchmal auch auf Mauern und Felsen. Gesammelt wird die ganze oberirdische Pflanze, also ohne die Wurzel, am liebsten von April bis Mai, oftmals aber auch bis in den August hinein und wird an der Luft im Schatten getrocknet.

Quendel – das Mittel gegen Hauterkrankungen bei Babys

Wenn sich bei einem Baby ein beginnender Milchschorf zeigt, wird dieser durch drei verschiedene Anwendungsarten mit Quendel behandelt. Entweder bereitet man einen Quendeltee zum Trinken daraus, oder man gibt den Tee in das Badewasser des Säuglings, oder man bereitet mit Butter und Quendel eine Salbe frisch zu, mit der man die betroffenen Stellen behandelt.

Quendeltee und Quendelbad gegen Milchschorf

Man gibt den erkrankten Kindern einen Quendeltee, den man meist mit etwas Honig süßt, zum Trinken. Sie bekommen über einige Zeit – außer der sonstigen Nahrung – nichts anderes Trinkbares als diesen Tee angeboten. So decken sie mit dem Tee fast ihren gesamten Flüssigkeitsbedarf. Auch die stillenden Mütter trinken bei entsprechenden Erkrankungen ihrer Kinder mit Milchschorf o. Ä. möglichst nur Quendeltee, so dass

die Kinder mit der Muttermilch ebenfalls seine heilsamen Wirkstoffe in sich aufnehmen.
Für das Quendelbad gegen Milchschorf brüht man einen kräftigen Tee aus frischem oder getrocknetem Quendel, gibt ihn in die Kinderbadewanne und gießt ihn mit klarem Wasser auf. Manche hängen auch einen Leinenbeutel, der mit dem Kraut gefüllt ist, in die Badewanne, übergießen ihn mit kochendem Wasser und gießen, nachdem der Tee auf diese Weise einige Zeit gezogen hat, mit kälterem Wasser nach, um auf die gewünschte Badetemperatur zu kommen. In solch einem Quendelbad wird das erkrankte Kind möglichst täglich gebadet.

Quendelsalbe zur Hautpflege

Jedes Jahr im Mai wird aus dem frischen Presssaft des Quendels und reiner, frischer Maibutter die Quendelsalbe für den Hausgebrauch angefertigt. Man nimmt für diese Salbe frisch gepressten Quendelsaft, frische Butter, reinen Honig vom Imker und ein Stück Honigwabe. Die Honigwabe wird in ganz wenig Wasser in einem Töpfchen so weit erhitzt, dass sie sich auflöst. Das Töpfchen wird dann sofort vom Herd genommen, der Honig hineingerührt, danach die Butter und zum Schluss, wenn die Masse nur noch lauwarm ist und sich schon leicht festigt, der frisch gepresste Quendelsaft dazugegeben und untergerührt. Heutzutage kann man den Quendel im Mixer zerkleinern und alle übrigen Bestandteile nach und nach dazugeben. Die Honigwabe sollte aber auch hier leicht angewärmt und zumindest sehr weich und formbar sein.
Die nun fertige Salbe wird so kühl wie möglich, früher in einem Erd- oder Felsenkeller, heute im Kühlschrank, aufbewahrt. Leidet ein Kind oder ein anderes Familienmitglied an Ausschlag, so wird zur Unterstützung der innerlichen Behandlung mit dieser Salbe von außen behandelt.

Quendel gegen Atemwegserkrankungen

Der Quendeltee wurde und wird frisch aufgebrüht bei allen Erkrankungen der Atemwege mit eingesetzt. Früher tat man dies aus der Erfahrung heraus, heute kennt man seine chemische Zusammensetzung. Quendel enthält, ebenso wie sein großer Bruder, der Echte Thymian

Quendel bei Darmbeschwerden

Sehr gerne wird in der Volksheilkunde der Quendeltee bei Blähungen und leichteren Darmbeschwerden genommen. Da der Tee sehr aromatisch riecht, nehmen ihn auch Kinder, vor allem wenn er mit etwas Honig gesüßt wird, sehr gerne. In leichteren Fällen sollte man bei entsprechenden Beschwerden vor jedem Essen eine Tasse Quendeltee trinken. Die Stärke sollte sich nach den Geschmacksvorlieben des Betroffenen richten.

In der mittlerweile sehr volkstümlich gewordenen Hildegard-Heilkunde wird Quendel auch als Gewürz verwendet, das man besonders bei allen Hauterkrankungen mit einsetzt.

(siehe auch »Thymian«, Seite 108f.), den Wirkstoff Thymol. Thymol ist der Hauptbestandteil des Thymianöls, das beim Trinken des Tees über den Magen- und Darmtrakt vom Körper aufgenommen und teilweise wieder über die Atemwege ausgeschieden wird. Dabei wird fest sitzender Schleim in den Bronchien oder der Lunge gelöst und mit ausgehustet. So kann mit dem Quendeltee auch der hartnäckigste Husten auskuriert werden. Sehr günstig wirken sich im Zusammenhang mit dem Quendel- (oder Thymian-)Tee auch die kalten Brustwickel aus (siehe dazu »Brustwickel«, Seite 135ff.). Eine Kombination aus beiden Anwendungen beschleunigt die Gesundung.

Schon bei den alten Ägyptern galt der Quendel als Heilpflanze, die »Schutz vor Dämonen« gab. Deshalb gehörte das Kraut zu den Bestandteilen der Einbalsamierung von Verstorbenen.

Rettich

Der Rettich (Raphanus sativus) ist sowohl Nahrungs- als auch Heilpflanze. Er ist nicht identisch mit dem Meerrettich, sondern eine sehr alte Zuchtform, die schon den Ägyptern als gesundes Nahrungsmittel bekannt war. Besonders für Heilzwecke wird der schärfere, schwarze Winterrettich bevorzugt, aber man kann ohne weiteres jeden anderen Rettich auch dazu nehmen.

Er wirkt speziell bei akutem Husten und Verschleimungen der Bronchien, aber auch bei Steinen der Gallenblase und bei Leberleiden. Bei einer Entzündung der Gallenblase dagegen ist von Rettich abzuraten. Auch bei chronischen oder akuten Magenbeschwerden sollte man ihn meiden, da er bei empfindlichem Magen eine leichte Reizung der Magenschleimhaut hervorrufen kann.

Rettichsirup gegen Husten und Gallensteine

Für den Rettichsirup schneidet man den Rettich in kleine Stücke oder raspelt ihn und gibt ihn acht bis zehn Stunden zusammen mit braunem Kandiszucker oder mit Honig in ein Glas. Das Verhältnis Rettich zu Kandiszucker oder Honig sollte ungefähr 1:1 betragen. Auf diese Weise wird die Flüssigkeit aus dem Rettich gezogen und zusammen mit dem Kandiszucker oder dem Honig zu einem sämigen Saft verflüssigt. Die Rettichreste entfernt man, indem man das Ganze durch ein Tuch drückt.

Früher höhlte man für den Sirup den Rettich der Länge nach aus, hängte ihn auf, gab in die obere Höhlung Zucker oder Kandiszucker und fing mit einem darunter aufgestellten Glas den heraustropfenden Sirup auf. Dies macht man heute, wo es in fast jedem Haushalt einen Mixer oder eine Küchenmaschine zum Schnetzeln gibt, fast nicht mehr. Manche schwören allerdings immer noch auf diese alte Methode, auch wenn sie etwas arbeitsaufwändiger ist.

Bei akutem Husten oder Erkrankungen der Bronchien gibt man dem Erkrankten tagsüber alle ein bis zwei Stunden einen Esslöffel voll Rettichsirup, den er langsam im Mund zergehen lassen soll. Bei Neigung zu Gallensteinen sollte man zweimal im

Jahr eine Kur von etwa drei bis vier Wochen mit dem Rettichsirup (siehe auch »Trinkkuren«, Seite 133f.) machen. In diesem Fall reicht es, wenn man von dem Sirup zwei- bis dreimal täglich einen Teelöffel bis einen Esslöffel voll, je nach Größe und Statur des Patienten, einnimmt.

Ringelblume

Die Ringelblume (Calendula officinalis) gehört zu den bekanntesten und beliebtesten Hausmitteln für viele, die einen eigenen Garten haben. Sie gehört quasi in jedes Blumenbeet und bleibt einem lange erhalten. Denn wenn sie erst einmal angewachsen ist, kann man nur noch versuchen, ihre weitere Verbreitung im Garten im Rahmen zu halten.
Eines der beliebtesten selbst hergestellten Medikamente aus der Ringelblume in der Volksheilkunde ist die Ringelblumensalbe. Man bereitet aus ihr aber auch eine Tinktur oder verwendet sie als Tee und als Umschlag. Sehr selten reagiert jemand auf diese Pflanze allergisch. Dann sollte man sie natürlich meiden.

Die eigene Herstellung von Ringelblumensalbe

Die Ringelblumensalbe wird meist auf der Basis von Schweinefett hergestellt. In einigen Gegenden verwendet man für sie auch reine Butter. Zur Herstellung gibt es verschiedene Methoden: Die einen nehmen Butter oder rohes Schweinefett, den so genannten Schmer, verrühren dies mit dem Mixer ganz fein, geben dann klein geschnittene ganze Ringelblumen, Blüten, Blätter und Stängel dazu, mixen das Ganze nochmals durch und fertig ist die Salbe. Andere kochen die klein geschnittenen Ringelblumen mit Schweinefett oder Butter einige Minuten kräftig durch, lassen das Ganze über Nacht erkalten, erwärmen es am nächsten Tag nochmals und seihen es dann durch ein feines Sieb und ein Tuch ab. Abgefüllt in Gläser wird die Salbe kühl aufbewahrt.
Eine dritte Methode ist die Ringelblumensalbe mit Ziegenbutter als Grundlage. Hierzu wird die Ziegenbutter leicht erwärmt, so dass sie fast flüssig ist. Dann rührt man ganz fein geschnittene oder mit dem Mixer zerkleinerte Ringelblumenblätter in die verflüssigte Butter. Da man der Ziegenbutter nachsagt, dass sie sehr viel schneller durch die Haut in den Körper eindringt als andere Fette, ist sie in der Volksheilkunde als Transportmittel für die Pflanzenwirkstoffe sehr beliebt. Die Überreste der Ringelblumensalbe beim Kochen kann man übrigens warm als Umschlag gegen Venenbeschwerden benutzen.

In der Ernährung wird Rettich meist roh verwendet, eingeschnitten und mit Salz angesetzt. In Australien kocht man ihn auch in Salzwasser und reicht ihn warm als Gemüsebeilage. Er schmeckt für unsere Begriffe dann etwas eigenartig, aber man kann ihn nach einer Gewöhnungsphase gut essen.

Ringelblumensalbe als Hautschutz

Die Ringelblumensalbe wird bei allen entzündlichen Hauterkrankungen oder Ausschlägen auf den betroffenen Stellen eingerieben oder über Nacht als Salbenverband verwendet. Auch für offene und schlecht heilende Wunden kann man

Manche Leute fügen »ihrer« Salbe etwas Honig und echtes Bienenwachs bei, um sie haltbarer zu machen. Hierzu nimmt man einfach ein Stück volle Honigwabe, die man sich bei einem Imker besorgen kann, verflüssigt sie in einem Töpfchen und gibt sie der Salbe zu.

die Ringelblumensalbe gut verwenden. Für den Salbenverband gibt man die Salbe mindestens messerrückendick auf ein Tuch und bindet dieses dann auf die betroffene Stelle. Man muss hierbei nur darauf achten, dass man nicht zu wenig Salbe verwendet. Ausnahmsweise sollte man »klotzen statt kleckern«, wie man im Volksmund sagt.

Man kann diese Ringelblumensalbe so wie sie ist auch bei Venenerkrankungen und Hämorrhoiden verwenden. Noch besser wirkt sie in diesen Fällen aber, wenn man sie zu gleichen Teilen mit flüssigem Honig mischt. Nach jeder Stuhlentleerung wäscht man bei dieser Anwendung den After sorgfältig mit einer milden Seife oder einer Kinderwaschlotion aus, trocknet ihn vorsichtig ab und führt dann mit dem Finger etwas von dem Ringelblumen-Honig-Gemisch tief ein. Man fixiert die Salbe dann mit etwas Verbandsmull.

Ringelblumentinktur

Die Ringelblumentinktur ist sehr beliebt und einfach herzustellen: Man nehme eine helle Flasche mit weitem Hals, gebe klein geschnittene Ringelblumenblüten hinein, so dass die Flasche voll ist, und gieße mit reinem Alkohol aus der Apotheke oder einem Selbstgebrannten auf. Die Flasche stellt man etwa sechs Wochen lang in die Sonne und schüttelt sie hin und wieder etwas durch. Danach wird die Tinktur sorgfältig abgeseiht und in kleinen, gut verschlossenen Fläschchen aufbewahrt.

Die Ringelblumentinktur wird wie die Ringelblumensalbe äußerlich für offene und schlecht heilende Wunden verwendet. Hierzu verdünnt man die Tinktur mit der gleichen Menge kaltem Wasser und legt feuchte Umschläge auf die betroffenen Stellen. Man kann aber auch innerlich mehrmals täglich 20 bis 30 Tropfen der Ringelblumentinktur mit etwas klarem Wasser verdünnt einnehmen. Innerlich wird sie zur Unterstützung aller Heilungsprozesse eingenommen sowie bei Übelkeit wegen eines verdorbenen Magens oder durch schlechte Speisen.

Ringelblumentee

Getrocknete oder auch frische Ringelblumenblüten übergießt man mit kochendem Wasser, lässt sie einige Minuten lang ziehen, seiht sie sorgfältig ab und trinkt den Tee dann warm. Für eine große Teetasse verwendet man etwa einen Esslöffel klein geschnittene Ringelblumenblüten. Man kann hier aber je nach Geschmack auch mehr oder weniger nehmen.

Mehrmals täglich eine Tasse des Ringelblumentees trinkt man zur Unterstützung der besseren und schnelleren Heilung bei allen Wunden und allen Entzündungen, aber auch bei Magen- und Darmproblemen oder Frauenleiden.

Ringelblumenumschlag bei Magenbeschwerden

Für einen Ringelblumenumschlag kocht man ganze Ringelblumen ohne Wurzeln in Wasser etwas an, drückt sie leicht aus, schlägt sie in ein Tuch ein und legt sie auf. Bei Reizungen oder leichten Entzündungen wird dieser Umschlag mit frischen oder getrockneten Ringelblumen lauwarm auf den betroffenen Stellen angewendet. Bei leicht hitzigen Entzündungen macht man besser einen Umschlag mit der kühlenden Ringelblumensalbe oder der Ringelblumentinktur.

Bei verdorbenem Magen wird der recht heiße Umschlag direkt auf die Magengrube gelegt, am besten nach dem Essen, so dass die Verdauungssäfte zum Fließen angeregt werden.

Salbei

Der Salbei (Salvia officinalis) stand früher in den Klostergärten und gehört auch heute in jeden guten Kräutergarten. Er kommt in vielen Gegenden auch als wild wachsender Wiesensalbei (Salvia pratensis) vor. Da dieser wilde Bruder wesentlich weniger ätherische Öle als der bei uns kultivierte Salbei aus dem Mittelmeerraum enthält, wird er für medizinische Zwecke nicht verwendet.

Da Salbei eine sehr stark desinfizierende Wirkung hat, ist er besonders als Gurgelmittel und als Lutschbonbons bei allen Entzündungen im Mund- und Rachenraum bekannt. Er wird bei Zahnfleischentzündungen und -blutungen sowie bei Reizungen und Entzündungen im Mandel- und Kehlkopfbereich verwendet und zeigt dort sehr gute Heilerfolge.

Salbeitee bei Wunden und Hautkrankheiten

Für diesen Tee zum Gurgeln sollte man je nach Geschmack ein bis zwei Teelöffel frische oder getrocknete Salbeiblätter mit einem viertel Liter kochendem Wasser übergießen und einige Minuten lang ziehen lassen, aber nicht kochen.

Man macht mit Salbeitee auch feuchtwarme – nicht heiße – Auflagen auf schlecht heilende und eiternde Wunden. Dadurch werden diese gesäubert, die Wundgranulation verbessert sich, und der Heilungsprozess schreitet schneller voran. Bei Hauterkrankungen verschiedener Art nimmt man mit dem Salbeitee zusätzlich nicht zu heiße Salbeibäder, die juckreizstillend wirken.

Über einen längeren Zeitraum sollte man Salbei nicht nehmen, da der Anteil Thujon, zu lange eingenommen, eine Beeinträchtigung des Zentralnervensystems bewirken kann. Man kann Salbei ruhig sechs bis acht Wochen lang nehmen, ohne irgendwelche Beeinträchtigung. Dann sollte man aber eine ebenso lange Pause machen, um den Körper zu schonen.

Salbeitee gegen Schwitzen und rheumatische Beschwerden

Wenn man einen Salbeitee gegen übermäßige Schweißabsonderung oder gegen schmerzhafte, rheumatische Erkrankungen einsetzen möchte, muss man den Tee etwas kochen. Nur so ist die Wirkung wirklich optimal. Die Dosierung ist wie oben. Man kann bis zu sechs Tassen am Tag davon trinken, die letzte Tasse sollte man kurz vor dem Schlafengehen einnehmen.

Salbeitee zum Abstillen

Diese Salbeiabkochung wird auch zum Abstillen genommen. Wenn eine Mutter ihr Kind lange genug gestillt hat und der Meinung ist, dass es nun reicht, die Milch aber dennoch

Besonders hilfreich ist Meersalz für alle äußerlichen und innerlichen Anwendungen. Allerdings kann Salz – in Maßen – auch als Würzmittel gute Dienste leisten. Deshalb sollte man jodiertes Speisesalz verwenden.

reichlich vorhanden ist, sollte sie drei- bis viermal pro Tag eine Tasse frisch gekochten Salbeitee trinken. In den meisten Fällen hilft er schon nach einigen Tagen.

Salz

Im Altertum und Mittelalter wurde Salz auf den Handelswegen bis in die entferntesten Winkel der damals bekannten Welt transportiert und war so kostbar, dass es mit Gold aufgewogen wurde. Salz ist aber nicht nur das Gewürz Nummer eins, sondern auch ein gutes Heilmittel.

Warmes Salzwasser bei Vergiftungen

Wenn ein Erwachsener etwas Giftiges oder Ungenießbares gegessen oder getrunken hat, das den Körper so schnell wie möglich wieder verlassen soll, gibt man ihm lauwarmes Salzwasser zum Trinken. Dieses reizt den Magen so sehr, dass er das schlechte oder sogar giftige Essen meist augenblicklich erbrechen muss. Bei kleinen Kindern gibt man in diesen Fällen besser warmes Himbeerwasser, da dieses die empfindlichen Magenschleimhäute weniger reizt und von den kleinen Patienten auch eher getrunken wird.

Heiße Salzwickel bei Ödemen der Beine

Grobkörniges Salz wird in einer Pfanne oder einem Topf stark erwärmt, in ein Leinentuch gegeben und sofort um die geschwollenen Knöchel, in denen sich Wasser angestaut hat, gelegt und festgebunden. Dieser heiße Salzwickel sollte immer einige Male hintereinander durchgeführt werden, so lange bis die Füße deutlich entwässert und die schweren Beine etwas leichter und wieder beweglicher geworden sind.
Nach den Salzwickeln sollte das eventuell auf der Haut verbliebene Salz mit lauwarmem Wasser und etwas milder Seife abgewaschen werden. Danach sollte man die Haut mit einer milden Pflegesalbe oder einem Funktionsöl einreiben.

Salzbäder gegen Erkältungen und Hauterkrankungen

Bei Brennen in den Füßen sollte man mit Salz immer wieder ein heißes Fußbad durchführen, mindestens einmal pro Tag. Meersalz wirkt dabei noch besser als normales Salz. Das heiße Fußbad sollte man auch dann machen, wenn Erkältungsgefahr besteht. Wenn wir früher als Kinder so richtig durchnässt mit triefender Nase von draußen kamen, setzte unsere Mutter sofort ein heißes Fußbad an, dem sie eine Hand voll Salz zugab. Dadurch wurde eine angehende Erkältung im Keim erstickt.
Aber auch als Vollbad wird das Salz in der traditionellen Volksheilkunde immer wieder benutzt. Bei allen Hauterkrankungen setzt man dem Badewasser ein bis zwei Kilogramm Salz, am besten Meersalz, zu. Sehr berühmt ist das Salz des Toten Meeres aus Israel. Hier fahren besonders

die Leute hin, die mit Psoriasis, der Schuppenflechte, behaftet sind. Sie baden ausgiebig im Toten Meer und lassen sich dann noch von der Sonne, die zusammen mit dem Salzwasser eine besondere Heilkraft für die Haut besitzt, bestrahlen.

Salzbäder gegen rheumatische Erkrankungen

Auch bei nicht entzündlichen rheumatischen Beschwerden oder Gicht wird sehr gerne ein Salzvollbad genommen. Das Salz transportiert die Wärme in besonderer Weise in den Körper und bewirkt dabei eine sehr intensive und schmerzlindernde Durchblutung. Deshalb sind die Natursole-Heilbäder auch für ihre positive Wirkung bei allen rheumatischen Erkrankungen so bekannt und beliebt.

Salzgurgeln bei eitrigen Mandeln

Wer immer wieder unter eitrigen und entzündeten Mandeln leidet, sollte jeden Morgen nach dem Aufstehen und nach jedem Essen mit einer warmen Salzwasserlösung gurgeln und die Mandeln spülen. Man gibt dazu einen halben Teelöffel Salz in ein halbes Glas warmes Wasser, verrührt das Salz, bis es sich aufgelöst hat, und gurgelt damit sehr intensiv. Dadurch wird der alte Schleim und zugleich auch Speisereste, die sich in den zerklüfteten Mandeln abgesetzt haben, ausgespült.

Dadurch haben auch Speisereste keine Chance mehr, sich in diesen Löchern zu zersetzen und eine eitrige Abwehrreaktion der Mandeln auszulösen. Die Oberfläche der Mandeln wird dadurch zudem so intensiv zur Durchblutung gereizt, dass sie sich langsam aber sicher wieder stärker zusammenzieht, und die Mandeln außen langsam wieder straff und glatt werden.

Salzwasser bei Nebenhöhlenerkrankungen

Wer öfter unter Nebenhöhlenentzündungen der Nase leidet, sollte sich ein lauwarmes Salzwasser von normaler Stärke zubereiten, also ein halber bis ein Teelöffel Salz auf ein Glas Wasser. Dieses Wasser soll man bei akuten Beschwerden öfter in die Nase hochziehen und dann wieder ausschnäuzen. Dies ist eine der besten und schonendsten Methoden, um bei Nasennebenhöhlenerkrankungen aller Art andere Therapiemaßnahmen zu unterstützen bzw. die Entzündung rasch und auf schonende Weise in den Griff zu bekommen.

Salz kann man zur Verstärkung in jedes Fußbad oder auch anderes Teil- oder Vollbad neben einem Kräutersud oder sonstigem Badezusatz geben. Es verstärkt die Wirkung jedes Krauts im Bad.

Salzkauen gegen Zahnfleischbluten

Salzkauen gegen Zahnfleischbluten ist ein uraltes, chinesisches Rezept zur Stärkung des Zahnfleischs und gegen Zahnfleischblutungen und Parodontose. Jeden Morgen sollte man einen kleinen Teelöffel grobkörniges Salz, auch hier ist Meersalz besonders empfehlenswert, mit etwas lauwarmem Wasser so lange intensiv kauen, bis man von den groben Körnern absolut nichts mehr zwischen den Zähnen spürt.

Die Schafgarbe ist in ganz Europa zu Hause. Ihre zarten Blüten variieren zwischen weiß und rosa und fehlen auf kaum einer Blumenwiese. Ihr Duft ist sehr intensiv.

Sauerampfer

Die traditionelle Volksheilkunde hat den Sauerampfer (Rumex acetosa) schon immer als ein einfaches und dennoch gutes Heilmittel verwendet. Frisch gegessen soll er bei mangelndem Appetit anregend wirken, doch auch bei der Blutreinigung und wenn man Probleme damit hat, Wasser zu lassen, kann er helfen.

Die Sauerampfersuppe wird heute sogar in manchen Feinschmeckerlokalen als eine ganz besondere Delikatesse vor dem Hauptgang empfohlen. Kein schlechter Werdegang für ein Armeleuteessen.

Sauerampfersuppe gegen Hautallergien

Bei Hautallergien aller Art sollte man öfter eine Sauerampfersuppe essen. Sie reinigt das Blut und verhindert die Ausscheidung von Giftstoffen über die Haut. Einige Blätter des Sauerampfers – fünf bis acht Blätter pro Person und Mahlzeit – werden hierzu kurz vor der Blüte frisch gesammelt und zu einer Suppe nach eigenem Geschmack verarbeitet oder in einer Gemüsesuppe einfach mitgekocht. Diese wird mit den Gewürzen, die einem am angenehmsten erscheinen, abgeschmeckt.

In der Zeit, in der der Sauerampfer noch nicht blüht, sollten Hautallergiker diese Suppe mindestens einmal am Tag und hintereinander – je nach Schwere der Allergie – einige Tage bis höchstens zwei Wochen lang essen. Da Sauerampfer Oxalsäure und Alkalisalze enthält, die in größeren Mengen leicht giftig sind, sollte man damit sofort aufhören, sobald eine leichte Übelkeit aufkommen sollte. Dies ist jedoch äußerst selten der Fall und nur bei extrem empfindlichen Personen.

Sauerampfertee gegen Hautkrankheiten

Auch der Tee aus Sauerampferblättern, die ebenfalls vor der Blüte gesammelt werden, soll innerlich und äußerlich gegen die verschiedensten Hautkrankheiten helfen. Die Stärke des Tees richtet sich ganz nach dem

Geschmack des Patienten. Die frischen – in Ausnahmefällen auch einmal die getrockneten Blätter – werden zerkleinert, mit kochendem Wasser übergossen und einige Minuten lang ziehen gelassen.

Sauerampferwein gegen Unterleibsschmerzen

Einige frisch gepflückte Blätter des Sauerampfers werden in etwas Apfel- oder auch anderem Wein drei bis vier Minuten lang gekocht, abgeseiht und den Frauen zum Trinken gegeben, wenn sie Schmerzen im Unterleib haben. Mehrmals täglich kann man hiervon ein kleines Glas nehmen, also ungefähr 0,1 Liter. Früher gingen die Frauen erst zu einem Arzt, wenn dieser Sauerampferwein nicht half und die anderen Hausmittel, wie etwa Frauenmanteltee (siehe dazu »Frauenmantel«, Seite 42f.), auch versagten.

Schafgarbe

Die Schafgarbe (Achillea millefolium) gehört wohl zu den bekanntesten Kräutern der Volksheilkunde, und es gibt wohl kaum jemanden, der diese Pflanze nicht kennt. Früher wurde die Schafgarbe von der ärmeren Bevölkerung anstelle von Hopfen bei der Bierzubereitung verwendet.

Das ganze blühende Kraut wird im Sommer über dem Boden abgeschnitten und zu Bündeln zusammengebunden im Schatten getrocknet. Die harten Stängel werden dann später aussortiert und das übrige Trockengut kühl und trocken aufbewahrt. Bei den sehr selten auftretenden Allergien gegen Schafgarbe, die sich durch Haut- und eventuell auch durch Schleimhautreizungen bemerkbar machen, sollte man die Schafgarbe meiden.

Die Schafgarbe hat ihren deutschen Namen daher, weil besonders Schafe dieses Kraut bevorzugt fressen, wenn sie krank sind. Die Hirten konnten dies früher gut beobachten, da sie den ganzen Tag mit ihren Tieren zusammen waren. Wenn die Tiere vermehrt Schafgarbe fraßen, waren sie krank und halfen sich so selbst.

Schafgarbentee bei Frauenbeschwerden

Schafgarbentee wird auch von vielen Frauen, die unter Beschwerden im Unterleibsbereich leiden, gerne genommen. Er entkrampft und durchblutet den Unterleib und seine Organe sehr stark und bringt dadurch sicht- und fühlbare Erleichterung. Selbst Kopf- und Rückenschmerzen, die oftmals vor oder während der Periode auftreten, werden durch das Trinken eines Schafgarbentees positiv beeinflusst.

Zusätzlich zum Teetrinken kann man zur Steigerung der Wirkung auch noch ein Schafgarbenbad nehmen, entweder als Vollbad oder als Sitzbad. Dafür überbrüht man ein bis zwei Hand voll zerschnittenes Schafgarbenkraut mit Blüten, überbrüht es mit zwei bis drei Liter kochendem Wasser und gibt es nach einer viertel Stunde Ziehen abgeseiht dem Badewasser zu. Frauen, die unter derartigen Beschwerden leiden, sollten aber trotzdem einen Arzt aufsuchen und die genaueren Ursachen abklären lassen.

Da der Schafgarbentee den Verdauungstrakt einreguliert, allgemein entkrampft und gleichzeitig die Nieren sehr stark anregt, wird er sehr gerne, alleine oder in Mischungen mit anderen Heilkräutern, im Frühjahr und auch teilweise im Herbst für große Blutreinigungskuren verwendet.

Schafgarbentee gegen Verdauungsbeschwerden

Für den Schafgarbentee nimmt man zwei Teelöffel des frischen oder des getrockneten Krauts, übergießt es mit einem viertel Liter kochendem Wasser und lässt es vor dem Abseihen 10 bis 15 Minuten ziehen. Man trinkt bei Bedarf drei bis fünf Tassen am Tag. Man sollte den Tee immer nur warm und frisch zubereitet einnehmen!

Den Schafgarbentee setzt man gegen alle Verdauungsbeschwerden ein. Ob man nun einen verdorbenen Magen hat, häufig Blähungen oder gar Koliken oder Schmerzen im Leber- und Gallenblasenbereich, immer ist eine Tasse Schafgarbentee gut und heilsam. Da die Schafgarbe das große Blutstillungsmittel ist, kann man es auch bei blutenden Geschwüren im Magen- und Darmbereich zur Unterstützung der übrigen Therapie einsetzen.

Schafgarbentee bei Blutungen und Wunden

Die Schafgarbe hat auch die gute Eigenschaft, dass sie alle äußeren und inneren Blutungen sehr positiv beeinflusst und teilweise sogar ganz unterbindet. Dafür ist sie schon von alters her bekannt und wird deshalb bei solchen Erkrankungen innerlich als Tee mit eingesetzt.

Zur Behandlung äußerer Wunden wird ebenfalls ein lauwarmer Schafgarbentee verwendet: Entweder wäscht man die Wunde damit vor der weiteren Versorgung vorsichtig aus, oder man legt einen feuchtwarmen Umschlag auf die Wunde, den man immer wieder erneuert oder frisch befeuchtet. Legt man auch noch die lauwarmen Kräuter aus der Teezubereitung als Packung auf die Wunden, beschleunigt sich der Heilungsvorgang enorm.

Schafgarbentee gegen rheumatische Beschwerden und Gicht

Da Schafgarbentee auch den Gallenfluss anregt und dadurch der ganze Körper besser entgiftet werden kann, wird er in der Volksheilkunde auch unterstützend bei rheumatischen Beschwerden und Gicht gegeben. Der Tee eignet sich ebenso bei starken Rückenschmerzen, die von Verkrampfungen innerer Organe herrühren. Durch die Entkrampfung werden auch die Ausstrahlungsschmerzen in den Rücken wesentlich gebessert.

Schafgarbenpulver als Gewürz

Viele Leute auf dem Land verwenden auch das fein geriebene Schafgarbenpulver als interessantes Gewürz bei herzhaften Gemüse- und Fleischgerichten. Man sollte allerdings schon ein Liebhaber dieser besonderen Geschmacksrichtung sein und sehr vorsichtig damit umgehen, damit man sich nicht das ganze Essen verwürzt. Für das Schafgarbenpulver sammelt man nur die feingliedrigen Blätter der Schafgarbe, trocknet sie und zerreibt sie dann zu sehr feinem Pulver, das man in Schraubgläsern trocken aufbewahrt.

Schafgarbensalbe gegen Hämorrhoiden
Manche Leute auf dem Land bereiten sich auch heute noch eine Schafgarbensalbe selbst zu, die sie vor allem bei blutenden und schmerzhaften Hämorrhoiden oder bei entzündeten »Frostballen« einsetzen. Dazu wird getrocknete Schafgarbe fein zerrieben. Dann nimmt man Butter, Butterschmalz oder auch ausgelassenes Schweinefett, lässt es in einem Topf aus und rührt in das heiße Fett so lange von dem feinen Schafgarbenpulver hinein, bis es eine bräunliche, feste Masse ergibt. Manche Leute geben noch vor dem Schafgarbenpulver etwas reines Bienenwachs in das heiße Fett und eventuell auch etwas naturreinen Bienenhonig hinzu. Dadurch wird die Salbe fester und hält sich zudem auch länger, da sie auf natürliche Weise konserviert wird.

Schöllkraut

Das Schöllkraut (Chelidonium majus) wird in der Volksheilkunde auch treffend Warzenkraut genannt. Die Anwendung des Schöllkrauts gegen Warzen ist denkbar einfach: ein Schöllkrautstängel wird abgebrochen oder sauber abgeschnitten, und mit dem austretenden, orangefarbenen Saft werden dann die Warzen betupft. Beginnen sollte man mit dieser Behandlung am Tag nach Vollmond und dies genau 14 Tage lang bis zum Neumond fortführen. Dann muss sofort mit der Behandlung aufgehört werden, sonst hilft sie wenig oder gar nicht. Nicht lange nach der Behandlung verfärben sich die Warzen dunkel, werden schwarz und fallen einfach ab, ohne eine Narbe zu hinterlassen.

Da durch die Entstauung der Gallenblase und damit der Leber auch eine intensive Entgiftung des ganzen Körpers und eine Entstauung der Lunge einhergeht, kann man Schöllkrauttee auch bei allen Lungenbeschwerden mit bestem Erfolg zusätzlich zu anderen Therapien mit einsetzen.

Schöllkrauttinktur bei Verdauungsbeschwerden

Auch eine Schöllkrauttinktur kann man selbst herstellen, die man innerlich, aber auch äußerlich einsetzen kann und die man durch die Konservierung mit Alkohol das ganze Jahr über zur Verfügung hat.
Hierzu füllt man klein geschnittenes Schöllkraut in ein Glas oder eine Weithalsflasche locker ein, füllt mit reinem Alkohol oder Selbstgebranntem auf und lässt alles unter gelegentlichem Schütteln zwei bis drei Wochen lang ziehen. Nach dem Abseihen und Abfiltern gibt man die Tinktur in kleine Fläschchen und nimmt sie nur tropfenweise ein.
Bei Verdauungsbeschwerden nimmt man vor jedem Essen 10 bis 20 Tropfen verdünnt mit etwas Tee oder Wasser. Bei offenen Hautstellen reibt man die Tinktur vorsichtig ein oder tröpfelt sie auf. Hier muss man aber in Kauf nehmen, dass sie etwas brennt. Wenn sie zu stark sein sollte, kann man sie vorher mit etwas Wasser verdünnen, oder man versucht es alternativ mit frisch gepresstem Schöllkrautsaft.

Der Breitwegerich wird in Mexiko die Fußspuren der Weißen Götter genannt. Als die ersten Weißen vor über 500 Jahren den neuen Kontinent betraten, hatten sie wohl am Dreck ihrer Stiefel noch solche Samen des Breitwegerichs hängen. Später wuchsen auf den von ihnen öfter begangenen Wegen diese Pflanzen, die es bis dahin in Amerika noch nicht gab. Deshalb gaben die Indianer dem Breitwegerich diesen Namen, der heute noch teilweise üblich ist.

Schöllkrauttee bei Leber- und Gallenblasenerkrankungen

Bei allen Leber- und Gallenblasenerkrankungen, besonders wenn sie mit Beschwerden im Lungenbereich einhergehen, wird oft der Schöllkrauttee gegeben. Diese Anwendung sollte man aber immer mit einem Arzt oder Heilpraktiker absprechen, da er stark gallentreibend wirkt und deshalb wohldosiert werden muss.

Für den Tee kann man das frische oder das getrocknete Kraut verwenden. Man nimmt einen Teelöffel klein geschnittenes Kraut mit oder ohne Blüten, übergießt es mit einem viertel Liter kochendem Wasser und lässt es einige Minuten ziehen. Man trinkt davon bei entsprechenden Beschwerden tagsüber vor jedem Essen eine Tasse und eventuell abends vor dem Schlafengehen nochmals eine Tasse. Der Tee kann bei Bedarf mit etwas Honig gesüßt werden.

Spitzwegerich

Der Spitzwegerich (Plantago lanceolotae) und sein »breiter« Bruder, der Breitwegerich (Plantago major), werden in der Volksheilkunde besonders bei Lungen- und Bronchialerkrankungen, bei Wunden und Insektenstichen eingesetzt.

Spitzwegerich bei schlecht heilenden Wunden

Bei schlecht heilenden Wunden kann man den frisch gewonnenen Spitzwegerichsaft, eventuell mit etwas Kamillensaft gemischt und mit etwas abgekochtem Wasser verdünnt, direkt auf die Wunden als Umschlag geben. Man kann selbstverständlich auch den Spitzwegerichsaft alleine verwenden. Dazu sammelt man – am besten morgens – einige junge Spitzwegerichblätter und stellt im Entsafter frischen Saft daraus her.

Spitzwegerichsirup gegen Husten

Für den Spitzwegerichsirup gegen Lungen- und Bronchialerkrankungen, Husten und Heiserkeit wird dem frisch gewonnenen Saft die gleiche Menge Honig beigemengt und verrührt. Man kann aber auch die Blätter im Mixer zu einem Brei verarbeiten, zu gleichen Teilen Wasser zugeben, das Ganze bis zum Siedepunkt erhitzen und dann zu gleichen Teilen Honig unterrühren. Der Sirup ist etwas haltbarer und kann auch auf Vorrat zubereitet werden.

Bei Lungen- und/oder Bronchialerkrankungen, wie beispielsweise bei Husten mit Schnupfen und Heiserkeit, bekommt der Patient jede halbe bis ganze Stunde einen Teelöffel voll Spitzwegerichsirup verabreicht, den er langsam im Hals herunterlaufen lassen sollte.

Spitzwegerichtee und -tinktur

Natürlich werden die Blätter des Spitzwegerichs ebenso wie die des Breitwegerichs getrocknet als Tee verwendet. Bei allen oben aufgeführten Beschwerden kann dieser Tee zur Unterstützung mit getrunken werden. Man sollte davon einen Aufguss

bereiten, den man möglichst mit etwas Honig gesüßt trinkt. Als Dosis empfehlen sich drei bis sechs Tassen pro Tag.
Für die Tinktur zerschneidet man die frisch gesammelten und gewaschenen Blätter des Spitzwegerichs und gibt sie locker in eine Flasche mit weitem Hals oder ein dichtes Schraubglas. Das Ganze wird mit einem Selbstgebrannten übergossen und mindestens sechs Wochen lang an einem warmen Ort abgestellt. In dieser Zeit sollte man die Mischung immer wieder kräftig durchschütteln. Abgeseiht hat man damit eine Medizin für alle Fälle: Man kann Insektenstiche betupfen, mit der verdünnten Tinktur Wunden auswaschen oder Umschläge machen oder ab und zu bei Husten ein Gläschen davon trinken.

Tausendgüldenkraut

Das Tausendgüldenkraut (Centaurium erythraea) eignet sich als Tee besonders für den geschwächten und müden Magen, denn er regt die Produktion der Verdauungssäfte an. Dieses Mittel war schon im Mittelalter sehr beliebt.

Tausendgüldenkrauttee bei schwachem Magen

Der Tee aus dem Tausendgüldenkraut ist im wahrsten Sinn des Wortes eine äußerst bittere Medizin, doch ganz besonders übergewichtige Menschen und solche, die eher wenig Magensaft produzieren können, profitieren von seiner anregenden und verdauungsfördernden Wirkung.
Den Tee bereitet man aus ein bis zwei Teelöffeln des getrockneten Krauts, setzt dies mit einem viertel bis einem halben Liter kaltem Wasser an und lässt es zehn bis zwölf Stunden ziehen. Man erhitzt dann den Tee bis zum Siedepunkt, gießt ihn ab und trinkt vor jedem Essen eine Tasse. Die Stärke des Tees richtet sich danach, wie man die Bitterstoffe vertragen kann.

Eine Teekur mit Tausendgüldenkraut

Wie mit vielen vergleichbaren Pflanzen, so führen manche Leute mit dem Tee des Tausendgüldenkrauts eine Frühjahrskur durch. Hierzu sollte man jeden Abend einen halben Teelöffel getrocknetes Kraut mit einer Tasse Wasser kalt ansetzen, am Morgen kurz zum Sieden bringen, abseihen und immer vor dem Frühstück noch warm trinken. Diese Kur sollte man mindestens drei bis vier Wochen lang ohne Unterbrechung fortführen.

Tausendgüldenkrauttee zur Wundauswaschung

Auch schlecht heilende und schwärende Wunden kann man mit dem Tee des Tausendgüldenkrauts auswaschen, ebenso wie offene Stellen bei Hauterkrankungen. Sie heilen dadurch schneller und besser ab.

Das Tausendgüldenkraut soll seinen Namen davon bekommen haben, dass manche reiche Leute für diese relativ selten vorkommende Pflanze »tausend Gülden« bezahlt haben sollen. Sie haben mit dieser sehr standorttreuen Pflanze meist ihren kaputten Magen wieder für einige Zeit »auf Vordermann« gebracht.

Thymian wird gerne als Gewürz bei fetten Speisen benutzt, weil diese durch die Säfteflussanregung des Thymians besser im Körper verarbeitet werden. In vielen Gegenden wird fette Leberwurst mit sehr viel Thymian gewürzt, aber auch an Bratkartoffeln oder Gänsebraten gibt man teilweise dieses sehr intensiv schmeckende Kraut mit dazu.

Für die Wundversorgung bereitet man den Tee immer etwas konzentrierter, also etwa zwei Teelöffel voll auf einen achtel Liter Wasser. Meist wird man in solchen Fällen jedoch auf Pflanzen zurückgreifen, die man schneller bei der Hand hat als das eher seltene Tausendgüldenkraut.

Thymian

Thymian (Thymus vulgaris) ist der große Bruder des Quendels (Thymus serpyllum); er ist sehr viel bekannter und wirkt als Arznei etwas stärker als dieser. Sein Hauptwirkstoff ist das Thymol, ein ätherisches Öl, dessen Geschmack und Duft typisch für die mediterrane Küche ist.

Thymiantee zur besseren Verdauung

Als Tee wirkt Thymian auf den Verdauungstrakt sehr intensiv: Er regt den Appetit an und wirkt belebend auf den ganzen Verdauungstrakt, weil er krampflösend und desinfizierend ist. Er kann also ein Helfer in der Not sein bei allen Problemen im Verdauungsbereich. Wegen der desinfizierenden Wirkung im Verdauungstrakt kann man ihn auch bei Infekten in diesem Bereich mit gutem Erfolg einsetzen.

Der Tee wirkt auf den Magen- und Darmbereich so reinigend, dass bei intensivem Trinken dieses Tees bei einigen Patienten sogar Würmer sehr schnell verschwanden. Durch die Reinigung des Darms wird auch Kopfschmerzen, die vom Verdauungstrakt ausgehen, langsam aber sicher die Grundlage entzogen; sie werden zum Verschwinden gebracht.

Thymiantee bei Husten und Bronchitis

Thymiantee wirkt besonders gut bei krampfartigem Husten, auch bei Keuchhusten und Bronchitis. Die ätherischen Öle des Thymians werden mit dem Tee aufgenommen und über die Lunge und die Bronchien wieder ausgeschieden. Dabei wirken sie entkrampfend und nehmen so auf ganz natürlichem Wege beim Abhusten die störenden Schleime mit aus dem Körper heraus. Voraussetzung für diese Wirkung ist, dass man auch ausreichend trinkt, sonst fehlt dem Körper die notwendige Flüssigkeit dafür.

Bei Husten und Bronchitis kann man ohne weiteres vier bis sechs Tassen dieses Tees pro Tag trinken, so dass man sogar seinen Flüssigkeitshaushalt damit einregulieren kann. Bei Husten und Bronchitis sollte man den Tee mit Honig süßen, da er so erfahrungsgemäß noch besser wirkt. Der mit Honig gesüßte Thymiantee hat auch bei Akne und unreiner Haut reinigende Wirkungen und sollte auch hier zur Unterstützung über einen langen Zeitraum getrunken werden.

Thymiantee zur Beruhigung

Thymian wirkt nicht nur angenehm entkrampfend auf die Bronchien, sondern auch auf das gesamte vegetative Nervensystem. Deshalb gilt Thymian in der traditionellen Natur- und Volksheilkunde auch als leichtes Beruhigungsmittel. Zur besseren vegetativen Entspannung trinkt man in regelmäßigen Abständen zwei bis fünf Tassen täglich in kleinen Schlucken, wobei man die letzte Tasse Thymiantee unmittelbar vor dem Schlafengehen zu sich nehmen sollte.

Thymiantee zur Förderung der Periodenblutung

Junge Frauen und Mädchen, die unter unregelmäßigen Periodenblutungen leiden und bei denen diese eventuell auch noch zu schwach sind, was sich meist durch krampfartige Beschwerden im Bauchbereich vor und während der Periode bemerkbar macht, können ebenfalls eine Hilfe erwarten. Da die Gesamtheit der Wirkstoffe des Thymians – die noch lange nicht alle erforscht sind – entkrampfend wirken, fördern sie eine raschere und bessere Reinigung der weiblichen Organe.

Wohltuendes Thymianbad

Wenn man sehr verkrampft oder auch sehr nervös ist, sollte man ein warmes Thymianbad nehmen. Dazu übergießt man ein bis zwei Hand voll frisches oder getrocknetes Thymiankraut mit zwei bis drei Liter kochendem Wasser und lässt den Tee etwa zehn Minuten ziehen. Diesen gibt man dann dem Badewasser zu und bleibt bei rund 37 °C darin 20 bis 30 Minuten liegen.

Die Badetemperatur kann, wenn man es als angenehm empfindet, auch etwas höher sein. Danach sollte man unbedingt sofort ins Bett gehen

Der berühmte Thymianhonig aus Kreta ist bei einem Husten oder einer Bronchitis wie ein Medikament einzusetzen. Mehrmals täglich sollte man dem Patienten, besonders bei Kindern, hiervon einen halben Teelöffel geben, den dieser dann langsam und genussvoll im Hals herunterlaufen lassen soll.

Thymiantropfen

Sehr gerne wird aus dem Thymiankraut auch ein alkoholischer Auszug aus der ganzen Pflanze bereitet. Hierzu gibt man die frische, klein geschnittene Pflanze ohne Wurzel locker in ein weites Glas oder eine Weithalsflasche, gibt reinen Alkohol aus der Apotheke oder auch einen Selbstgebrannten dazu und lässt diese Mischung einige Wochen lang stehen. Zwischendurch kann man das Ganze immer wieder einmal gut durchschütteln. Nach dem Abseihen sollte man den Auszug aus dem reinen Alkohol mit abgekochtem Wasser verdünnen.

Die Tropfen kann man innerlich wie äußerlich verwenden: innerlich bei allen oben aufgeführten Beschwerden, also für den Verdauungstrakt, bei Husten, Bronchitis und dergleichen. Äußerlich wird der Thymianauszug, dessen Hauptwirkstoff das Thymol ist, als entzündungshemmendes Desinfektionsmittel besonders bei eitrigen Wunden verwendet. Er wird aber auch von vielen Menschen als Einreibung, besonders gegen Hautjucken und hier speziell gegen das Altersjucken eingesetzt, aber auch oftmals bei rheumatischen Schmerzen als wohltuend empfunden.

oder sich zumindest für ein bis zwei Stunden hinlegen und eventuell sogar schlafen, damit sich der Körper von den sehr intensiven Reizen durch den Thymian erholen kann.
Bei Husten wirkt das Vollbad sehr wohltuend, weil der Körper durch das Bad von außen entkrampft wird und man währenddessen die ätherischen Öle des Thymians einatmet. Es wirkt aber auch sehr entkrampfend bei Nervosität, ebenso wie bei rheumatischen Erkrankungen und unterstützend bei allen Beschwerden im gesamten Verdauungstrakt.

Die Indianer Nordamerikas heilten vor 400 Jahren mit Ulmenrindenbrei die ersten europäischen Siedler, die nach wochenlanger Fahrt mit den Segelschiffen in Amerika halb tot ankamen. Gedankt hat man ihnen diese Gastfreundschaft aber nur schlecht.

Ulme

Von der Ulme (Ulmus carpinifolia) wird in der Volksheilkunde nur die Rinde als Heilmittel verwendet und dies äußerlich wie innerlich. Sie wird Ende März gesammelt, getrocknet und, zu einem Pulver zerrieben, trocken aufbewahrt.

Ulmenrindensuppe als Magen- und Darmmittel

Die Ulmenrindensuppe gehört bei allen akuten und chronischen Magenbeschwerden auf den täglichen Speiseplan. Die Suppe, die jeder in ihrer Konsistenz durch das Kochen der Rinde so zubereiten kann, wie er sie am liebsten mag, zeigt in der Praxis große Erfolge. Andere Patienten bevorzugen das Ulmenrindenpulver zum Einnehmen, besonders bei Durchfallerkrankungen. Man kann dieses aber auch bei Übersäuerungen und allgemein schmerzhaften Zuständen im Magen- und Darmbereich einnehmen. Bei Bedarf nimmt man hierzu zwei- bis dreimal täglich einen Teelöffel mit warmem Wasser vor dem Essen.
Die schleimig gekochte Ulmenrinde, lauwarm auf nicht blutende Wunden oder Brandwunden aufgetragen, wirkt bei der Eintrocknung wie eine Art natürliches Pflaster, unter dem die Wunde luftdurchlässig geschützt

Das zarte Veilchen stand auch bei Pfarrer Sebastian Kneipp in hohem Ansehen. Er schätzte seine Wirkung besonders bei Husten und Lungenleiden.

ist und relativ schnell ausheilt. Die schleimige Ulmenrinde sollte man direkt auf die nicht blutende Wunde auftragen und warten, bis der Schleim eingetrocknet ist. Diese Anwendung kann man gegebenenfalls mehrmals wiederholen, so lange, bis die Wunde verheilt.

Veilchen

Wie fast alle sehr früh im Jahr blühenden Pflanzen, gilt auch das Veilchen (Viola odorata) als sehr wirksames Mittel gegen Husten, Bronchitis, Heiserkeit und Halserkrankungen, die durch Erkältungen hervorgerufen werden.
Meist wird das blühende Kraut gesammelt und alles, was oberhalb der Erde herauswächst, für einen gut duftenden Tee verwendet. Im zeitigen Frühjahr findet man das blühende Veilchen überall. Es gibt dieses Kraut wohl auch getrocknet im Handel, dennoch geht nichts über das frische Veilchenkraut.

Veilchentee gegen Husten und Halserkrankungen

Die Dosis des Veilchentees richtet sich immer nach der persönlichen Konstitution und persönlichem Geschmack. Man überbrüht das frische, klein geschnittene Kraut mit kochendem Wasser, lässt es einige Minuten lang ziehen, seiht es sorgfältig ab, süßt es mit etwas Honig und trinkt den Tee so heiß, wie man ihn ertragen kann, in kleinen Schlucken.

Veilchensalbe gegen Hauterkrankungen

Manche Patienten kochen mit Butter oder Schweinefett die klein geschnittenen blühenden Veilchen mit den Blättern aus, lassen das Ganze über Nacht stehen, erwärmen es am nächsten Morgen und seihen es dann ab. Dann wird es nochmals erwärmt und etwas Honigwabe mit Honig hineingegeben. Dadurch wird die Salbe geschmeidiger und haltbarer. Die Salbe wird für alle Wunden und auch bei verschiedenen Hauterkrankungen mit großem Erfolg eingesetzt.

Veilchenwein als Heilmittel

Manche Leute auf dem Land kochen im Frühjahr eine Hand voll Veilchen in einem viertel Liter Wein oder vergorenem Apfelmost, geben etwas Honig hinzu und trinken dies in warmem Zustand schluckweise gegen Frühjahrserkältungen. Sie meinen, dass diese Art der Anwendung sehr viel besser wirke als die Teeform. Vielleicht liegt das daran, dass sie im Gegensatz zum Tee die Blätter mit den Blüten verwenden.

Veilchen können auch für Umschläge verwendet werden und wirken bei eitrigen Wunden, Geschwüren und Ausschlägen. Sogar gegen rheumatische Beschwerden sollen Veilchen schon Wirkung gezeigt haben.

Vogelknöterich

Der Vogelknöterich (Polygonium aviculare), der hauptsächlich auf magerem Boden wächst, spielt in der Volksheilkunde eine große Rolle. Er darf aber nicht mit dem auf saftigen

Wiesen wachsenden Schlangenknöterich (Polygonium bistorta), verwechselt werden, der anders wirkt und der hier ebenfalls mit einem Rezept erwähnt wird.

Vom Vogelknöterich wird von Juni bis September das ganze Kraut, wenn es blüht, ohne die Wurzel geerntet. Das Kraut wird schnell im Schatten getrocknet und anschließend trocken und luftdicht aufbewahrt.

Der Vogelknöterich war schon im Mittelalter als Heilpflanze bekannt und wurde vor allem gegen Cholera und Tuberkulose eingesetzt. Die Ausbreitung dieser Seuchen konnte dadurch allerdings nicht aufgehalten werden.

Vogelknöterichtee gegen Wunden und Hautkrankheiten

Aus dem getrockneten Kraut des Vogelknöterichs wird ein Tee bereitet. Normalerweise nimmt man einen gehäuften Esslöffel des klein geschnittenen Krauts auf einen viertel Liter Wasser, setzt es kalt an, bringt es zum Kochen und lässt es noch einige Minuten leicht kochen. Wenn man aber große Mengen Tee benötigt, wie es beispielsweise bei Nieren- oder Blasenleiden der Fall ist, reduziert man die Menge auf zwei Esslöffel des getrockneten Krauts auf einen Liter Wasser.

Der Tee wird bei Hauterkrankungen und Wunden aller Art getrunken und für lindernde Umschläge verwendet. Dadurch wird der Heilungsvorgang enorm beschleunigt und auch die Gefahr einer Infektion reduziert. Da der Tee außerdem auswurffördernd wirkt, kann er auch zur Unterstützung bei hartnäckigem und immer wiederkehrendem Husten mit eingesetzt werden.

Der Vogelknöterichtee wird bei Erkrankungen der Nieren und der Blase ebenfalls mit gutem Erfolg angewendet, vor allem, wenn eine Neigung zu Grieß oder Steinen besteht. Hier müssen über einen längeren Zeitraum große Mengen dünnen Tees getrunken werden, wobei die Art des Tees ebenso wichtig ist wie die enorme Menge an Flüssigkeit, so dass Steine und Grieß nicht nur gelöst, sondern auch gut ausgespült werden. Je nach Gewicht und körperlichem Zustand des Patienten sollten hier zwischen zwei und vier Liter Tee pro Tag getrunken werden.

Schlangenknöterichwurzeltee gegen Durchfall

Von dem auf feuchten und fruchtbaren Wiesen wachsenden Schlangenknöterich wird nur die Wurzel geerntet und sollte rasch getrocknet werden. Sie ist braun, schmeckt bitter und wird als leicht gekochter Tee bei Durchfall eingesetzt.

Die Erntezeit der Wurzeln des Schlangenknöterichs sollte möglichst der späte Herbst sein. Wenn die Pflanze sich schon langsam zurückzieht, ist die Wirkung des Wurzelabsuds am stärksten. Benötigt man sie allerdings in der warmen Jahreszeit, kann man auch die frische Wurzel verwenden. Man braucht dann allerdings etwas mehr davon, um dieselbe Wirkung zu erzielen. Der Tee sollte bei Durchfall möglichst ungesüßt getrunken werden. Normalerweise rechnet man einen Teelöffel klein geschnittene Wurzeln auf eine Tasse, von frischen Wurzeln nimmt man eineinhalb Teelöffel pro Tasse.

Wacholder

Der Wacholder (Juniperus communis) und die Wacholderbeeren gelten nicht nur in der Volksmedizin als wichtiges Nierenmittel. Dabei gilt jedoch eine Einschränkung: Wer unter einer akuten Harnwegsinfektion mit Eiweiß im Urin leidet, sollte keine Wacholderbeeren nehmen, da sie dann mehr schaden als nützen! Ebenso sollten Schwangere Wacholder in jeder Form meiden.

Wacholderbeertee

Wer Probleme mit dem Magen hat und hier Druckgefühle, Schmerzen, Blähungen oder Sodbrennen verspürt, sollte es einmal mit einem Wacholderbeertee versuchen. Er hilft auch, wenn Migräne oder Kopfschmerzen von Störungen des Verdauungstrakts oder der Nieren herrühren.
Für den Tee nimmt man zwei Teelöffel getrocknete Wacholderbeeren, zerdrückt sie etwas und setzt sie für fünf bis acht Stunden mit einem viertel Liter kaltem Wasser an. Danach erwärmt man den Kaltauszug bis kurz vor dem Siedepunkt, lässt ihn aber nicht kochen, seiht ihn ab und trinkt ihn tagsüber schluckweise. Mehr als diesen viertel Liter Tee sollte man an einem Tag nicht trinken!

Wacholderbeerentinktur

Manche zerdrücken und zerquetschen die frischen oder getrockneten Wacholderbeeren, legen sie einige Zeit bei täglichem Schütteln in hochprozentigen Schnaps ein, seihen sie dann nach drei bis vier Wochen ab und nehmen öfter einige Tropfen oder ein Schnapsglas davon ein. Dies ist für viele Kranke angenehmer als das Zerkauen der Beeren, und man kann die Einnahme ebenfalls langsam steigern. Man fängt mit dreimal zehn Tropfen täglich an, kann dies bis auf dreimal 30 Tropfen am Tag steigern und dann die Dosis wieder senken.
Die Wacholderbeertinktur kann als Ersatz für den Tee verwendet werden. Dazu nimmt man eine Tasse heißes Wasser und gibt einen Teelöffel der Wacholderbeertinktur hinein. Sie wird aber auch zu Einreibungen aller Art genommen, vor allem bei rheumatischen Muskel- und Knochenschmerzen und bei Beschwerden in der Nierengegend. Das betrifft sowohl Nierenschmerzen als auch Probleme bei der Harnausscheidung. Hier muss aber noch einmal davor gewarnt werden, Wacholderbeeren ohne vorheriges Gespräch mit dem Hausarzt oder einem Heilpraktiker bei derartigen Beschwerden der Entgiftungsorgane einzunehmen.

Als Gewürz in Sauerkraut oder in Saucen zu Wildgerichten sollte man mit zwei bis drei Wacholderbeeren pro Person rechnen, nicht mehr, da sie sonst durch ihren intensiven Geschmack die anderen Gewürze zu sehr übertönen würden.

Wacholderbeerwein als Stärkungs- und Aufbaumittel

Manche Leute auf dem Land bereiteten sich im Frühjahr einen Wacholderbeerwein, der als Stärkungs- und Aufbaumittel für ältere Leute und auch nach schweren Erkrankungen galt. Auch bei Kurzatmigkeit durch Herzbeschwerden half und hilft er

Ein Fußbad im klaren, eiskalten Wasser eines Gebirgsbaches ist nicht nur erfrischend, sondern regt auch die Durchblutung an und beugt Gefäßerkrankungen – bei regelmäßiger Anwendung – wirkungsvoll vor.

immer noch recht gut, und man sagt ihm auch eine stark blutreinigende Wirkung nach.
Dazu sammelte man die jungen Triebe des Wacholderbeerstrauchs und erhitzte sie zusammen mit Honig und Weißwein oder vergorenem Apfelmost bis zum Siedepunkt. Die Menge der Zutaten richtete sich ganz nach dem persönlichen Geschmack. Anfangs sollte man jedoch nicht zu viele junge Triebe für den Wein verwenden. Danach sollte er kühl gestellt werden und erst tags darauf getrunken werden. Man sollte sich von dem Wacholderbeerwein immer nur eine kleine Menge frisch für den nächsten Tag zubereiten, denn nur so erzielt er die größte Wirkung.

Wacholderbeeren verbessern nicht nur den Geschmack von Wildgerichten und anderen Speisen, sondern fördern auch die Verdauung und machen die Speisen dadurch bekömmlicher.

Wacholderbeeren bei Herzwassersucht mit Husten

Die Wacholderbeeren werden oftmals auch bei Herzerkrankungen, bei denen das steigende Wasser im Körper langsam aber sicher auf das Herz drückt und dadurch den typischen Herzhusten erzeugt, neben anderen Therapien mit eingesetzt. Oft bringen sie dem Kranken sehr große Erleichterung. Er sollte bei diesen Beschwerden sich trotzdem nie ohne Rücksprache mit seinem Arzt oder Heilpraktiker behandeln und diesen auch unbedingt über die eigene Begleittherapie unterrichten.
Eine andere erstaunliche Heilwirkung wird der Wacholderbeere bei Augenerkrankungen nachgesagt. Der Beerensaft wird dafür entweder in die Augen gerieben oder es wird eines der Wacholderbeerererzeugnisse eingenommen. Dies soll gegen schwere Augenerkrankungen und vorbeugend gegen Altersblindheit wirken.

Wasser

Bei Wasser in Verbindung mit der Volksheilkunde denken viele sofort an Pfarrer Sebastian Kneipp und seine Anwendungen. Dies ist selbstverständlich richtig, aber die Bedeutung des Wassers bei natürlichen Heilmethoden geht noch sehr viel weiter. Interessanterweise ist die Oberfläche unseres Planeten zu etwas mehr als zwei Dritteln mit Wasser bedeckt – dies entspricht ziemlich genau dem Anteil des Wassergehalts des menschlichen Körpers, der zu etwa 70 Prozent aus Wasser besteht. Deshalb ist Wasser für uns im wahrsten Sinn des Wortes ein unverzichtbares und wichtiges Lebenselement.

Auf genügend Flüssigkeitszufuhr achten

Viele Menschen trinken viel zu wenig, obwohl in unseren Breitengraden die Wasserversorgung keine Probleme bereitet. Sie trocknen durch die ungenügende Wasserzufuhr langsam aber sicher ihren Körper aus, und die Schlacken werden nicht entsprechend über die Nieren und den Harn oder über die Haut ausgeschieden. Dies ist aber notwendig, und nicht wenige Krankheiten und Todesursachen könnten vermieden werden, wenn man genügend trinkt und für eine ausreichende Luftfeuchtigkeit in den eigenen vier Wänden sorgt.

Die richtige Luftfeuchtigkeit in der Wohnung

Früher hatte jedes Haus in der Küche einen Herd stehen, auf dem auch bei der größten Hitze gekocht werden musste, weil es eben keine andere Möglichkeit gab. Diese Herde hatten alle ein so genanntes Wasserschiff. Dies war ein rechteckiger Blechbottich mit einer Abdeckung, der meist im Herd versenkt war und an dem die Wärme des Feuers, wenn sie in Richtung Kamin ging, immer vorbeistreichen musste. Dadurch war in diesem Wasserschiff immer warmes oder sogar kochendes Wasser. Dies war in einer Zeit, in der es noch keine Heißwasserboiler oder dergleichen gab, eine sehr nützliche Einrichtung. Durch das Wasserschiff hatte man auch ständig die nötige Luftfeuchtigkeit in der Küche und im Haus, und wie wichtig dies für die Gesundheit ist, kann man daran erkennen, dass man heute in manche Wohnung eigens Luftbefeuchter installieren muss, um für eine ausreichende Luftfeuchtigkeit zu sorgen.

Gekochtes Wasser ist natürlich auch die Grundlage jeglicher Teezubereitung und ist neben den darin enthaltenen Pflanzenwirkstoffen Ursache für die positive Auswirkung des Tees auf unseren Körper.

»Siebenmal gekochtes« Wasser für das Wohlbefinden

Das Wasser im Wasserschiff wurde von vielen Leuten als ein Allheilmittel angesehen. Morgens holte man sich meist noch vor dem Frühstück einen Becher warmes Wasser heraus und trank es. So bereitete die Verdauung über den Tag keine Probleme. Viele alte Leute tranken das Wasser regelmäßig und schworen auf die Wirkung des Wassers aus dem Wasserschiff, da dieses doch schon »mindestens siebenmal gekocht war«. »Siebenmal gekocht« bezog man darauf, dass das Wasser den ganzen Tag im Wasserschiff stand und ständig am Kochen war, solange der Herd benutzt wurde. Für diese »Medizin«

musste man nur das verbrauchte und verdampfte Wasser nachfüllen. Ich kenne manch ältere Frau, die darüber klagte, dass sie erst dann krank geworden sei, als sie einen modernen Herd bekam und das Wasser aus ihrem Wasserschiff nicht mehr zur Verfügung stand.

Dieses siebenmal gekochte Wasser taucht immer wieder in der traditionellen Volksheilkunde auf. Selbst wenn man sich die Wirkung nicht erklären kann, so ist es doch interessant, dass auch in der indischen Ayurvedaheilkunde ebenfalls mehrmals gekochtes Wasser vorkommt. Wenn man krank ist, dann soll man morgens etwa einen Liter warmes, schon siebenmal oder zumindest eine viertel Stunde abgekochtes Wasser trinken, und nichts anderes zu sich nehmen. Erst gegen elf Uhr solle man dann etwas essen. Hier gibt es also in den traditionellen Heilkunden der verschiedensten Kulturen überraschende Übereinstimmungen.

Neben den hier beschriebenen Anwendungen gibt es natürlich noch zahlreiche andere Heilverfahren, in denen Wasser beispielsweise als Aufguss oder zum Abspritzen eingesetzt wird.

Tautreten und Schneegehen für den Kreislauf

Das kalte Wasser des Morgentaus bzw. die Eiskristalle des Schnees kann man sowohl für die Behandlung von Schweißfüßen, schlechter Durchblutung der Füße und Beine und zur Kreislaufanregung, als auch zur körperlichen Abhärtung und Stärkung des Immunsystems nutzen. In beiden Fällen sollte man die Füße nur kurz dem Kältereiz aussetzen und nicht übertreiben. Wenn man mit warmen Füßen – die sind unabdingbare Voraussetzung für beide Anwendungen – in den Tau oder in den Schnee tritt, kommt es nach ganz kurzer Zeit zu einer enormen reaktiven Durchblutungsförderung in den Füßen und Beinen. Dann sollte man die Füße noch kurz mit kaltem Wasser abspülen, das Wasser abschütteln und noch nass in die bereitgelegten Socken oder Strümpfe steigen. Bereits nach einigen Minuten merkt man ein angenehmes Kribbeln in den Beinen, und die gesamte Durchblutung und der Stoffwechsel werden spürbar verbessert.

Erkältungskrankheiten durch Schneegehen vorbeugen

Wer im Sommer regelmäßig Tau tritt und im Winter im Schnee geht, der beugt auf diese Weise Erkältungskrankheiten wirksam vor. Die Kreislaufanregung macht nicht nur frisch und munter für den ganzen Tag, sondern gewöhnt den Körper an Temperaturunterschiede, trainiert die Gefäße und verbessert die Durchblutung.

Eine Regelmäßigkeit in der Anwendung fördert auch nachhaltig die Durchblutung und hilft so langfristig gegen Schweißfüße, Venen- und Krampfaderbeschwerden und andere unangenehme Begleiterscheinungen von Durchblutungsstörungen. Durch das Gehen auf einer natürlichen Unterlage wie Moos oder Gras wird der Fuß wie bei einer guten Massage behandelt und angeregt. So wird der Fuß von den Muskeln her gestrafft und stabilisiert.

Wegwarte

Die Wegwarte (Cichorium intybus), auch Zichorie genannt, ist hauptsächlich bekannt, da die geröstete Wurzel in ärmeren Zeiten als Kaffeeersatz diente oder dem gerösteten Getreidekaffee seine tiefschwarze Farbe verlieh. Für den Tee wird von Juli bis September das frische Kraut verwendet. Die Wurzel sammelt man im September und Oktober, trocknet sie und hebt sie kühl und trocken auf.

Leberkaffee aus der gerösteten Zichoriewurzel

Früher kannten noch viele Menschen die heilsame Wirkung der Wegwarte, und manche benutzen sie auch heute noch in ihrem täglichen Leben. Der Wegwartenkaffee wird auf dem Land häufig nur Leberkaffee genannt, was auf seine entgiftende Wirkung hinweist. Dazu wird die Wurzel gesäubert und klein geschnitten getrocknet. Danach röstet man sie in einer Pfanne unter ständigem Rühren dunkel, bis sie hart wird, und mahlt sie in der Kaffeemühle. Für den Kaffee müssen die gemahlenen Wurzeln einige Minuten sprudelnd gekocht werden, wobei ein Teelöffel des Pulvers etwa eine Tasse Kaffee ergibt.

Wegwartentee zur Anregung des Gallenflusses

Der Tee der Wegwarte wird von vielen, die mit der Verdauung Probleme haben, sehr gerne getrunken. Er schmeckt mild und angenehm, regt die Verdauungssäfte an und macht so jedes Essen bekömmlicher. Ich habe eine ganze Reihe von Patienten, die immer wieder einmal vier bis sechs Wochen täglich vor jeder Mahlzeit eine Tasse Wegwartentee trinken. Danach legen sie eine Pause ein, damit der Körper auch ohne Anregung arbeitet.

Die Wegwarte und der daraus hergestellte Tee gelten in der Volksheilkunde auch als Mittel für die Blutreinigung. Man kann die jungen und zarten Wegwartenblätter als Spinat essen oder als Tee aufkochen. Für den Wegwartentee übergießt man ein bis zwei Teelöffel des frischen Krauts oder der getrockneten Wurzeln mit einem viertel Liter kaltem Wasser, bringt es zum Sieden und lässt ihn noch fünf Minuten lang ziehen. Dann seiht man ihn ab und trinkt ihn möglichst vor jedem Essen. Bei Magenbeschwerden sollte man den Wegwartentee nicht nur trinken, sondern damit auch feuchtheiße Umschläge auf den Magen und den Oberbauch legen. Diese sind besonders wirksam, wenn man vor der Mahlzeit eine Tasse Wegwartentee trinkt und nach dem Essen einen Umschlag auf dem Bauch anwendet.

Im Frühjahr in der Phase des zunehmenden Mondes sammelt man die frischen und jungen Wegwartenblätter und presst sie aus. Diesen Saft vermischt man mit frischer Milch (keine H-Milch) und gibt sie den Kindern zur allgemeinen Stärkung und Kräftigung.

Weide

Weiden (Salix alba) wachsen überall dort, wo es feucht ist, also an Bächen und Teichen. Da feuchte Kälte einer der Auslöser für rheumatische und fieberhafte Erkrankungen ist, setzte man Weiden schon immer in der Volksheilkunde bei solchen Beschwerden ein, da sie in feuchten Gegenden ein nahe liegendes und natürlich wachsendes Mittel sind.

Weidenrindentee gegen rheumatische Beschwerden und Fieber
Wenn jemand sehr unter rheumatischen Schmerzen leidet oder hohes Fieber hat, das mit den üblichen Mitteln wie Wadenwickel und Lindenblütentee nicht in den Griff zu bekommen ist, greift man zu einem etwas stärker wirkenden Mittel, dem Weidenrindentee. Man setzt ihn auch mit sehr gutem Erfolg bei Fieber mit Kopfschmerzen ein.
Die getrockneten, klein geschnittenen Rindenstücke der Weiden werden mit kaltem Wasser angesetzt und bei kleiner Hitze langsam zum Kochen gebracht. Man gibt etwa einen Teelöffel Rinde auf einen viertel Liter Wasser. Dann wird der Tee sofort vom Herd genommen, noch einige Minuten lang ziehen gelassen, abgeseiht und dann noch recht heiß von dem Kranken getrunken. Mehr als zwei oder höchstens drei Tassen Tee, je nach Alter und Gewicht des Patienten, sollten davon pro Tag nicht eingenommen werden.
Der Weidenrindentee schmeckt sehr bitter und wird von den meisten Patienten schon aus diesem Grunde nicht überdosiert. Bei den üblichen Erkrankungen reichen die etwas besser schmeckenden anderen Hausmittel in der Regel vollkommen aus. Frauen sollten den Tee während einer Schwangerschaft nicht trinken oder nur dann, wenn ihr Frauenarzt seine Zustimmung dazu gibt!

Die Weide wurde bereits im Altertum bei den Griechen und Römern gegen rheumatische und fiebrige Erkrankungen eingesetzt. Mittels der modernen Chemie hat man festgestellt, dass die Weide und besonders deren Rinde als Hauptwirkstoff Salizin enthält, die bei rheumatischen Beschwerden und Fieber recht gut wirkt.

Weißdorn

Weißdorn (Crataegus oxyacantha) wird in der Volksheilkunde mit großem Erfolg eingesetzt, und auch die Schulmedizin erkennt die positive Wirkung des Weißdorns inzwi-

Weide – das Aspirin der Natur

Die moderne Chemie stellt einen Abkömmling des Weidenwirkstoffs Salizin – Azetylsalizylsäure, die unter dem Namen »Aspirin« berühmt wurde – im Labor her und hat in der modernen Medizin die Weidenrinde als natürliches Therapeutikum verdrängt. In der Naturheilkunde sagt man aber immer wieder, dass der Einzelwirkstoff, noch dazu künstlich hergestellt, lange nicht dieselbe Wirkung hat wie der Auszug der ganzen Pflanze oder aus einem Teil einer Pflanze. Erst durch die vielen bekannten und wahrscheinlich noch unbekannten Bestandteile in einer Pflanze kommt es zu ihrer positiven Wirkung. Deshalb verwendet man trotz des so bekannten Medikaments in der Volksheilkunde immer noch lieber die Weidenrinde als gut wirksames Mittel.

schen an. Mit dieser Pflanze kann man oft andere, sehr nebenwirkungsreiche Herzmedikamente sparen oder manchmal sogar weglassen. Der Einsatz von Weißdorn erfolgt sowohl als Tropfen als auch als Tee zur Stärkung des Herzes. In der Schulmedizin wird heute Weißdorn meist in Drageeform gegeben.

Weißdorn, das Mittel für das Herz
Bei Luftmangel und Atemnot, besonders bei und nach körperlicher Belastung, oder wenn man »sein Herz spürt«, sollte man mit einer gewissen Regelmäßigkeit Weißdorn zu sich nehmen.
Vom Weißdorn werden die Blüten und die reifen Früchte geerntet und entweder getrocknet und als Tee verwendet oder in Schnaps gelegt und als Tropfen eingenommen. Die Blüten des Weißdorns werden im Frühjahr für den Tee gesammelt und getrocknet. Einen Teelöffel der Blüten übergießt man mit einem viertel Liter kochendem Wasser, lässt es einige Minuten lang ziehen und trinkt davon morgens und mittags jeweils eine Tasse. Die Stärke kann man je nach Bedarf individuell variieren.
Viele ältere Leute auf dem Land setzen sich jeden Herbst ihren Weißdorn an. Sie geben die roten Früchte des Weißdorns, oben und unten abgeschnitten, in ein Glas oder eine Weithalsflasche, füllen diese mit Selbstgebranntem auf und lassen die Mischung einige Wochen so stehen. Nach dem Abseihen kann man täglich ein Gläschen davon trinken.
Andere setzen die Weißdornfrüchte mit reinem Alkohol aus der Apotheke an. Diesen Extrakt mit dem über 90-prozentigen Alkohol nimmt man allerdings nur tröpfchenweise zweimal täglich ein, also morgens und mittags 20 bis 30 Tropfen mit etwas Wasser verdünnt.

Mit Weißdorn kann man eigentlich nicht überdosieren. Nur sollte man Weißdorn nicht am Abend nehmen, weil sonst Patienten, die sowieso nur schlecht schlafen, durch die Anregung von Herz und Kreislauf noch schlechter einschlafen können.

Tipps für das Weißdornsammeln
Abends sollte man Weißdorn möglichst nicht einnehmen, da sonst die Herztätigkeit zu sehr angeregt wird und manch einer danach nur schlecht schlafen kann. Das gilt sowohl für den Tee als auch für den Schnaps oder die Tropfen. Die Stärke der Wirkstoffe der Weißdornfrüchte hängt immer vom Wetter des Jahres und vom Standort des Weißdornstrauchs ab. Wenn ein Strauch am Waldrand im Schatten wächst, es in dem Jahr auch noch sehr trocken ist und es wenig Sonnenschein gibt, ist der Wirkstoffgehalt viel geringer als von einem Strauch, der in der Nähe eines Teichs steht, seine Wurzeln also im Wasser hat, und viel Sonne abbekommt. Kenner wissen dies und sammeln möglichst nur Früchte von guten Standorten.

Wermut

Der Wermut (Artemisia absinthium oder Artemisia officinalis) darf in keinem Kräutergarten fehlen. Er ist ein gutes Heilmittel, aber man sollte sich davor hüten, ihn zu hoch zu dosieren und zu bitter zu machen!

Der Wermuttee wird in der Volksheilkunde auch gegen Menstruationsbeschwerden sehr gerne eingesetzt. Er reguliert hier oft Störungen aller Art: Er verstärkt die zu schwache Periode, entkrampft den ganzen Unterleib und macht dadurch die Periode oftmals schmerzfrei.

Wermuttee gegen Verdauungsbeschwerden

Der Wermuttee wird oft überdosiert. Viele Patienten bereiten einen Tee aus ein bis zwei Teelöffeln getrockneten Blättern zu, die mit einem viertel Liter kochendem Wasser übergossen und dann noch zehn Minuten ziehen gelassen werden. Dies ist ein gallenbitterer Trunk. Empfehlenswerter ist die mildere Form des Tees, der sehr oft viel besser hilft als der starke Absud: Man nehme für eine Tasse Wermuttee nur eine Prise Kraut, gebe dies in ein Teeei oder ein -sieb, überbrühe es mit kochendem Wasser, schwenke es nur 10 bis 15 Sekunden in dem kochenden Wasser und nehme es dann heraus.
So hat man einen sehr hellen Wermuttee, der einen angenehm bitteren Geschmack hat wie ein gut gehopftes Pilsener Bier. Von diesem Tee sollte man öfter am Tag, bis zu sechs- oder achtmal, eine Tasse trinken. Die Verdauungsbeschwerden verbessern sich dadurch viel schneller als mit dem sehr starken und bitteren Absud. Den Tee trinkt man bei akuten und bei chronischen Erkrankungen des Magens, des Darms, der Bauchspeicheldrüse und der Leber und Gallenblase. Er reguliert vieles ein, was man mit anderen Mitteln nicht so in den Griff bekommen kann wie mit diesem leichten Wermuttee.

Wermuttinktur als Ersatz für Tee

Für die Wermuttinktur gibt man frischen Wermut locker in eine Flasche und füllt das Ganze mit einem Selbstgebrannten auf. Nach einigen Wochen hat sich der Schnaps in eine sehr bittere Arznei verwandelt, die man nur tropfenweise verwenden sollte. Man kann statt des Wermuttees diese Tinktur verwenden, indem man, je nach Geschmack, 20 bis 30 Tropfen der Tinktur in eine Tasse heißes Wasser oder einen anderen Tee gibt und diesen trinkt. Die Wermuttinktur kann man überall dort einsetzen, wo man auch den Tee trinken würde.

Warnung vor zu starker Wermutanwendung

Schwangere Frauen sollten Wermut in keiner starken Form zu sich nehmen, da er die Gefahr in sich birgt, eine Fehlgeburt auszulösen. Bei einer Überdosierung kann es auch zu einer Wermutvergiftung kommen, die sich durch Zittern, Schwindel und Kopfschmerzen bemerkbar macht und in manchen Fällen sogar bis zur Bewusstlosigkeit führen kann.

Ysop

Der Ysop (Hyssopus officinalis) war früher in der Volksheilkunde ein sehr häufig und gerne verwendetes Gewürz und Volksmedikament, ist aber zu Anfang des Jahrhunderts allmählich immer mehr in Vergessenheit geraten. Erst durch die Wiederentdeckung der Hildegard-Heilkunde in den letzten Jahren gewinnt das Kraut bei der breiten Bevölkerung wieder an Bedeutung und Ansehen.

Ysop ist sehr beliebt als Beigabe zu einem duftenden Kräuterkissen. So entfaltet er nachts durch seinen Wohlgeruch seine heilsame und beruhigende Wirkung.

Ysoptee gegen Husten, Blähungen und Durchfall

Bei leichteren Beschwerden wie Husten, aber auch bei Verdauungsbeschwerden mit Blähungen und leichten Durchfällen ist der Ysoptee ein sehr geeignetes Mittel. Da er krampflösend und durch seine Bitterstoffe gallenflussfördernd wirkt, kann er viele Beschwerden im Verdauungsapparat beheben. Aber auch bei leichten Wasseransammlungen im Gewebe wirkt er leicht nierenanregend, entwässernd und somit abschwellend, ohne dass dadurch dem Körper die lebensnotwendigen Mineralstoffe entzogen werden.

Man nimmt einen halben bis einen Teelöffel des geschnittenen frischen oder getrockneten Krauts, übergießt es mit einem viertel Liter kochendem Wasser und lässt es vor dem Abseihen noch fünf Minuten ziehen. Man trinkt den Tee zwei- bis dreimal am Tag möglichst vor dem Essen, bei akuten Beschwerden auch öfter, bis man eine Besserung bemerkt. Bei Husten kann man ihn mit etwas Honig süßen.

Ysoptee zur Herzstärkung und für besseren Schlaf

Zur Herzstärkung wird der Ysoptee ebenfalls genommen. Wer unter sehr niedrigem Blutdruck oder einem schwachen Herz leidet, eventuell zusammen mit Schwächezuständen, Schweißausbrüchen und beklemmender Atemnot, der sollte abends vor dem Schlafengehen eine Tasse Ysoptee mit etwas naturreinem Honig trinken. Dadurch wird das Herz gestärkt, die Schwäche überwunden, und meist stellt sich ein erholsamer Schlaf ein. Tagsüber bietet sich in diesem Fall auch Weißdorn zum Einnehmen an (siehe »Weißdorn«, Seite 118f.).

Ysophonig als wohlschmeckende Medizin

Da der Ysop sehr reich blüht, nehmen ihn die Bienen sehr gerne als Honiglieferanten an. Schon alleine deshalb pflanzen manche Imker in der Nähe ihrer Bienenstöcke auf Brachland gerne Ysop in großen Mengen an. Ein besonderer Glücksfall ist es natürlich, wenn man einen reinen Ysophonig bekommt, da alle Eigenschaften, die man der Pflanze selbst nachsagt, in ihm ebenfalls wirkungsvoll vorhanden sind.

Dem reinen Ysophonig und auch einer Arznei, die man aus einer Mischung aus normalem Bienenhonig und dem zu Mus verarbeiteten Ysop zu gleichen Teilen herstellt, sagt man nach, dass er bei Ohrenleiden sehr gut helfen würde. Man müsse davon jeden Tag dreimal einen Teelöffel voll einnehmen.

Bei entzündetem oder blutendem Zahnfleisch sollte man öfter am Tag ein kleines Ysopblatt zerkauen und intensiv den mit dem eigenen Spei-

Ysop ist eines der Mittel, das bereits in der Bibel öfter erwähnt wird, und gehörte zu den Pflanzen, die Kaiser Karl der Große in den europäischen Klostergärten anpflanzen ließ. Von dort kam es dann in die Bauerngärten und ging in die Volksheilkunde ein.

Der Ysop wird in letzter Zeit als Gewürzpflanze wiederentdeckt. Man kann ihn vorsichtig dosiert an jedes herzhaft schmeckende Essen tun, etwa an Gemüseeintöpfe und an jeden Braten. Da er die Verdauungsdrüsen anregt und auch die Galle zum Fließen bringt, wird durch Ysop als Gewürz am Essen dieses nicht nur schmackhafter, sondern auch viel bekömmlicher.

chel vermengten Ysop in sein Zahnfleisch einreiben. Die Entzündungen und die Blutungen lassen nach wenigen Tagen nach, und das Zahnfleisch festigt sich.

Ysopwein zur Entgiftung von Magen und Darm

Wer etwas Verkehrtes gegessen hat, das ihm Magendrücken bereitet und vielleicht sogar eine leichte Übelkeit verursacht, sollte zwei Teelöffel Ysop in einem viertel Liter Wein erwärmen und aufkochen und dann nach dem Abkühlen und Abseihen langsam in kleinen Schlucken noch gut warm trinken. Dies hilft sicher nicht in jedem Fall und schon gar nicht bei schweren Vergiftungen, bei denen unbedingt ärztliche Hilfe geholt werden muss. Aber es ist in leichteren Fällen schon einen Versuch wert, der zumeist von Erfolg gekrönt ist.

Ysop bei rheumatischen Erkrankungen und Lungenschmerzen

In den Mittelmeerländern nimmt man ganze frische Ysopstängel, gibt sie in eine große Flasche mit Olivenöl und stellt sie einige Wochen in die Sonne. Dazu kann man auch Bucheckern- oder Sonnenblumenöl verwenden. Danach seiht man es ab und füllt es in kleine Fläschchen, die man kühl aufbewahrt.

Das Öl ist ein sehr gutes Einreibe- und Massagemittel bei schmerzenden Muskeln und Gelenken. Es wird aber auch als Einreibung für die Brust bei hartnäckigem Husten, Bronchitis und anderen Lungenerkrankungen benutzt. Man verwendet es auch für Ölbrustwickel. Während dieser Anwendung gibt man dem Erkrankten gleichzeitig einige Tropfen des bitteren Öls in Tee zum schluckweisen Trinken.

Früher, als es noch keine künstlich hergestellten Schmerzmittel gab, nahm man oft Ysopessig gegen allzu starke Schmerzen. Ysop wurde dazu einfach in Essig – besonders geeignet ist hier Weinessig – gekocht und dem Kranken teelöffelweise, eventuell mit etwas Wasser verdünnt, als Schmerzmittel eingegeben. Dies war vor allem auf dem Land in schlechten Zeiten neben dem Weidenrindentee oftmals das Mittel der Wahl.

Zinnkraut

Das Zinnkraut (Equisetum arvense), das auch unter dem Namen »Ackerschachtelhalm« bekannt ist, zählt zu den ältesten Pflanzen unserer Erde und wird in der traditionellen Volks- und Naturheilkunde für vielerlei Zwecke eingesetzt. Es enthält bis zu zehn Prozent Kieselsäure.

Nicht einsetzen sollte man Zinnkraut mit seinen verschiedenen Anwendungsarten bei eingeschränkter Herz- und Nierentätigkeit. Hier sollte man zuerst deren gestörte Funktionen in Ordnung bringen. D.h., man sollte diese Organe vor der Behandlung mit Zinnkraut erst einmal mit anderen Mitteln stärken und stabilisieren. In diesen Fällen sollte man unbedingt seinen Arzt oder Heilpraktiker in die Behandlung mit einbeziehen.

Zinnkrauttee gegen Gewebeschwäche

Für den Tee sollte man ein bis zwei Teelöffel des klein geschnittenen Krauts über Nacht mit etwa einem viertel Liter kaltem Wasser ansetzen, ziehen lassen und dann morgens aufkochen, abseihen und warm trinken. Man kann das Kraut aber auch morgens mit kaltem Wasser ansetzen, langsam erhitzen und etwa drei Minuten kochen lassen. Nur durch das kräftige Aufkochen kann man sich die Kieselsäure des Zinnkrauts zunutze machen.

Zinnkrauttee wird schon immer bei sehr schwachem Gewebe, vor allem bei Krampfadern, wie auch bei Störungen des Haarwuchses eingesetzt. Bei letzterem meines Erachtens allerdings mit weniger Erfolg. In jedem Fall sollte man von dem Tee mehrere Monate lang ohne Unterbrechung jeden Tag mehrere Tassen trinken.

Zinnkraut-Brennnessel-Tee gegen rheumatische Beschwerden

Von vielen Leuten wird gerne eine Mischung aus Zinnkraut und Brennnessel verwendet. Hierbei sollte man aber darauf achten, dass man die beiden Tees getrennt hält, also in zwei verschiedenen Töpfen die unvermischten Kräuter aufbewahrt, da man den Zinnkrauttee unbedingt etwas kochen sollte, damit er seine Wirkung voll entfalten kann. Bei der Brennnessel würde man durch den Kochvorgang die wirksamen Bestandteile teilweise zerstören.

Man sollte darum erst einmal in dem einen Topf das Zinnkraut zum Kochen bringen und es etwa drei bis fünf Minuten sprudeln lassen. Dann gibt man den kochenden Zinnkrauttee über die Brennnesseln in einem anderen Topf und lässt die Mischung danach noch einige Minuten lang ziehen.

Den Tee, entweder aus Zinnkraut alleine oder in der Mischung mit Brennnessel, setzt man gegen alle rheumatischen Erkrankungen einschließlich der Gicht mit ein, ebenso wie zur Reinigung und Entschlackung des Körpers bei Lungen-, Nieren- und Blasenerkrankungen.

Den reinen Zinnkrauttee kann man bei Beschwerden und Entzündungen im Mund- und Rachenraum als gut wirksames Gurgelmittel einsetzen. Er eignet sich aber auch sehr gut zur Unterstützung jeder anderen Behandlung bei Bronchial- und weiteren Atemwegserkrankungen.

Das Zinnkraut, manchmal auch Scheuerkraut genannt, verdankt seinen Namen dem Umstand, dass man früher mit diesem Kraut das Zinn schön sauber und glänzend putzte.

Zinnkrauttee für Umschläge zur Wundbehandlung

Etwas abgekühlt kann man, ebenfalls mit dem reinen Zinnkrauttee, Wunden auswaschen und reinigen. Bei verschmutzten oder eitrigen Wunden kann man mit dem Tee auch einen feuchten Umschlag machen, den man jedoch in regelmäßigen Abständen wechseln sollte. Die Reinigung und auch die Abheilung der Wunde

Der angenehme und erfrischende Duft von Zitronen wird z.B. in der Aromatherapie und als Zusatz von Massageölen gerne verwendet.

geht durch die desinfizierende und beruhigende Wirkung sehr viel schneller vonstatten. Selbst bei frischen Wunden kann man den Umschlag anwenden, da Zinnkraut leicht blutstillend wirkt und die Heilung somit beschleunigt.

Man kann aber auch warme oder heiße Zinnkrautumschläge äußerlich bei eingeschränkter Nierentätigkeit im Nierenbereich vornehmen und dazu entweder ein Tuch verwenden, das mit Zinnkrauttee getränkt ist, oder in welches die warmen oder heißen Kräuter von einer Zinnkrautteezubereitung eingeschlagen werden. Bei rheumatischen Beschwerden bieten sich die heißen Umschläge im Bereich der schmerzenden Stellen ebenfalls an, um durch die verbesserte Durchblutung die Schmerzen zum Abklingen zu bringen. Bei entzündlichen rheumatischen Beschwerden sollten die Zinnkrautumschläge allerdings stets kalt sein, um die Schmerzen durch Abkühlung zu lindern.

Da Zinnkraut leider leicht mit anderen, giftigen Schachtelhalmarten verwechselt werden kann, sollten Sie es sich lieber bei einem Kräuterhändler oder als fertigen Tee in der Apotheke besorgen.

Zitrone

Durch den lebhaften Handel über die Alpen kam die Zitrone (Citrus limon) schon sehr bald in unseren mitteleuropäischen Raum und fand hier großen Anklang. Deshalb gibt es auch zahlreiche Rezepte mit Zitrone, obwohl sie in unseren kühleren Gefilden gar nicht gedeiht. Deshalb darf die Zitrone auch in diesem Buch nicht unerwähnt bleiben.

Zitrone zur Stabilisierung und Abwehr von Infekten

Am bekanntesten und verbreitetsten ist die heilende Wirkung der Zitrone bei Erkältungskrankheiten. Bei allen grippalen Infekten trinkt man entweder heißes Zitronenwasser oder einen schweißtreibenden Tee, etwa mit Holunder oder Lindenblüten, den man mit Honig und Zitronensaft abschmeckt. Bei Hals- und Mandelentzündungen sollte man öfter et-

was reinen Zitronensaft in den Mund nehmen und einige Minuten einwirken lassen. Dazu lässt man den Zitronensaft ganz langsam hinten in den Hals hinunterlaufen, damit er an den Mandeln richtig einwirken kann. Bei Schnupfen sollte man reinen Zitronensaft in die Nase hochziehen und wirken lassen.
Bei anderen Infekten im Körper leistet die Zitrone durch ihren sehr hohen Vitamin-C-Gehalt beste Dienste in der allgemeinen körperlichen Abwehr. Hier sollte man möglichst oft und viel frischen Saft zu sich nehmen. Zwar ist die Aufnahmefähigkeit des Körpers für Vitamin C begrenzt, und es kann auch nicht gespeichert werden, aber der Körper zeigt meist von selbst an, wenn es ihm reicht. Wenn man des sauren Geschmacks der Zitrone überdrüssig ist, sollte man so lange warten, bis man ihn wieder verträgt und Appetit darauf entwickelt.

Zitronenwasser gegen Bluthochdruck

Bei zu hohem Blutdruck sollte bei der Zubereitung der Speisen sooft wie möglich Zitrone oder der frisch gepresste Saft mit verwendet werden. Ebenso sollte man in diesem Fall statt Alkohol besser Zitronenwasser als tägliches Getränk zu sich nehmen. Dann hat man die Chance, alleine mit Hilfe der Zitrone den Blutdruck auf ein durchschnittliches Normalmaß zu senken.

Schwarzer Kaffee mit Zitronensaft bei Migräne

Bei der akuten Migräne hilft oftmals folgendes Mittel: Eine Tasse schwarzer, ungesüßter Bohnenkaffee wird mit dem Saft einer Zitrone gewürzt. Von diesem Zitronenkaffee kann man im Lauf eines Tages zwei bis drei Tassen trinken. Meist ist schon nach der ersten oder zweiten Tasse die Migräne weg oder wird deutlich schwächer. Hilft dies nicht, sollte man unbedingt einen gallentreibenden Tee trinken.

Zwiebel

Die Zwiebel (Allium cepa) ist aus der Volksheilkunde als Vielzweckheilmittel gar nicht wegzudenken. Sie reinigt das Blut, stärkt die Nerven und den Kreislauf, senkt den Blutdruck und sogar den Blutzucker, stärkt den ganzen Verdauungstrakt und kann wegen ihrer antibakteriellen Wirkung äußerst vielfältig eingesetzt werden. Zwiebeln wirken auch entstauend auf das Gewebe und schwemmen Wasseransammlungen aus. Ihren Haupteinsatz aber erfährt die Zwiebel wegen ihrer schleimlösenden Wirkung bei allen Erkältungskrankheiten von Husten und Bronchitis über Asthma und Heiserkeit bis hin zur laufenden Nase.
Bei äußerlicher Anwendung leistet die Zwiebel ebenfalls hervorragende Arbeit: Ob Insektenstiche, Sonnenbrand oder Wunden, immer ist man mit der Zwiebel richtig bedient. In

Bei allen Erkältungskrankheiten wie Husten, Schnupfen, Heiserkeit oder auch Mandelentzündung ist der Saft der Zitrone ein sehr geeignetes Mittel. Bei Husten und Bronchitis sollte man keine heiße Milch trinken, da diese verschleimt, sondern einfach warmes Zitronenwasser, das mit Honig gesüßt wird.

Die Zwiebel enthält so viel Vitamin C, dass man früher auf die großen, wochenlangen Überseereisen neben Sauerkraut auch sehr viele Zwiebeln mitnahm, damit die Leute an Bord nicht an Skorbut erkrankten, der ja eine Vitamin-C-Mangelerkrankung ist.

der Ernährung ist die Zwiebel überdies ein Mineralstoff- und Vitaminträger ersten Rangs.

Zwiebel gegen Erkältungskrankheiten

Die Zwiebel ist das Heilmittel schlechthin bei allen Erkältungen und deren Folgen, wie chronische Bronchitis und Asthma. Selbst bei einer Lungenentzündung bringt die Zwiebel noch Hilfe. Bei allen diesen Erkrankungen kann man sie in verschiedenen Formen anwenden, entweder alleine oder mehrere oder alle zusammen:

- Kalte Zwiebelinhalation: Eine große Zwiebel wird in Scheiben geschnitten, auf einem Porzellanteller auf den Nachttisch gestellt. Man schläft dann bei geschlossenem Fenster. Durch den intensiven Zwiebelgeruch kommt die Erkältung viel schneller zum Ausbruch und heilt komplikationsloser ab. Bei Asthma und Bronchitis können die Patienten die Menge ihrer sonst üblichen Medikamente durch die nächtliche Zwiebelinhalation deutlich reduzieren.
- Zwiebelhonig: Rohe Zwiebeln werden mit Honig oder mit Kandiszucker in einem Schraubglas zu gleichen Teilen angesetzt und mindestens über Nacht stehen gelassen. Dies ergibt einen gut wirksamen Hustensaft, der teelöffelweise in kurzem Abstand, alle ein bis zwei Stunden, eingenommen wird.
- Heiße Zwiebelinhalation: Der Erkrankte selbst sollte unter ständigem Rühren viele klein geschnittene Zwiebeln mit Wasser so lange kochen, bis kein Zwiebelgeruch mehr zu spüren ist. Dabei sollte er den Kochdunst einatmen, also eine heiße Inhalation mit frischem Zwiebeldunst durchführen. Das entstehende Mus sollte er dann teelöffelweise drei- bis fünfmal täglich einnehmen.
- Zwiebeltee: Dazu schneidet man Zwiebeln klein, überbrüht sie mit kochendem Wasser, lässt sie einige Minuten ziehen und seiht sie dann ab. Den heißen Zwiebeltee trinkt man mit Honig gesüßt.
- Besonders bei Erkältung mit Husten: Man lässt Zwiebeln mit Kandiszucker zu gleichen Teilen zu einem sämigen Brei verkochen, atmet dabei den Dunst ein und nimmt von dem Zwiebelmus alle zwei Stunden einen Teelöffel voll ein.

Zwiebel gegen Halsentzündungen

Bei geschwollenen und schmerzhaften Hals- und/oder Mandelentzündungen sollte man Zwiebeln in Oliven-, Sonnenblumen- oder Bucheckernöl so lange dünsten, bis sie etwas weich geworden sind. Dann werden die heißen, öligen Zwiebeln in ein Leinentuch eingewickelt und leicht abgekühlt vorsichtig und so heiß, wie es der Patient ertragen kann, um den Hals gelegt und fixiert. Mit diesem Wickel sollte man sich dann sofort in das vorgewärmte Bett legen und am besten über Nacht damit schlafen. Sofern man kalte Füße haben sollte, ist vor dem Wickel auch ein heißes Fußbad unbedingt empfehlenswert.

Schon alleine durch den leicht beißenden Geruch, den frisch geschnittene Zwiebeln haben, lässt sich bei Erkältungen eine deutliche Besserung und ein erholsamer Schlaf erzielen.

Zwiebel gegen Entzündungen aller Art

Die Zwiebel wird bei zahlreichen Entzündungen und Reizungen einfach in die Haut eingerieben. Wer beispielsweise einen Husten hat, bei dem die Gefahr einer Lungenentzündung besteht, sollte seine Brust mit frischen Zwiebeln einreiben. Dies hilft auch Kranken, bei denen sich bereits eine Lungenentzündung eingestellt hat. Hier sollte man aber, neben der ärztlichen Behandlung, die ganzen Scheiben der rohen Zwiebel auflegen, mit einem Tuch befestigen und über längere Zeit einwirken lassen. Diese Behandlung muss mehrmals wiederholt werden.

Der Zwiebelwickel wird auch bei vielen anderen Reizungen und Entzündungen der Haut und des Unterhautgewebes schmerzlindernd eingesetzt. So hilft er beispielsweise bei Sonnenbrand und Erfrierungen, aber auch bei Eiterherden und Furunkeln. Die Wirkstoffe der Zwiebel dringen durch die Feuchtigkeit der frischen Zwiebelscheiben tief in die Hautoberfläche ein und bewirken dort heilsame Wunder.

Zwiebel gegen Insektenstiche und Gicht

Bei frischen Insektenstichen wird direkt auf die Einstichstelle eine Scheibe frische Zwiebel gebunden. Meist vergehen damit die Schmerzen recht schnell, und die Schwellung hält sich in Grenzen. Voraussetzung für die Behandlung ist allerdings, dass man möglichst sofort den Stachel des Insekts entfernt. Wenn dieser in der Haut bleibt, bringt die Therapie anfangs wenig, doch die Haut wird durch die Zwiebel so aufgeweicht, dass man nach einigen Stunden den Stachel mit der Pinzette besser entfernen kann. Dann kann man mit neuen Zwiebelscheiben gegen die Schwellung vorgehen.

Wenn ein Patient unter äußerst schmerzhafter Gicht leidet, sollte er

Bei rissiger und spröder Haut werden über Nacht Zwiebelscheiben, die man vorher einige Stunden in Essig eingelegt hat, auf die betroffenen Stellen gebunden. Am Morgen sollte man dann mit einer fetten Hautcreme die Stellen gut einreiben. Dies sollte man einige Nächte hintereinander machen, und die Haut bessert sich zusehends.

Bei Nasenbluten kennt die Volksheilkunde ebenfalls den Einsatz von Zwiebeln zur Abhilfe: Man verdünnt reinen Zwiebelsaft zu gleichen Teilen mit Essig und schnupft dies öfter in die Nase ein, besonders abends. Gleichzeitig sollte man sich über Nacht frisch aufgeschnittene, rohe Zwiebeln ins Genick binden.

sich abends vor dem Zubettgehen die Hände und die Füße mit rohen Zwiebeln einreiben. Gleichzeitig sollte er sich ein Säckchen mit frisch geschnittenen Zwiebeln ins Genick legen, ebenso auf besonders schmerzende Stellen. Die Zwiebeln leiten in diesem Fall den heftigen Schmerz ab und verringern ihn ganz besonders deutlich. An dem meist schmerzenden Großzehengrundgelenk hat man sogar das Gefühl, dass die Zwiebeln ihn regelrecht herausziehen.

Zwiebel gegen akute Bindehautentzündung
Bei akuter Bindehautentzündung, der Konjunktivitis, beim Verblitzen der Augen durch Elektroschweißarbeiten oder auch bei übermäßigem Tränenfluss, hilft die Zwiebel ebenfalls sehr gut. In diesen Fällen sollte man einige Zwiebeln zerkleinern und mit Bienenhonig in frischer Milch so lange kochen, bis sich die Zwiebeln vollkommen aufgelöst haben. Mit der erkalteten Abkochung sollte man die Augen vorsichtig auswaschen und vielleicht auch eine Packung auf beiden Augen vornehmen, die man dann ständig mit der Zwiebelmilch feucht halten sollte.
Bei störenden oder schmerzhaften Dornwarzen sollte man öfter über Nacht ein Stück Zwiebel mit etwas Salz bestreut auf die Warze binden. Sehr oft verschwindet sie nach einiger Zeit entweder von alleine, oder man kann sie sehr leicht wegnehmen, da sie sich durch diese Auflage aus der Unterhaut herausgelöst hat.

Zwiebel-Öl-Wasser für eine leichtere Geburt
Zur Vorbereitung auf eine leichte Geburt sollte die Schwangere etwa zwei Wochen vor dem Geburtstermin das so genannte Zwiebel-Öl-Wasser trinken. Man nimmt dazu zwei mittelgroße, rotschalige Zwiebeln, schneidet sie mit der Schale ganz klein (nicht zerquetschen!) und röstet sie in reinem Bucheckernöl oder einem anderen reinen Öl goldgelb, aber auf keinen Fall schwarz. Das Zwiebel-Öl-Wasser bezieht seine Wirkung allein aus den roten Zwiebeln, daher sind die herkömmlichen weißen Haushaltszwiebeln für diese Behandlung ungeeignet!
Wenn die Zwiebeln goldgelb geröstet sind, löscht man das Ganze mit einer großen Tasse Wasser ab und kocht es nochmals ganz kurz sprudelnd auf. Man gießt es nun durch ein Sieb und gibt der Schwangeren davon jeden Morgen einen kräftigen Schluck, so dass die Abkochung aus den zwei Zwiebeln für drei Tage reicht. Nach drei Tagen bereitet man wieder eine frische Abkochung zu und gibt sie bis zum Tag der ersten Wehen. Wenn diese eintreten, bereitet man der Schwangeren das so genannte Eierwasser (siehe auch »Tierische Heilmittel«, Seite 139ff.).

Zwiebelsirup gegen Husten
Dieses Hustenmittel hilft auch bei chronischen Hustenerkrankungen. Es gibt zwei Varianten, wie man diesen Zwiebelsirup zubereiten kann: Entweder zerstößt man eine große

Zwiebel in einem achtel Liter Wasser. Den daraus gepressten Saft verkocht man mit 150 Gramm Kandis- oder Rohrzucker zu einem Sirup. Oder man hackt die Zwiebel klein und gibt den Zucker dazu. Nach einer Weile presst man das Ganze gut aus. Bei der zweiten Methode bleibt der Vitamin-C-Gehalt voll erhalten. Von diesem Sirup nimmt man stündlich einen Teelöffel voll ein.

Zwiebelmilch gegen Husten, Hals- und Rachenentzündung

Früher wurde auch die Zwiebelmilch gerne bei Halsschmerzen oder Husten angewandt. Heute besinnt man sich wieder dieses alten Hausmittels. Man schneidet einfach drei große Zwiebeln klein und schichtet sie in einen Tontopf. Dann gibt man noch je eine Gewürznelke und einen Zweig Thymian sowie einen Teelöffel braunen Zucker dazu und bedeckt alles gut mit Wasser. Diese Mischung muss nun ca. zwei Stunden bei geringer Hitze leise kochen. Dann seiht man das Ganze ab und presst die Zwiebeln gut aus. Eine halbe Tasse des Zwiebelsafts und eine halbe Tasse heiße Milch werden vermischt. Möglichst heiß getrunken, hilft die Zwiebelmilch besonders schnell. Täglich sollte man davon zwei bis drei Tassen trinken.

Zwiebelscheiben gegen Hühneraugen

Durch die harte Arbeit und das lange Stehen litten viele Leute früher unter Hühneraugen. Ein einfaches Mittel dabei war es, in Essig eingelegte Zwiebelscheiben über Nacht auf das Hühnerauge zu legen. Dieser Vorgang muss zwar mehrere Male wiederholt werden, doch die schmerzhaften Hühneraugen werden immer kleiner, bis sie schließlich vollkommen verschwinden.

Zwiebel-Knoblauch-Saft gegen Haut- und Nagelpilz

Die desinfizierende und entzündungshemmende Wirkung von Zwiebeln und Knoblauch lässt sich auch bei Pilzerkrankungen der Haut und der Nägel nutzen. Dazu wird eine Zwiebel fein geschnitten und zerquetscht. Der austretende Saft wird mit einer zerdrückten Knoblauchzehe vermischt. Mit diesem Saft werden die betroffenen Haut- und Nagelstellen mehrmals täglich betupft.

Schon im alten China war ein Zwiebelaufguss ein anerkanntes Heilmittel gegen Fieber, Kopfschmerzen, Ruhr oder Cholera

Zwiebel für die Schilddrüse

In der Volksheilkunde sagt man Zwiebeln auch nach, sie hätten eine ausgleichende Wirkung bei einer Schilddrüsenüberfunktion. Dazu wird einfach ein Leinentuch mit frisch geschnittenen Zwiebelringen gefüllt und sofort um den Hals gewickelt. Dann wird das Ganze mit einem weiteren Tuch fixiert. Diesen Halswickel sollte man – wenn möglich – über Nacht tragen und in regelmäßigen Abständen anwenden. Dann reguliert sich die Schilddrüsenfunktion mit der Zeit.

Kuren und Spezialanwendungen

Aus der Schatzkiste der Natur

Die heilende Wirkung von Tiergiften und -fäkalien wurde oft durch Zufall entdeckt und ging als Erfahrungsschatz in die Volksheilkunde ein. Auch wenn die Anwendungen manchmal etwas skurril anmuten, sind sie doch sehr wirksam.

Neben den im vorigen Kapitel ausführlich beschriebenen Anwendungen von Heilpflanzen, Kräutern und besonderen natürlichen Produkten wie Heilerde und Honig gibt es in der Hausapotheke Gottes noch zahlreiche besondere Kuren und überlieferte Spezialanwendungen. Während erstere schnell und leicht verfügbar, ja sogar oft auch in Notfällen sofort parat und einsetzbar sind, handelt es sich bei den in diesem Kapitel beschriebenen Methoden um ein ganz besonderes Schatzkästlein der Hausapotheke.

Es umfasst zum Teil Heiltees, deren Herstellung unter der jeweiligen Pflanze schon erwähnt sind. Sie sind hier noch einmal aufgeführt, weil man sie unter anderer Dosierung oder über einen längeren Zeitraum zu sich nimmt, um Beschwerden vorzubeugen oder diese langfristig zu behandeln. Unter der Überschrift »Trinkkuren« finden Sie daneben auch einige Kuren mit Früchten von Heilpflanzen, die nicht immer nur zu Tee verarbeitet werden.

Wickel, Frühjahrs- und Fastenkuren

Den Wickeln und ihren vielfältigen Anwendungen ist ebenfalls ein eigenes Kapitel gewidmet, da ihre Bedeutung in der Volksheilkunde nicht hoch genug eingeschätzt werden kann. Sie gehören zu dem schier unerschöpflichen Vorrat der Hausapotheke, sind vielen Menschen geläufig und werden entsprechend gerne verwendet.

Zu den ungewöhnlichsten Heilmethoden der Hausapotheke Gottes gehören sicherlich die zahlreichen Anwendungen tierischer Produkte und Fäkalien, die wohl nicht bei jedem Leser Anklang finden werden und die teilweise nur unter größerem Aufwand selbst angewendet werden können. Zum Abschluss finden Sie noch ein paar Frühjahrskuren und eine besonders beliebte Fastenkur, die von alters her zum bäuerlichen Lebensrhythmus gehören und die gerade auch all den Menschen gut tun, die den Beginn eines neuen Jahreszeitenzyklus gesund angehen und sich entschlacken wollen.

Trink- und Esskuren

Das Trinken von Heiltees über einen längeren Zeitraum gehört zu den einfachsten und beliebtesten Methoden, Krankheiten vorzubeugen und kleineren Beschwerden abzuhelfen. Deshalb gibt es in der Volksheilkunde auch zahlreiche verschiedene Trinkkuren, die entweder konkrete Beschwerden lindern sollen oder die durch ihre reinigende Wirkung das allgemeine Wohlbefinden steigern.

Blutreinigungstee aus Brombeerblättern

Der sehr beliebte Haustee aus fermentierten Brombeerblättern, eventuell mit Erdbeer- und Himbeerblättern vermischt, schmeckt nicht nur gut, sondern man sagt ihm auch eine stark blutreinigende Wirkung nach, wenn er regelmäßig längere Zeit getrunken wird. Zur Zubereitung des Tees übergießt man ein bis zwei Teelöffel fermentierte Blätter mit einem viertel Liter kochendem Wasser und lässt den Tee vor dem Abseihen etwa zehn Minuten ziehen.

Man trinkt diesen Tee, eventuell leicht gesüßt mit etwas Honig, auch als einen vorzüglichen Durstlöscher. Da er keine Nebenwirkungen hat, kann man den Tee problemlos in größeren Mengen zu sich nehmen.

Huflattichtee zur Besserung des Allgemeinbefindens

Viele Patienten führen mit dem Huflattichtee eine regelrechte Entschlackungs- und Entgiftungskur zur Besserung des Allgemeinbefindens durch.

Zur Zubereitung des Tees übergießt man einen Teelöffel eines Gemischs aus Blüten und Blättern des Huflattichs mit einem viertel Liter kochendem Wasser, lässt es zehn Minuten lang ziehen, seiht die pflanzlichen Reste sorgfältig ab und trinkt diesen Tee noch heiß mit etwas Honig gesüßt. Idealerweise trinkt man von diesem Huflattichtee drei bis vier Wochen lang täglich drei bis fünf Tassen, aber auf gar keinen Fall länger. Bei zu langer Einnahmedauer des Huflattichtees würde sich der positive Effekt der Trinkkur aufheben oder gar umkehren.

Rollkur mit Kamillentee bei Magengeschwüren

Bei Magengeschwüren und -schleimhautentzündungen wird in der Volksheilkunde oft die so genannte Rollkur mit Kamillentee empfohlen. Zu diesem Zweck trinkt der Patient eine Tasse gut warmen Kamillentees frühmorgens unmittelbar nach dem Aufstehen und legt sich danach nochmals ins Bett. Dann dreht er sich für die ersten fünf Minuten auf die linke Seite, danach auf den Rücken, wo er ebenso fünf Minuten lang liegen bleibt. Anschließend dreht er sich für fünf Minuten auf die rechte Seite und zum Schluss für

Die Bedeutung einer ausreichenden Flüssigkeitszufuhr für unsere Gesundheit kann man gar nicht hoch genug einschätzen. Gifte und Schlacken können nur über den Urin und den Schweiß abgesondert werden und verbleiben bei zu geringer Flüssigkeitsaufnahme im Körper.

Die zahlreichen Trinkkuren sind auch für Menschen, die in Städten leben und nicht über einen eigenen Kräutergarten verfügen, leicht durchzuführen. Viele Zutaten kann man frisch auf dem Markt kaufen oder über einen ausgewählten Kräuterhändler beziehen.

weitere fünf Minuten auf den Bauch. Obwohl die moderne Medizin Zweifel an der Methode der Rollkur hat, hilft sie in vielen Fällen trotzdem, die Beschwerden zu lindern. Vielleicht sind es einfach die 20 Minuten, die der Patient im Bett liegt und sich gedanklich vollkommen auf seinen Magen konzentriert, die die eigentliche Hilfe bringen. Wann nimmt sich ein Mensch, bei dem durch Stress ein Magengeschwür oder eine chronische Magenschleimhautentzündung entstanden ist, schon einmal 20 Minuten für sich selbst Zeit und konzentriert sich auf seinen geplagten Magen?

Lindenholzkohle nach überstandener Gelbsucht

Die Lindenholzkohle sollte man pulverisiert über einen längeren Zeitraum nach einer überstandenen Gelbsucht regelmäßig einnehmen, da sie den Darm und die Leber sehr gut entgiftet und so schneller in einen gesunden Zustand zurückführt. In einem solchen Fall sollte man über einige Wochen hinweg eine halbe Stunde nach jeder Mahlzeit einen Teelöffel dieses Pulvers zu sich nehmen. Wem die Herstellung des Pulvers zu aufwändig ist (siehe dazu auch »Linde«, Seite 77ff.), der kann es über eine Apotheke beziehen.

Mädesüßteekur gegen rheumatische Beschwerden, Gicht und Fieber

Zur Durchführung dieser Trinkkur nimmt man von der klein geschnittenen Mädesüßpflanze zwei Teelöffel, übergießt sie mit einem viertel Liter kochendem Wasser und lässt den Tee zehn Minuten lang ziehen. Bei akuten rheumatischen Beschwerden oder Gicht, ob mit oder ohne Fieber, kann man von diesem entschlackenden Mädesüßtee bis zu vier Tassen pro Tag trinken, also rund einen Liter Tee. Man sollte aber darauf achten, dass man auch sonst noch ausreichend Flüssigkeit zu sich nimmt, damit dem Körper zur Ausschwemmung der Gifte genügend Flüssigkeit zur Verfügung steht. Bei den chronischen Formen rheumatischer Erkrankungen reichen auch zwei Tassen pro Tag. Diese Mengen Mädesüßtee sollte man über einen längeren Zeitraum (drei bis vier Monate) täglich trinken.

Petersilienkur zur Entwässerung des Körpers

Wer zu starken Wasserstauungen und -ansammlungen im Körper neigt, sollte es einmal mit einer Petersilienkur versuchen. Sie hilft dabei, die angestauten Flüssigkeiten auf natürliche Art über die Nieren auszuscheiden, ohne dass dem Körper zu viele Mineralstoffe entzogen werden, wie es bei den synthetisch hergestellten Entwässerungsmitteln oft der Fall ist.

Für die Petersilienkur sollte man täglich einige frische Petersilienstängel mit Grün essen sowie Petersilientee, der ebenfalls aus frischer Petersilie zubereitet wird, trinken. Die Stärke des Tees richtet sich nach dem persönlichen Geschmack. Auch sollte in

dieser Zeit die Petersilienwurzel als Gemüse oder Gewürz öfter auf dem Speiseplan stehen.
Wenn man diese Kur drei bis vier Wochen durchgeführt hat, dann sollte man sie mindestens um die doppelte Zeit, also sechs bis acht Wochen, unterbrechen. D.h., dass man in dieser Zeit vollkommen auf jegliche Petersilie verzichten sollte. Nur dann kann die Reizbehandlung durch den Körper auch richtig verarbeitet werden.

Rettichsaftkur zur Reinigung von Leber und Gallenblase

Für eine Leber- und Gallenblasenkur eignet sich Meerrettich hervorragend. Zu diesem Zweck verwendet man den gepressten Rettichsaft, den man im Entsafter immer frisch herstellt. Sollte man keinen Meerrettich bekommen können, dann greift man auf Schwarzrettichsaft aus dem Reformhaus zurück. Wer den Saft frisch gepresst vom Magen her (noch) nicht vertragen kann, sollte ihn erst einige Stunden offen stehen lassen, bevor er ihn trinkt. Dann wird er auch von magenempfindlichen Patienten vertragen.
Für diese Saftkur, die sowohl die Leber und die Gallenblase, als auch den Magen und den Darm einreguliert, wird rund ein achtel Liter frischer Rettichsaft über den ganzen Tag verteilt esslöffelweise eingenommen, möglichst immer vor dem Essen, damit er über die Schleimhäute besser wirken kann. Er sollte niemals eiskalt, sondern immer in Zimmertemperatur eingenommen und im Mund kurz weiter erwärmt werden, bevor man ihn schluckt.

Wichtig ist bei allen Trinkkuren, dass man sie nur über den angegebenen Zeitraum durchführt. Die sich daran anschließenden Pausen sollten schon allein deshalb eingehalten werden, weil der Körper einige Zeit braucht, um die Reize der Pflanzenheilstoffe richtig zu verarbeiten.

Rettichsaftkur zur Stabilisierung des Magens

Wer einen empfindlichen Magen hat, kann ihn mit einer Rettichsaftkur stabilisieren. Man presst den Saft aus, trinkt ihn aber nicht frisch, sondern lässt ihn einige Stunden stehen. Dann trinkt man sehr vorsichtig im Abstand von ein bis zwei Stunden jeweils einen Teelöffel dieses Safts, der vorher noch mit etwas abgekochtem Wasser verdünnt wurde.
Man sollte diese Dosis langsam steigern, dabei kann man bis zu höchstens fünf Teelöffel pro Einnahme hochgehen. Der Körper reagiert schon, wenn die persönliche Höchstdosis erreicht ist. Wenn man nach der Einnahme Magendrücken bekommt, sollte man bei der nächsten Einnahme wieder einen Löffel weniger einnehmen. Sollte man die persönliche Höchstdosis erreicht haben, dann reduziert man die Einnahme langsam wieder jeden Tag um einen Teelöffel, bis man bei der Ausgangsmenge angelangt ist. Diese Kur sollte man über einen Zeitraum von zwei bis drei Wochen – langsam auf- und dann wieder absteigend – durchführen. Nach diesem Reiz sollte man einige Zeit auf Rettichsaft verzichten, damit der Körper ihn richtig verarbeiten kann.

Um die Esskuren mit den verschiedenen Heilpflanzen durchführen zu können, sollten Sie die entsprechenden Pflanzen entweder in ausreichender Menge im Garten stehen haben oder über eine sichere Bezugsquelle verfügen. Sonst sind Sie unter Umständen unfreiwillig zu einem Abbruch gezwungen.

Den Saft sollte man eine Woche lang täglich trinken, dann drei bis vier Tage lang pausieren, anschließend wieder eine Woche lang weitertrinken. Meist hat sich nach den zweieinhalb Wochen schon sehr viel einreguliert. Wenn nötig, kann man nach einer Pause von etwa zwei Wochen die Kur wiederholen.

Vogelknöterichtee bei verschiedenen Beschwerden

In der überlieferten Volksheilkunde wird der Vogelknöterichtee ebenfalls kurmäßig zur Blutreinigung im Frühjahr und im Herbst bei verschiedenen Beschwerden mit eingesetzt. Man trinkt dafür zwei bis drei Wochen lang jeden Tag mindestens einen Liter des dünnen Vogelknöterichtees – also zwei Esslöffel Kraut auf einen Liter Wasser.

Die Blutreinigungskur mit Vogelknöterich sollten vor allem Patienten mit Hautproblemen und Bronchialbelastete im Frühjahr und im Herbst machen. Manche Patienten schwören auch bei rheumatischen Beschwerden und Gicht auf diese Kur und haben nach eigenen Angaben viel weniger Beschwerden, wenn sie diesen Tee zweimal im Jahr drei Wochen lang trinken.

Spitzwegerichkur zur Blutreinigung

Viele Kräuterkundige empfehlen zur Blutreinigung die traditionelle Maikur mit Spitzwegerich. Dazu isst man am ersten Mai ein frisches Blatt Spitzwegerich, am zweiten Mai zwei Blätter, am dritten Mai drei Blätter und steigert sich bis zum 15. Mai auf 15 solche Blätter. Ab dem 16. Mai nimmt man dann täglich ein Blatt weniger, bis man endlich am 31. Mai wieder bei einem Blatt angelangt ist. Man kann für die Kur die Spitzwegerichblätter auch unter einen Salat mischen. Wichtig ist dabei nur, dass man sie sehr intensiv kaut und mit viel Speichel zersetzt, bevor man sie hinunterschluckt, damit die Wirkstoffe im Spitzwegerich sich vollkommen entfalten können.

Wacholderbeerkur nach Pfarrer Kneipp

Die von Pfarrer Sebastian Kneipp propagierte Wacholderbeerkur ist sicher vielen bekannt und heute voll in die Volksheilkunde mit eingegangen. Bei der Wacholderbeerkur unterscheidet man zwischen der großen und kleinen Kur. Die Wacholderbeerkur soll sowohl die Nieren als auch die Leber und Gallenblase sowie den gesamten übrigen Verdauungstrakt harmonisieren. Die Inhaltsstoffe der Wacholderbeeren regen nämlich nicht nur die Nieren zur intensiveren Ausscheidung an, sondern bringen auch die Säfte im gesamten Verdauungsbereich zum Fließen. Daher ergibt sich die stark entgiftende und reinigende Wirkung der Wacholderbeerkur.

Durch diese Ausscheidungen wird sie auch bei rheumatischen Beschwerden und artverwandten Erkrankungen in der Volksheilkunde eingesetzt. In den kargen Mittelgebirgen, wo Wacholderbeeren vor der Haustür wachsen, machen die Menschen diese Kur mindestens einmal pro Jahr.

Große und kleine Wacholderbeerkur

Für die Wirkung der Kur ist es wichtig, dass man die Beeren gründlich zerkaut, bevor man sie schluckt. Sonst entfalten sie nämlich nicht die gewünschte Wirkung.
Die große Wacholderbeerkur dauert 39 Tage, und man geht wie folgt vor: Am ersten Tag isst man dreimal eine Wacholderbeere. Jeden Tag wird dann eine Beere zugelegt, also isst man am zweiten Tag dreimal zwei Beeren, am dritten Tag dreimal drei Beeren usw. Die Beerenmenge wird bis zum 20. Tag gesteigert, an dem man dreimal 20 Wacholderbeeren zu sich nimmt. Dann reduziert man jeden Tag die Menge wieder um eine Beere, bis man am Ende bei dreimal einer Beere angelangt ist.
Die kleine Wacholderbeerkur dauert nur 19 Tage und wird genauso wie die große Kur gemacht, außer dass man die Beerenmenge nur bis zum zehnten Tag steigert, an dem man also dreimal zehn Beeren isst. Danach reduziert man die Menge wieder täglich bis zu dreimal einer Wacholderbeere.

Pollen-, Propolis- und Gelée-royale-Kur zur Stärkung

Die vielfältigen und heilsamen Eigenschaften des Honigs wurden bereits beschrieben (siehe auch »Honig«, Seite 57ff.). Eine besondere Kur kann man mit der regelmäßigen Einnahme von Pollen, Propolis oder Gelée royale machen. Dies stärkt die allgemeine Abwehrkraft und stabilisiert die Gesundheit.
Dabei sollte man aber bedenken, dass man mit dieser Kur auch übertreiben kann und dass sich zu viel Honig nicht automatisch gut auf den Körper auswirkt. Wer also eine entsprechende Kur macht, sollte dies nur einige Wochen machen und anschließend etwas pausieren, damit der Körper die biologischen Reize der Bienenprodukte auch richtig verarbeiten kann. Denn auf jede Aktion folgt schließlich auch eine Reaktion des Körpers. Wenn man den Körper aber immer aktiviert, gibt man dem Organismus keine Gelegenheit mehr, diese Reize richtig zu verarbeiten und entsprechend zu beantworten. Deshalb sind Pausen zwischen den einzelnen Phasen des Einnehmens so wichtig.

Um das regelmäßige Einnehmen der Wacholderbeeren während der großen oder kleinen Kur nicht zu vergessen, sollten Sie die Beeren vor jedem Frühstück, Mittag- und Abendessen einnehmen.

Wickel

Für die unterschiedlichsten Beschwerden gibt es die verschiedensten Wickelanwendungen. Hierbei ist immer auf den allgemeinen Zustand des Patienten zu achten.

Brustwickel gegen Husten und Bronchitis

Bei starkem Husten, Bronchitis und auch bei Bronchialasthma hat sich in der Volksheilkunde der kalte Brustwickel zum Lösen der Verschlei-

Es gibt nur ganz wenige Patienten, die den kalten Brustwickel nicht vertragen. Sie merken es sofort, weil sie dann mit warmen Füßen in dem kalten Brustwickel liegen und immer kälter werden und zu frieren anfangen. Sollte nicht innerhalb weniger Minuten dieses reaktive Frieren aufhören und einer wohligen Wärme Platz machen, muss der Brustwickel abgebrochen werden.

mungen in der Lunge und den Bronchien bestens bewährt. Nicht anwenden sollte man den Brustwickel bei Herzasthma!

Bei der häuslichen Behandlung wird ein Leinentuch mit kaltem Wasser nass gemacht, ausgewrungen und, so kalt wie es ist, um die Brust des Patienten gelegt. Dann wickelt man ein etwas größeres trockenes Baumwolltuch so darum, dass das nasse Leinentuch damit mindestens fünf bis zehn Zentimeter überstehend abgedeckt wird. Zum Schluss wird noch ein großes Wolltuch oder eine Wolldecke darum gelegt, und so eingewickelt wird der Patient in ein vorgewärmtes Bett gelegt. Darin sollte er nun mindestens eine halbe Stunde, noch besser eine Stunde liegen, wobei er normalerweise langsam, aber sicher ins Schwitzen kommt.

Voraussetzung für die Wirksamkeit des kalten Brustwickels ist, dass der Patient vorher gut durchwärmt ist und dass er warme Füße hat. Sollte dies nicht der Fall sein, muss vorher ein heißes Fußbad gemacht werden. Wenn der Patient von Herz und Kreislauf her stabil ist, kann er sogar ein aufsteigendes Fußbad durchführen, bis er am ganzen Körper in leichtes Schwitzen kommt. Danach muss sofort der kalte Brustwickel angelegt werden. Die schleimlösende Wirkung ist verblüffend. Je größer der Temperaturunterschied zwischen dem Körper und dem kalten Tuch ist, desto größer ist die Wirkung.

Der Körper wehrt sich natürlich gegen die einwirkende Kälte und schickt in die Peripherie, wo das kalte Wasser auf die Haut einwirkt, als Gegenmaßnahme jede Menge warmes Blut, um den Temperaturunterschied auszugleichen. Durch diese intensive Verbesserung der Durchblutung erweitern sich alle Gefäße massiv und mit ihnen die feinen Bronchien. Jetzt kann sich der Schleim viel besser lösen und leichter abgehustet werden.

Voraussetzung für die Wirkung ist auch, dass der Patient seinem Körper ausreichend Flüssigkeit zugeführt hat. Sollte ein Flüssigkeitsmangel bestehen, kann sich der Schleim nicht verflüssigen und so auch nicht abgehustet werden.

Wenn er wirkt, sollte der Brustwickel zu Beginn möglichst jeden Tag einmal durchgeführt werden. Wenn durch den Brustwickel und die begleitenden Maßnahmen eine deutliche Besserung zu spüren ist, genügen drei oder zwei solcher Brustwickel pro Woche.

Quarkwickel gegen Entzündungen

Der Quarkwickel, in den Alpenländern auch Topfenwickel genannt, ist einer der bekanntesten Wickel der ganzen Volksheilkunde. Er wird als kalter Wickel bei allen Entzündungen und Reizungen eingesetzt, indem man ganz normalen Magerquark auf ein Leinentuch gibt, das Ganze auf die betroffene Stelle auflegt und leicht mit einem Tuch festbindet. Wenn der Quark durch die entzogene Wärme der Entzündung warm und trocken geworden ist, nimmt man den Wickel ab, rührt den

Quarkwickel als Ersatz für Wadenwickel

Bei Fieber kann man statt der normalen Wadenwickel mit Wasser auch einen solchen Quarkwickel an den Waden machen. Er ist meist viel wirksamer als der Wadenwickel mit Wasser, weil er eben intensiver die Wärme nach unten und auch aus dem Körper zieht und damit das Fieber senkt.
Bei Rippenfell- und Lungenentzündungen macht man den Quarkwickel sowohl an den Waden als auch am Ort des Geschehens, also am Brustkorb. Hier ist er besonders bei Kindern äußerst wirksam. Trotzdem sollte man dabei nicht zu leichtsinnig sein: Wenn die Temperatur 39 bis 40 °C erreicht oder diese Schwelle gar überschreiten sollte, muss man unbedingt mit Hilfe eines Arztes andere Schritte unternehmen und auch einmal ein Antibiotikum einsetzen.

jetzt trockenen und gipsartig anzusehenden Quark mit kaltem Wasser oder sogar mit etwas Eiswasser wieder an und gibt ihn erneut auf die erkrankte Stelle.

Quarkwickel bei Venenentzündungen

Bei Venenentzündungen kann man den Quarkwickel im akuten Stadium tagsüber öfter wechseln, sofern der Kranke es aushält. In der Nacht sollte man dann eine Blutegelsalbe oder dergleichen als Salbenverband machen. In jedem Fall ist hier aber auch eine direkte Blutegeltherapie (siehe dazu auch »Blutegel«, Seite 141f.) angebracht.
Bei entzündlichen Halsbeschwerden und auch bei Entzündungen und Reizungen der Mandeln kann der Quarkwickel mit Erfolg zur Linderung der Schmerzen eingesetzt werden. Hier sollte man den Wickel um den Hals machen und nebenbei mit Salz (siehe dazu »Salz«, Seite 100f.) therapieren und auch mit den verschiedenen Tees zwischendurch gurgeln. Wenn irgend möglich, sollten die Mandeln als wichtigste Abwehrorgane im Halsbereich erhalten und nicht bei der ersten Gelegenheit herausoperiert werden.

Senfwickel bei Bronchialerkrankungen

Für den Senfwickel wird in den Büchern oft die Senfsaat genommen, wobei man die Körner als Ganzes oder in Form von Pulver in der Apotheke bekommen kann. Diese werden einfach mit warmem oder kaltem Wasser zu einem Brei angerührt und als Packung aufgelegt. Sehr oft wird aber in der überlieferten Volksheilkunde auch ganz normaler Senf dazu genommen, wie man ihn überall zu kaufen bekommt.
Der Senfwickel wird bei hartnäckigen Bronchialerkrankungen aller Art, also bei Husten, Bronchitis und Asthma, eingesetzt. Voraussetzung für solch einen Wickel ist auch hier, dass der Kranke warme Füße hat.

Beim Quarkwickel ist unbedingt darauf zu achten, dass man kein luftundurchlässiges Material verwendet. Es kommt sonst zu einem Wärmestau, der eine entgegengesetzte Wirkung verursachen würde. Die Entzündung, der man die Wärme durch den Quarkwickel entziehen will, würde durch den Wärmestau noch verstärkt werden und damit auch die Schmerzen.

Ein Senfwickel oder eine Senfauflage lässt sich schnell herstellen und ist äußerst wirksam. Allerdings darf die Haut nicht zu lange damit in Berührung kommen, da es sonst zu unangenehmen Reizungen kommen kann.

Nach einer Senfauflage bedarf die Haut einer besonderen Pflege mit einem guten Hautpflegeöl oder einer Salbe auf Fettgrundlage. Durch die Allylsenföle wird die Haut nämlich sehr stark gereizt, gerötet und ausgetrocknet.

Sollte dies nicht der Fall sein, muss unbedingt vorher ein heißes Fußbad gemacht werden.

Senfwickel bei Atemwegsbeschwerden

Für den Wickel nimmt man ein Tuch, auf das man etwa messerrückendick Senf (oder angerührte Senfsaat) aufträgt, und legt dieses auf die Brust in die Bereiche, in denen der Kranke Schmerzen oder Stechen beim Atmen empfindet. Hat der Patient etwas erhöhte Temperatur, nimmt man kaltes Wasser zum Anrühren oder normalen Senf mit Zimmertemperatur. Ansonsten kann man auch die warme Variante des Umschlags anwenden. Dann ist allerdings die Senfsaat als Pulver besser für die Verarbeitung, weil man das Ganze dann einfach mit heißem Wasser anrührt und damit sofort einen Brustwickel machen kann.

Diese Auflage wird nun noch mit anderen Tüchern richtig eingepackt und festgehalten, und der Patient muss damit einige Zeit liegen bleiben. Wenn es dem Patienten nach einigen Minuten unangenehm wird, sollte man den Wickel sofort entfernen. Nach einer gründlichen Reinigung und Pflege mit einer Creme der vom Senfwickel betroffenen Hautpartien sollte der Patient nochmals eingepackt und einige Zeit liegen gelassen werden.

Der Senfwickel gilt in der Volksheilkunde als die schwächere Variante des Meerrettichumschlags (siehe dazu auch »Meerrettich«, Seite 83ff.).

Wadenwickel gegen Fieber bei Kindern

Wadenwickel sind eine der ältesten Wasseranwendungen bei Kindern. Dabei werden die Waden zwischen Knie und Knöchel mit feuchten Tüchern umwickelt, um den Körper sanft abzukühlen. Selbst Leute, die sonst nichts mit der üblichen Naturheilkunde anfangen können, kennen

diesen Wickel, und er wird mit Recht oft das Antibiotikum der Volksheilkunde genannt.
Bei kindlichem Fieber sollte man nicht gleich zu einem Antibiotikum oder ähnlich starken Medikamenten greifen, sondern zuerst natürliche Heilmethoden verwenden, da in diesem Alter Fieber viele verschiedene Ursachen haben kann. Wenn es allerdings 39 bis 40 °C erreicht oder sogar überschreitet, muss man – wenn die Wadenwickel oder andere natürliche Mittel zur Fiebersenkung nicht mehr oder nicht schnell genug helfen sollten – unbedingt einen Arzt einschalten, da es im schlimmsten Fall zu Krämpfen kommen kann.

Warme Füße bei Wadenwickeln

Die Waden des fiebernden Kindes werden mit Tüchern umwickelt, die vorher in kaltes – aber nicht eiskaltes – Wasser getaucht und leicht ausgewrungen wurden, so dass sie zwar noch nass sind, aber nicht mehr tropfen. Der Wadenwickel sollte nicht zu locker sitzen, sonst kann er seine fiebersenkende Wirkung nicht richtig entfalten. Darüber wickeln Sie ein trockenes Leinentuch und darüber noch ein Wolltuch. Bei starkem Fieber kann man die Wickel alle paar Minuten austauschen, bei weniger starkem reicht es, wenn sie ungefähr alle halbe Stunde gewechselt werden.
Wenn die Füße zu kalt werden sollten, muss man mit der Behandlung eine Weile aussetzen oder einfach eine Wärmflasche an die Füße geben.

Fehler bei Wadenwickeln vermeiden

Die Wadenwickel kann man statt mit Wasser auch mit Quark machen. Dann wirken sie noch besser und schneller. Wenn man für die Wadenwickel Essigwasser verwendet, dann wirken sie ebenfalls schneller als mit normalem Wasser. Bei sehr hohem Fieber und heißen Füßen kann man statt der Wadenwickel auch mit den so genannten Essigsocken (siehe auch »Essig«, Seite 38) versuchen, das hohe Fieber zu senken. Eine Kombination aus Wadenwickeln und Essigsocken verstärkt die Wirkung der beiden Methoden und ist zudem unproblematisch in der Anwendung.
Man kann bei diesen Wadenwickeln aber auch Fehler machen, die es zu vermeiden gilt: Grundprinzip bei allen Wickeln, die dem Körper Wärme entziehen sollen, ist, dass man keine Plastikhüllen oder ähnlich luftdichtes Material außen herumwickelt. Sonst entsteht ein Wärmestau, und man erzielt den gegenteiligen Effekt. Anstatt dem Körper durch den Wadenwickel Wärme zu entziehen und die Schmerzen zu lindern, erwärmt sich die betroffene Stelle und wird noch schmerzhafter.

Obwohl Wadenwickel ein uraltes Mittel der Volksheilkunde sind, braucht man etwas Erfahrung, um sie wirkungsvoll einzusetzen. Der Wickel muss feucht, aber nicht nass sein und fest genug angelegt werden, um seine Wirkung zu erzielen.

Tierische Heilmittel

Zu den verwunderlichsten, manchmal aber auch wirksamsten Heilmitteln der Hausapotheke Gottes gehören die natürlichen Giftstoffe

Dadurch, dass heute sehr viele Leute starke Allergien haben, würde ich keinem dazu raten, die Radikalkur im Ameisenhaufen zu machen. Es könnte im schlimmsten Fall zu einem allergischen Schock kommen, und wenn dies allein, mitten im Wald geschehen würde, wäre dies der sichere Tod für den Patienten.

und Fäkalien von Tieren. Weniger übel riechend oder drastisch in der Anwendung als Ameisenspiritus, Bienengift und Kuhmist sind Tierfelle oder Tierhaare von Katzen, Kühen und Ziegen, die ebenfalls eine positive Wirkung auf uns ausüben. Selbstverständlich ist im Fall einer bekannten Allergie gegen Tierhaare oder beim Auftreten von Symptomen einer Unverträglichkeit von solchen Methoden dringend abzuraten.

Ameisenspiritus bei Muskel- und Gelenkschmerzen

Zur Zubereitung des Ameisenspiritus wurden die Ameisen und vor allem auch die Eier der Ameisen in Schnaps konserviert, immer wieder aufgeschüttelt, nach einigen Wochen abgeseiht und in kleineren Flaschen aufgehoben. Ameisenspiritus kann man aber in Drogerien und Apotheken kaufen. Der Spiritus wurde bei allen Muskel- oder Gelenkschmerzen auf die betroffenen Stellen gerieben, und viele schwören heute noch darauf, dass dies das einzige Mittel sei, das ihnen helfen könne.

Bei sehr starken rheumatischen Beschwerden machten einige Mutige eine Radikalkur: Sie gingen in den Wald zu einem Ameisenhaufen, bohrten mit einem Stock ein Loch hinein und steckten den schmerzenden Arm oder das Bein direkt in dieses Loch. Die Ameisen bissen natürlich sofort in die Haut und spritzten ihr Gift hinein. Mit einem Tuch wurden die festgebissenen Ameisen immer wieder abgewischt. Es gab an den Bissstellen große, rot angelaufene Quaddeln auf der Haut, aber die Schmerzen wurden merklich besser und bei vielen verschwanden sie länger oder gar für immer.

Die Radikalkur im Ameisenhaufen führten manche immer dann aus, sobald die Rötungen und Schwellungen verschwunden und immer noch Schmerzen vorhanden waren, also alle zwei bis drei Wochen.

Ameisenspiritus gegen Hämorrhoiden

Ein Patient erzählte mir, dass er seit Jahren an starken Hämorrhoiden gelitten habe und auch parallel dazu an sehr starken Rückenschmerzen. Wegen der Rückenschmerzen ließ er sich von seiner Frau mit Ameisenspiritus einreiben. Dabei lief einmal etwas von diesem scharfen Spiritus den Rücken herunter in die Gesäßfalte und in den After hinein. Es brannte einige Zeit wie Feuer und war kaum auszuhalten. Danach aber hatte er nie wieder Beschwerden mit seine Hämorrhoiden. Seither gehört dies zur Familientherapie.

Bienengift bei Gelenkschmerzen

Das Bienengift spielte in der Volksheilkunde immer eine große Rolle, auch wenn in den letzten Jahren immer mehr Leute dagegen allergisch reagieren. Früher hatte man noch keine Bienengiftsalben wie heute, und so behalf man sich etwas radikaler, wie es heute kaum noch jemand machen würde – außer den Imkern. Man lässt sich einfach von einigen Bienen dorthin stechen, wo es weh tut. Meist sind das die schmerzhaften Gelenke. Dazu setzt man einfach einige Bienen auf das schmerzende Gelenk und lässt sich ganz gezielt stechen. Je nach Größe des Gelenks und je nach Gewöhnungsfaktor des »Patienten« sind dies ein bis zwei Stiche an den Fingergelenken und auch schon einmal zwischen sechs und zehn Einstichen an einem Schultergelenk, einem Hüftgelenk oder einem Knie. Die Stachel der Bienen ragen gewöhnlich etwas aus der Haut heraus und sollten möglichst mit einer Pinzette sofort nach dem Einstich entfernt werden, damit es nicht zu einer zu großen Reizung und zu einer Schwellung kommt.

Bienengift gegen rheumatische Beschwerden

Die Einstichstellen schwellen natürlich trotzdem an, werden rot und sehen gereizt aus, aber die Gelenkschmerzen lassen nach, und wenn die Schwellung und Rötung durch die Bienenstiche nach einigen Tagen weg ist, ist auch meist das betroffene Gelenk nicht mehr oder zumindest nicht mehr ganz so schmerzhaft und – wenn es vorher zu einer Bewegungseinschränkung gekommen war – auch sehr viel beweglicher. Bei Imkern kommt es deshalb fast nie zu rheumatischen Erkrankungen.

Auch Krebstumore und Bluthochdruck sind bei den Imkern fast nie vorkommende Erkrankungen. Sie stehen in der Statistik der Krebspatienten mit an unterster Stelle im Vergleich zum Durchschnitt der übrigen Bevölkerung. Die Imker führen dies auf das Bienengift, das eine enorme Steigerung der körpereigenen Abwehrkraft bewirkt, zurück und auch auf die Zusatzernährung durch Honig, Pollen, Propolis und Gelée royale (siehe dazu auch »Honig«, Seite 57ff.).

Blutegel – die Blutsauger für die Gesundheit nutzen

Die Blutegeltherapie war auf dem Land eine der beliebtesten und am meisten angewendeten blutigen Behandlungen. Sehr oft führte man sie selbst an sich durch, oder man ging zu einem Bader oder einer Hebamme, die die Tierchen dann sachgerecht ansetzten. Gefangen wurden die Blutegel (Hirudo medicinalis) früher in bestimmten Teichen, die meist mitten in einer Viehweide lagen, nicht sehr tief waren und häufig Pflanzenbewuchs am flachen Ufer vorwiesen. Sehr oft waren dies Teiche, die weder Zu- noch Abfluss hatten und nur vom Regen gespeist wurden. In regenarmen Sommern waren sie dann meist fast vollständig ausgetrocknet.

Heute dürfen Wildfänge nicht mehr benutzt werden. Man bekommt Blutegel aus speziellen Zuchtanstalten, wo sie unter amtstierärztlicher Überwachung gezüchtet werden, bzw. die vom Ausland gelieferten Blutegel noch eine gewisse Zeit in Quarantäne bleiben müssen.

Blutegeltherapie gegen Krampfadern

Man setzte die Blutegel in früheren Zeiten meist an den Beinen an, wenn jemand an starken Krampfadern litt. Bei werdenden Müttern, die oft mit Krampfadern Beschwerden hatten, wurden sie sogar während der Schwangerschaft noch im fünften und sechsten Monat angesetzt, damit es später bei der Geburt nicht zu einer Thrombose oder gar Embolie kam. Meine Großmutter, eine durch ihre jahrzehntelange Hebammentätigkeit geschulte Frau, verwendete gerade die Blutegel sehr oft vorbeugend bei Schwangeren und hatte nie den Tod einer Gebärenden durch Thrombose oder Embolie zu beklagen.

Blutegel für gut heilende Wunden

Nach schweren Verletzungen – zu denen es bei der Arbeit oder in der Freizeit immer wieder kommen kann – werden Blutegel in der Nähe der Wunde angesetzt, damit diese besser durchblutet wird und so die Heilung besser verläuft. Näheres über die Blutegeltherapie können Sie meinem Buch »Blutegel-Therapie – Den Körper entgiften« entnehmen, das bereits im Südwest Verlag erschienen ist.

Das Trinken von Eierwasser ist seit unzähligen Generationen auf dem Land verbreitet und geriet erst durch die moderne Medizin etwas in Vergessenheit. Im Zug der wieder häufiger werdenden Hausgeburten greifen manche Leute heute wieder auf dieses altbewährte Mittel zurück.

Eierwasser zur Wehenförderung

Eier galten seit jeher als Fruchtbarkeitssymbol, weil aus ihnen immer ein neues Leben entsteht. Mit dem so genannten Eierwasser haben die weisen Frauen auf dem Land früher die Geburten erleichtert, eine Methode, die trotz ihrer guten Wirkung in Vergessenheit geraten ist.

Wenn der Zeitpunkt einer Geburt gekommen war und das Kind im Bauch der Mutter herumstrampelte, gab man der Schwangeren das Eierwasser zu trinken. Statt einer künstlichen Einleitung der Geburt mit Injektionen oder Infusionen konnte man die Wehen auf natürliche Art fördern. Man nimmt dazu drei normale Hühnereier und kocht diese sprudelnd in einem Liter Wasser ganze 15 Minuten lang. Die Eier kann man danach wegwerfen, aber das Kochwasser gibt man der Schwangeren, die es in Abständen von fünf bis zehn Minuten schluckweise warm trinken sollte.

Auch wenn es für diese Wirkung noch keinen wissenschaftlichen Beleg gibt, ist man der Meinung, dass es in dem Ei eine Substanz geben muss, die dem Küken die Information zukommen lässt, dass es Zeit zum Ausschlüpfen ist. Die Substanz gelangt scheinbar beim Kochen in das Kochwasser. Durch das Trinken dieses Wassers erhält auch das Baby im Mutterleib die Information und will nun ebenfalls »ausschlüpfen«.

Gleichzeitig kommt die Information auch an die Gebärmutter, die sich dadurch eher zusammenzieht, und an den Geburtskanal, der dadurch weich und geschmeidig wird. So kommt es nach dem Einnehmen von Eierwasser in den seltensten Fällen zu Rissen in diesem Bereich.

Katzenfell gegen rheumatische Beschwerden

Früher hatte auf dem Land jeder Haushalt ein sehr weich gegerbtes Katzenfell, heute kann man es in allen Fachgeschäften für Orthopädiebedarf und Heilhilfsmittel problemlos erwerben.

Ein Katzenfell wird bei rheumatischen Beschwerden mit den Haaren des Fells direkt auf der nackten Haut auf die schmerzende Stelle gebunden und längere Zeit dort getragen. Auch bei dem berühmt-berüchtigten Hexenschuss, der Lumbalgie, ist ein solches Katzenfell eines der besten Mittel zur Linderung der Beschwerden. Nierenpatienten sollten sich ebenfalls ein Katzenfell besorgen und damit vor allem die empfindliche Nierenpartie warm halten.
Wärme kann jedes andere Fell auch vermitteln, aber die besondere elektrostatische Energie, die von einem solchen Katzenfell ausgeht und die sich harmonisierend auf den Körper des Patienten und vor allem auf die schmerzende Region auswirkt, kann man mit keinem anderen Fell so gut erreichen.

Kuhmist – ein altes Mittel der bäuerlichen Volksheilkunde

Selbst Kuhmist wurde in der alten Volksheilkunde immer wieder mit gutem Erfolg zusätzlich zu anderen natürlichen Heilmitteln eingesetzt. Er musste allerdings immer frisch sein und noch die natürliche Wärme aus dem Kuhdarm besitzen, dann half er auch.
Für einen verwöhnten Städter hat der Kuhmist einen sehr üblen Geruch, doch riecht er eben typisch nach Land und ist wesentlich natürlicher als stinkende Auspuffgase. Wenn ein Kranker erst einmal merkt, wie gut der Mist ihm tut, wird er den Geruch leichter ertragen. Heute kann man allerdings die verschiedenen Kuhmistanwendungen natürlich nur noch dann durchführen, wenn man selbst Kühe hat oder seine Ferien auf einem Bauernhof verbringt. Dort freut sich sicher manch ein Bauer, wenn nach alten bäuerlichen Heilmethoden gefragt wird – und diese dann auch tatsächlich angewendet werden.

Kuhmist gegen rheumatische Beschwerden, Gicht und Fußpilz

Wenn ein Bauer früher rheumatische Beschwerden in den Beinen oder Füßen hatte oder gar die Gicht, dann stieg er ab und zu im Kuhstall mit den nackten Füßen direkt in einen frischen Kuhfladen und blieb dort einige Minuten stehen. Eventuell wechselte er auch noch einmal in einen gerade frisch gefallenen Fladen der Nachbarkuh. Dann ging er barfuß zur Wasserleitung, spülte die Füße und Beine mit eiskaltem Wasser ab und stieg wieder in seine Holzschuhe.
Dies wurde allerdings nur gemacht, wenn es sich um Schmerzen ohne Entzündung handelte. Die Kuhmistanwendung half sehr gut, weil es durch die sachte Wärmeeinwirkung über eine gewisse Zeit – sicherlich in Verbindung mit bisher noch unbekannten Wirkstoffen im Kuhmist – und dem anschließenden Kälteschock durch das eisige Wasser zu einer sehr intensiven Durchblutung kam und der Schmerz auf diese Weise gelindert wurde. Auch Fußpilz und der damit oft verbundene

In Verbindung mit Kuhmist ist es interessant, dass man früher auf dem Land auf den meisten Bauernhöfen ein Zimmer hatte, dessen Fenster direkt über dem Misthaufen lag. Dies war das Zimmer für Tuberkulosekranke. Durch die eingeatmeten Dämpfe vom Misthaufen wurde scheinbar die Erkrankung besser ausgeheilt.

Wie dieses Gemälde von Adriaen Ostade zeigt, galt die genaue Betrachtung des Urins bereits im Mittelalter als Diagnosemöglichkeit. Auch hier war die heilende Wirkung der Körperausscheidung bekannt.

Schweißfuß konnte mit einer solchen Kuhmistpackung recht gut behandelt werden. Manchmal verschwand er danach sogar ganz.

Kuhmist mit Eigenurin gegen Hauterkrankungen

Auch bei sehr hartnäckigen Hauterkrankungen machte man sich früher die Heilkraft des Kuhmists zunutze. Hier rührte man allerdings dem frischen Kuhmist noch etwas eigenen Urin unter. Man gab das Gemisch auf ein Tuch und legte es als Packung mehrere Tage hintereinander immer wieder frisch auf die betroffenen Stellen. Das Tuch deckte man dann noch mit weiteren Tüchern ab und beließ die Packung etwa 30 bis 40 Minuten darauf.

Hinterher wurde die Haut sorgfältig abgewaschen, um den unangenehmen Geruch loszuwerden. Danach rieb man sich mit einem guten Hautöl ein, um die strapazierte Haut zu versorgen.

Pferdeäpfel galten auf dem Land schon immer als der beste Dünger und wurden speziell für die so genannten Frühbeete verwendet. Dafür wurde unter die Erde Pferdemist gehoben, der das Beet früher schneefrei machte und die Pflanzen besser wachsen ließ.

Pferdefleisch gegen rheumatische Beschwerden

Auf dem Land war Pferdefleisch früher leicht zu bekommen und der Pferdemetzger Endstation eines arbeitsreichen Pferdelebens. Heute bekommt man es nur noch in wenigen Metzgereien. Wer unter rheumatischen Beschwerden leidet, der sollte – sofern er nicht auf Fleisch verzichten kann – von Schweine- auf Pferdefleisch umsteigen. Dies führt nach Aussagen einiger Patienten zu einem Rückgang der Schmerzen bis hin zur völligen Gesundung.

Selbst wenn dieses Phänomen noch nicht wissenschaftlich bewiesen ist, so hat man dafür auf dem Land eine einfache Erklärung parat: Im Gegensatz zu Schweinen, die nur faul im Dreck liegen oder in sich hineinfressen, sondern Pferde bei körperlicher Anstrengung tatsächlich Schweiß ab und befördern somit Schlacken aus ihrem Körper. Dadurch ist Pferdefleisch reiner als Schweinefleisch.

Pferdemark gegen Haarausfall

Das Mark der Pferdeknochen wird als Haarwuchsmittel angesehen, das sowohl bei schütterem Haar als auch bei Glatzenbildung angewendet wird. Man reibt sich öfter die Kopfhaut mit dem Pferdemark ein, und ich kenne einige Menschen, die behaupten, ihre Haarpracht nur dieser Anwendung zu verdanken.

Die auch heute noch bekannten Rosshaarmatratzen sind angeblich ebenfalls gut für Rheumakranke. Die positive Ausstrahlung der Pferde ist in ihnen enthalten und wirkt so gegen die Beschwerden.

Schafsläuse gegen Lebererkrankungen

Ein etwas ungewöhnliches Mittel, von dem aber immer wieder berichtet wird, sind die Schafsläuse. In allen Gegenden mit vielen Schafen – ob in den Mittelgebirgen oder der Lüneburger Heide – wird dieses Mittel als Geheimrezept bei allen Lebererkrankungen, die mit einer Gelbsucht einhergehen, kolportiert.

Man gibt dabei dem an der Leber erkrankten Patienten ein Butterbrot zu essen. Unter der Butter sollen – meist ohne sein Wissen – mindestens zehn frisch zerquetschte Schafsläuse sein, die der Erkrankte unbewusst mitisst. Die Einnahme der Schafsläuse soll zu einer ungewöhnlich schnellen und guten Besserung der Erkrankung und in vielen Fällen zu einer vollkommenen Ausheilung führen. Selbst wenn ich diese Behandlung noch nie angewendet habe, so wird sie sogar von anderen Heilpraktikern hinter vorgehaltener Hand erwähnt, und so will ich sie dem Leser nicht vorenthalten.

Urinbehandlung bei verschiedenen Beschwerden

Urinbehandlungen gab und gibt es in allen Kulturkreisen mit den unterschiedlichsten Anwendungsmöglichkeiten. Sie sind aber in den letzten 100 bis 150 Jahren durch die aufkommende Hygiene sehr zurückgegangen und haben sich eigentlich nur noch auf dem Land gehalten, weil in den Städten Urin als Heilmittel mehr und mehr abgelehnt und zunehmend tabuisiert wurde.

Tierische Heilmittel waren in früheren Zeiten, in denen noch mehr Menschen auf dem Land und in der Nähe von Tieren lebten, weit verbreitet. Wenn sie uns heute merkwürdig erscheinen, dann nur, weil wir den Kontakt zu Tieren verloren haben.

Wenn die Haare bei einem Kleinkind nicht richtig wachsen wollten, wurde im Frankenwald die vom Urin des Kindes noch nasse Windel genommen und damit der Kopf intensiv eingerieben. Dies machte man bei jedem Windelwechsel, soweit sich nur das »kleine Geschäft« in der Windel befand. Der Erfolg kam meistens prompt und viele ältere Leute schwören heute noch darauf und raten allen, denen die Haare ausgehen, dass sie ihren Kopf mit dem eigenen Urin einreiben sollten.

Bei Kindern wird gegen Milchschorf auch Quendel (siehe »Quendel«, Seite 94ff.) mit Erfolg verwendet.

Urin bei Hautausschlägen und Verbrennungen

Bei Hautausschlägen aller Art macht man einen feuchtwarmen Umschlag mit frisch gelassenem Urin des

In anderen Kulturkreisen sind die Hemmungen bei der Urinbehandlung geringer, und in der Großstadt Bombay in Indien gibt es sogar ein ganzes Urinklinikum, das von Professoren und Ärzten geleitet wird, und in dem fast ausschließlich mit dem billigen Urin – innerlich und äußerlich – behandelt wird.

Urin zur Behandlung von Wunden

Auch für kleinere Wunden nahm man, sofern verfügbar, etwas Urin und tat ihn entweder direkt auf die Wunde oder tropfte ihn auf ein Tuch und legte dieses dann auf die Wunde. Durch die Desinfizierung und die Sterilität des Urins verheilen solche Wunden schneller und ohne Entzündungen.

Hautpatienten auf die betroffenen Stellen. Ein Tuch wird einfach vom Patienten selbst mit frischem Urin befeuchtet und sofort auf die betroffene Partie aufgelegt.

Die moderne Wissenschaft fand dazu Folgendes heraus: Im Urin befindet sich der so genannte Harnstoff, der heute Bestandteil vieler Salben ist und der speziell in der Hauttherapie mit eingesetzt wird. Wenn es dann bei der Selbsttherapie gar noch der eigene Harnstoff ist, hilft dies natürlich umso besser. Zu allen Salben für die Pflege bei Hauterkrankungen – egal ob Ringelblumen-, Quendel- oder eine sonstige Salbe – gab man früher und sollte man auch heute wieder etwas frischen Urin des betroffenen Patienten dazugeben und diesen unterrühren. Die Therapieerfolge zeigen, dass dies ein guter Weg ist.

Bei Brandwunden oder Wunden durch Verbrühungen legt man möglichst sofort einen triefend nassen Umschlag mit dem frischen Urin des Verletzten auf die betroffenen Stellen und erneuert ihn so oft wie möglich. Der Schmerz verschwindet fast schlagartig, und die Wunden verheilen relativ rasch und ohne größere Narben. Wer dies nicht will, behilft sich in diesen Fällen mit dem rohen Kartoffelbrei (siehe dazu auch »Kartoffel«, Seite 70ff.).

Urinumschläge auf offene Beine

Auch bei allen offenen Beinen, dem so genannten Ulcus cruris, waren und sind Urinumschläge an der Tagesordnung. Sie werden immer wieder frisch aufgelegt. Wenn man dann noch dafür sorgt, dass die Ausleitungen über den Darm, die Nieren und bei offenen Beinen vor allem über das Lymphsystem gewährleistet sind und eventuell noch Blutegel mit eingesetzt werden, vergehen die Probleme recht schnell.

Bei schwersten Durchblutungsstörungen der Beine, selbst dann, wenn die Durchblutung so schlecht ist, dass amputiert werden soll, kann Urin, als Fußbad verwendet, noch helfen. Dies wurde mir von mehreren Patienten glaubhaft versichert, die kurz vor einer Amputation gestanden hatten. Gleiches gilt auch für Erfrierungen an Händen und Füßen, die durch eine solche Behandlung auskuriert wurden.

Urin mit Zucker bei Diphtherie

Früher war die Diphtherie eine Menschheitsplage, an der viele Leute starben. Durch die moderne Medizin und Vorsorgeimpfungen konnte die

Diphtherie in den Industrieländern besiegt werden. In den letzten Jahren hörte man aber wieder davon, dass eine neue Diphtheriewelle von Asien auf uns zurollt, gegen die unsere modernen Medikamente nicht mehr helfen; die Erreger dieser neuen Diphtheriegeneration sind scheinbar resistent, weshalb sie sich auch wieder so verbreiten können.
Hier bietet die alte Volksheilkunde eine gute Alternative, die sich schon früher sehr bewährt hat und die sich nach Aussagen von Kollegen, die im asiatischen Raum damit schon konfrontiert worden sind, sehr gute Heilungschancen bietet. Man nehme Urin des an Diphtherie erkrankten Patienten und rühre so viel Zucker hinein, dass es eine sämige Masse ergibt. Davon gebe man dem an Diphtherie erkrankten Patienten teelöffelweise in den Mund. Er soll dies langsam hinten im Hals hinuntergleiten lassen und dann schlucken. Dies mache man so lange, bis der Hals ganz frei wird. Man muss ja dem Patienten nicht unbedingt sagen, woraus diese Medizin hergestellt worden ist. Wenn er aber merkt, wie schnell und gut sie hilft, wird es ihm auch egal sein.

Ziegenmilch bei Lungenerkrankungen

Ziegenmilch gilt in der traditionellen Volksheilkunde bei allen Lungenerkrankungen, die womöglich auch mit Blutarmut einhergehen, als eines der besten Heilmittel. Es gibt heute bereits eine ganze Reihe verschiedener Lungensanatorien, die die bewährte Ziegenmilch für ihre Behandlungen aufgegriffen haben: Sie

Wenn man Urin als Heilmittel einsetzt, sollte dies natürlich immer nur eine Zusatztherapie sein und nicht als alleinige Behandlung eingesetzt werden. Wenn aber der Eigenurin mit verwendet wird, wirken die anderen Therapien oft sehr viel besser, und der Erfolg stellt sich schneller ein.

Ziegenwärme gegen Ziegenpeter

Eine Patientin erzählte mir, dass ihre Mutter sie und ihre Geschwister mit der natürlichen Wärme der Ziege behandelte, wenn sie als Kinder Mumps bekamen, der im Volksmund auch Ziegenpeter genannt wird. Das erkrankte Kind musste dazu mit der Mutter in den Ziegenstall gehen. Dort wurde der Ziege, die dort gehalten wurde, ein dicker Wollschal um den Hals gebunden. Das Tier, das sich verständlicherweise gegen den ungewohnten Schal wehrte, wurde so lange festgehalten, bis der Schal endlich die natürliche Wärme der Ziege angenommen hatte. Dann wurde er abgenommen und sofort dem erkrankten Kind um den schmerzenden Hals gebunden.
Vorsichtshalber wurden auch die anderen Geschwister derselben Prozedur unterzogen. Die Patientin betonte, dass sie und alle anderen Kinder, bei denen der warme Ziegenschal seine Wirkung zeigte, keinerlei schwere Erkrankungszeichen aufwiesen. Wahrscheinlich kommt sogar der Volksname »Ziegenpeter« für die typische Kinderkrankheit Mumps von dieser volksheilkundlichen Behandlung mit Ziegenwärme.

Pferde- und Ziegenfleisch gilt als wesentlich gesünder als Schweinefleisch, da sich diese Tiere »gesünder« ernähren und ihr Fleisch weniger Fett enthält. Zu viel tierische Fette und tierisches Eiweiß sind die Ursache für viele Zivilisationskrankheiten.

lassen den Kranken jeden Tag einen halben Liter Ziegenmilch trinken und erzielen damit gute Erfolge.
Viele Menschen haben eine Abneigung gegen Ziegenmilch, weil sie etwas ungewohnter schmeckt als die weiter verbreitete Kuhmilch. Tatsache ist, dass sie auch von Schulmedizinern empfohlen wird, wenn beispielsweise eine Milcheiweißallergie vorliegt. Ziegenmilch ist in diesen Fällen die verträgliche Alternative zur nahrhaften Kuhmilch, die auf keinem Speiseplan fehlen sollte. An den Geschmack wird man sich mit der Zeit schon gewöhnen.

Ziegenbutter als Salbengrundlage

Ziegenbutter war schon immer die beste Grundlage für alle selbst gemachten Salben. Sie besitzt die wertvolle Eigenschaft, dass sie relativ gut und schnell die menschliche Haut durchdringt und die Wirkstoffe der Salbe direkt an Ort und Stelle bringt. So können sie im ganzen Körper viel schneller und besser ihre heilende Funktion ausüben. Die Ziegenbutter ist normalerweise schneeweiß. Deshalb geben viele Ziegenhalter der Butter etwas Karottensaft bei, damit sie etwas Farbe bekommt.

Ziegenfleisch gegen rheumatische Beschwerden

Das Ziegenfleisch gilt bei Kennern nicht nur als Delikatesse, sondern auch als eine Art Diätfleisch, besonders für Rheumatiker. Vor allem die jungen Zicklein im Frühjahr, die oft vor dem Osterfest geschlachtet werden, gelten als Leckerbissen, und ihr Fleisch als sehr gesund. Wer unter rheumatischen Erkrankungen leidet, sollte daher, wenn er nicht ganz auf Fleisch verzichten mag, statt des geliebten Schweine- oder Rindfleischs auf Ziegenfleisch umsteigen. Hierzu empfiehlt sich, auch einmal aufs Land hinauszufahren und sich bei den dortigen Bauern umzutun, damit man ganz sichergeht, auch biologisch einwandfreies und vor allem ganz frisches Fleisch zu bekommen.
Doch auch das Fleisch der alten Ziegen hatte noch seinen Wert. Diese wurden jedoch in der Regel erst im Herbst, wenn auch anderes Vieh geschlachtet wurde, mit geschlachtet. Ihr Fleisch wurde allerdings ausschließlich für die Wurst verwendet. Es streckte das fette Schweinefleisch und machte jede Wurst dadurch bekömmlicher. Deshalb kauften oftmals die Bauern von den ärmeren Leuten alte Ziegen auf, um sie dann mit zu verwursten.

Frühjahrskuren

In der Volksheilkunde findet man immer wieder so genannte Frühjahrskuren, die in jeder Region etwas anders ausschauen. Schließlich sind sie ganz davon abhängig, was gerade in dieser Gegend gut wächst.

Bärlauchkur zur Darmentgiftung

Der Bärlauch gehört zu dem Kräutertrio, das bei den wichtigsten Frühjahrskuren eine tragende Rolle spielt. Auch die anderen beiden entschlackenden und entgiftenden Heilpflanzen, nämlich der Löwenzahn und die Brennnessel, fehlen in kaum einer Kur.

Der Bärlauch wird vor allem in Wäldern mit humusreichem Boden im Mai und Juni gesammelt. Hier wächst er in großen Mengen. Die meisten Leute, die den knoblauchartigen Geschmack des Bärlauchs mögen, sammeln ihn in großen Mengen für das ganze Jahr, frieren die Blätter entweder klein geschnitten oder auch gebündelt ein und haben so bis in den Winter hinein etwas von dem gesunden Kraut. Manche konservieren ihn auch, indem sie ihn klein geschnitten mit etwas Salz stampfen und in einem Schraubglas aufheben. Bärlauch gibt man als Geschmacksverbesserer an Suppen, Saucen, Gemüse und Salate. Man sagt ihm nach, dass er Magen, Darm und Blut entgiftet und den Organismus stärkt.

Zur Frühjahrsentschlackung isst man täglich eine Hand voll Blätter. Wo der Bärlauch seltener vorkommt, sollte man wenigstens drei Blätter pro Tag essen. Eine Überdosierung von Bärlauch ist aufgrund der Schärfe und des Geruchs des Krauts in der Regel nicht möglich.

Löwenzahn zur Leberentgiftung

Neben dem Bärlauch gehören täglich mindestens drei Blätter vom Löwenzahn zur Frühjahrskur mit dazu. Man kann diesen als Salat essen, eventuell als Zutat zu anderen Blattsalaten. Wenn man dem Salatdressing etwas Joghurt oder süße Sahne zufügt, kann man den bitteren Geschmack des Löwenzahns etwas abmildern. Wem der reine Löwenzahnsalat zu bitter ist, sollte sich wenigstens einige Blättchen jeden Tag unter andere Salatsorten mischen. Löwenzahn reinigt den Körper, indem er die Galle zum Fließen bringt und dadurch die Leber entlastet und entgiftet. Davon profitiert letztlich der ganze Körper.

Bärlauch, Löwenzahn und Brennnessel sind, wenn sie zusammen in einem Salat oder als Gemüse gegessen werden, eine unübertroffene Kombination. In ihnen stecken verschiedene Heilstoffe, die sich positiv auf die Entgiftung und Entschlackung des Körpers auswirken.

Löwenzahnfrischsaft als Alternative

Viele Anhänger des Löwenzahns bereiten sich im Frühjahr zwei bis vier Wochen lang täglich einen frisch gepressten Saft aus den frischen Blättern und den Wurzeln des Löwenzahns zu. Von diesem Saft nimmt man in dieser Zeit vor jedem Essen regelmäßig einen Esslöffel voll, eventuell verdünnt mit etwas Wasser, zu sich. Dies regt die Entgiftung des Körpers über die Gallenblase und die Leber unwahrscheinlich an.

Löwenzahnwurzelgemüse zur Leberreinigung

Die Löwenzahnwurzeln werden mit einem Wurzelstecher oder einem anderen Gerät im Frühjahr geerntet, mit einer Bürste gründlich gereinigt, klein geschnitten und in ganz wenig Salzwasser etwas geschmort. Dann wird der Gemüsesud mit Mehl und Eiern gebunden, abgewürzt und als Beilage oder als Hauptgericht serviert. Dazu kann man auch Salzkartoffeln und frischen Salat essen.

Die zarten, jungen Blätter und Triebe der Brennnessel lassen sich zu schmackhaften Suppen oder wie Spinat zubereiten. Auch als Salatzutat eignen sie sich hervorragend.

Diese Mahlzeit sollte während der Frühjahrsreinigungskur häufiger auf dem Speiseplan stehen.
Eine Kur mit Löwenzahnwurzeln und frischen Blättern sollte vier bis sechs Wochen dauern, um ihre wohltuende Wirkung auf Nieren und Leber voll zu entfalten.

Brennnesselkur zur Anregung des Stoffwechsels

Als dritte Pflanze im Bunde der Frühjahrsreinigung gehört die Brennnessel neben dem Bärlauch und dem Löwenzahn zu jeder Kur dazu. Zur Ergänzung des Speiseplans empfiehlt sich in dieser Jahreszeit der Brennnesselspinat noch vor dem Tee. In der Zeit, in der die Brennnesseln klein, zart und jung sind, sollte man sie mindestens einmal pro Woche als köstlichen Spinat zubereitet essen. Eine andere schmackhafte Alternative ist ein delikater Frühlingssalat aus frischen Brennnesseln mit Löwenzahn und Birkenblättern.

Bei allen Frühjahrskuren gilt es darauf zu achten, dass dem Körper ausreichend Flüssigkeit zugeführt wird. Nur wer genügend trinkt, kann die zahlreichen Giftstoffe und Schlacken über den Harn und den Schweiß ausscheiden.

Brennnesseln reinigen den Magen und den Darm und wirken zudem stark harntreibend. Um ihre heilsamen Kräfte entfalten zu können, sollten sie einer alten Volksweisheit folgend im Frühjahr mindestens siebenmal gegessen werden. Sehr beliebt ist für eine Kur auch der frische Brennnesselsaft, den man sich selbst im Entsafter ganz leicht zubereiten oder auch in der Apotheke bereits fertig kaufen kann.

Die Spargelkur im Frühsommer

Etwas später im Jahr gibt es noch die beliebte Spargelkur, die allerdings nicht länger als 10 bis 14 Tage am Stück durchgeführt werden sollte. Hierbei sollte man jeden Tag mindestens 500 Gramm frischen, geschälten Spargel roh oder gekocht, als Salat, Gemüse oder Suppe essen. Um die harntreibende Wirkung der Mahlzeiten noch zu unterstützen, sollte man zudem mindestens drei bis vier Liter ungesüßten Tee pro Tag

trinken. Zu diesem Zweck kann man Spargeltee zubereiten, indem man eine Hand voll Spargel mit einem Liter kaltem Wasser ansetzt, das Ganze langsam zum Kochen bringt und dann abseiht.
Man kann den Tee auch aus den Spargelschalen kochen. Es können aber auch andere Tees sein. Hauptsache ist, dass neben den Mahlzeiten große Mengen abgekochter Flüssigkeit getrunken werden, damit der Körper richtig durchgespült wird. Mineralwasser eignet sich als unterstützendes Getränk allerdings nicht dafür!
Aufgrund der harntreibenden Wirkung der Spargelkur sollte man immer in der Nähe einer Toilette bleiben, weil durch diese Kur nicht nur die getrunkenen Mengen an Spargeltee aus dem Körper ausgeschieden werden, sondern auch alle anderen im Körper angestauten Flüssigkeiten. Daher verlieren Menschen, die unter Stauungen leiden, diese meist mit Hilfe der Spargelkur.

Spargelkuren richtig vorbereiten
Wer die Veranlagung zur Gicht hat, der sollte am Anfang mit der Spargelkur etwas vorsichtig sein. Hier empfiehlt es sich zunächst einmal, viel zu trinken, um die Nieren richtig anzuregen. Erst dann sollte man langsam mit etwas Spargel anfangen und die Menge täglich leicht steigern, bis man 500 Gramm pro Tag erreicht hat. Wenn Sie gleich voll einsteigen, könnte der Spargel einen Gichtanfall auslösen.

Natürlich sollte man in der Zeit einer solchen Spargelkur keinen Alkohol zu sich nehmen und auch mit tierischen Fetten, also Fleisch und Wurst, sehr zurückhaltend sein. Im Idealfall isst man während einer solchen Kur ganz vegetarisch und verzichtet vollkommen auf Alkohol, dann ist die Wirkung am größten.

Lungenkraut als Frühlingssalat
Aus den jungen Lungenkrautblättern, die gut gegen Hautunreinheiten und kleine Wunden helfen, kann man einen sehr schmackhaften Salat bereiten. Da die Wirkstoffe des Lungenkrauts in den jungen Blättern in besonders großem Maß enthalten sind, unterstützt dieser Wildsalat gerade junge Leute bei ihren Akneproblemen während der Pubertät von innen her recht gut und ist deshalb auch bei diesen Hautproblemen zu empfehlen. Wenn man diesem Salat noch die jungen Blätter des Löwenzahns und die Blüten des Gänseblümchens hinzufügt, dann isst man förmlich einen tollen Salat gegen Hautkrankheiten und -unreinheiten. In der Kombination verstärkt sich die Wirkung der drei Heilpflanzen erstaunlich.

Wer ein bis zwei Wochen kurt, sollte in dieser Zeit der Entgiftung und Entschlackung möglichst auf die Zufuhr von anderen Giften wie Nikotin und Alkohol verzichten. Dadurch wird die Wirkung der Kur verstärkt.

Fastenkur

Der zeitweise Verzicht auf die Aufnahme von Nahrung hat auf dem Land eine lange Tradition. Das lag zum einen an der christlichen Fastenzeit, also den 40 Tagen zwischen

Fasten ist eine ideale Möglichkeit, um sich vom Alltagstrubel abzuwenden und eine Zeit der Ruhe und Stille einkehren zu lassen. Durch das Leben aus den körpereigenen Reserven entlastet man nicht nur seinen Körper, sondern auch seine Seele.

Aschermittwoch und Ostersonntag, und zum anderen auch an dem Vorbild aus der Natur. Da man auf dem Land mit seinen Tieren zwangsläufig viel Zeit verbrachte, sah man, dass sie bei einer Krankheit für einige Tage auf Nahrung verzichteten und erst dann wieder fraßen, wenn sie gesund waren.

Die Vorbereitung des Fastens – der Entlastungstag

Der Entlastungstag ist wichtig für den Fastenden, um den Verdauungstrakt darauf vorzubereiten, dass er die nächsten Tage auf Sparflamme umschaltet. Idealerweise erledigt man am Entlastungstag die Einkäufe für die nächsten Tage und gönnt sich viel Ruhe. Außerdem sollte man auf Alkohol, Zigaretten und Süßigkeiten verzichten.
Morgens nach dem Aufstehen isst man am besten etwas Obst oder ein Müsli, mittags eine kleine Rohkostplatte oder Kartoffeln und etwas frischen Quark mit Kräutern, nachmittags einen Apfel, den man gut kaut, und abends einen Obstsalat mit Flohsamen (Semen psyllii), einen Joghurt und ein Knäckebrot. Trinken sollte man mindestens drei Liter Flüssigkeit in Form von zimmerwarmem Wasser oder ungesüßtem Kräutertee. Dies hilft auch gegen das anfänglich noch entstehende Hungergefühl. Dabei sollte man jeden einzelnen Schluck der Flüssigkeit richtig »kauen«.

Der erste Fastentag

Nach dem Aufstehen sollte man mit Hilfe eines Klistiers – das ist die schonendste Möglichkeit – seinen Darm entleeren. Denn je weniger Schlacken den Darm belasten, desto eher verschwinden die Hungergefühle. Wer keinen empfindlichen Magen hat, kann jedoch auch Glaubersalz einnehmen. Vormittags trinkt man, wenn einen der Hunger plagen sollte, Wasser oder Kräutertee, gegebenen-

Flüssigkeit in Form von ungesüßten Kräutertees oder Wasser ist eine wichtige Vorraussetzung für das Fasten. Zum einen hilft sie, das aufkommende Hungergefühl zu verdrängen, und zum anderen wird sie vom Körper benötigt, um Giftstoffe und Schlacken auszuschwemmen.

falls auch über den Durst hinaus. Dazwischen sollte man ruhen. Der erste Fastentag sollte ohne größere körperliche und geistige Anstrengungen verlaufen. Mittags gibt es – wie an den folgenden vier Fastentagen auch – einen viertel Liter aufgewärmten Gemüsesaft. Nachmittags trinkt man wieder reichlich Kräutertees, abends gibt es einen viertel Liter milden Obstsaft (keine Zitrusfrüchte) ohne Zucker, ungesalzene Gemüsebrühe oder warmen Gemüsesaft.

Die Zeit bis zum fünften Fastentag

Insgesamt fünf Tage dauert die Saftfastenkur, die den Körper entschlackt und dabei zugleich hilft, ein paar Pfunde zu verlieren. Jeden zweiten Tag steht ab jetzt bis zum zweiten Aufbautag eine Darmentleerung morgens an, am besten mit einem Klistier oder mit Salzwasser, das, auf nüchternen Magen getrunken, stark abführend wirkt. Ab dem zweiten Tag kann man damit anfangen, mittags an der frischen Luft einen ausgedehnten Spaziergang zu machen. Wenn man kalte Füße hat, hilft ein warmes Fußbad. Bei einer Ruhepause zwischendurch hilft eine warme Wärmflasche auf dem Bauch dabei, die Leber zu entgiften. Mit jedem Fastentag steigt die körperliche und geistige Leistungsfähigkeit, trotzdem sollte das Gleichgewicht zwischen Ruhe und Bewegung ausgewogen bleiben. Eine Mittagsruhe sollte an jedem Fastentag eingehalten werden. Auch sollte man an den Fastentagen immer zeitig zu Bett gehen. Wer unter Kreislaufproblemen leidet, sollte morgens Schnee oder Tau treten (siehe dazu Seite 116) oder eine Wechseldusche durchführen, sich anschließend trockenbürsten und gut einölen. Wem es am fünften Fastentag gut geht, der kann auch weiterfasten bis zum achten oder zehnten Tag. Allerdings sollte er für die Aufbautage dann immer ein Drittel der Fastenzeit mitberechnen, um seinen Kreislauf und sein Verdauungssystem zu schonen. Das sind bei zehn Fastentagen vier Aufbautage.

Fastenbrechen und die Aufbautage

Das Fastenbrechen ist mit das Wichtigste am Fasten. Denn wer jetzt schon über die Stränge schlägt, macht den ganzen Erfolg des Fastens zunichte. Morgens entleert man nochmals den Darm mit einem Klistier. Danach isst man einen gut reifen Apfel und kaut jeden Bissen ganz bewusst und mit Genuss. Mittags gibt es eine salzarme Kartoffelsuppe. Am Nachmittag sollte man für ausreichend Flüssigkeitszufuhr, wie die letzten Tage auch, sorgen. Am Abend gibt es eine Spargelsuppe, ein Glas Buttermilch mit Flohsamen und Knäckebrot. Das Programm gilt auch für den zweiten Aufbautag. Nur kann man hier mittags auch schon etwas festeres Gemüse essen, wie z. B. Kartoffeln mit Quark und einen Salat. Für die nächsten Tage sollte gelten, mäßig mit allem anderen anzufangen. So kann man sich das Gefühl von Frische und Wohlbefinden noch längere Zeit erhalten.

Im Gegensatz zur gängigen Meinung ist man nur in den ersten Tagen einer Fastenkur etwas geschwächt und gereizt, weshalb auch nur gesunde Menschen fasten sollten. Anschließend ist man jedoch besonders leistungsfähig.

Heilpflanze	Pflanzenteil	Wirkung
Angelika	Wurzel, Beeren	Entkrampfend, entblähend, gallenflussanregend
Apfel	Frucht, Schalen	Abwehr stärkend, verdauungsregulierend
Arnika	Blüten	Fördert Wundheilung, wirkt entzündungshemmend, auf Herz und Kreislauf stabilisierend
Augentrost	Blätter, Stängel, Blüten	Lindernd bei Augenreizungen und -entzündungen
Bärlauch	Blätter, Zwiebel	Entschlackend, kräftigend
Baldrian	Wurzel	Beruhigend, nervenstärkend
Beifuß	Kraut	Verdauungsregulierend
Beinwell	Wurzel	Fördert die Heilung von Haut- und Knochenverletzungen
Birke	Rinde, Blätter	Nierenanregend, blutreinigend, Blutzucker regulierend
Borretsch	Blätter, Blüten, Stängel	Stoffwechselanregend
Brennnessel	Wurzel, Blätter, Stängel	Stoffwechselanregend, lindernd bei rheumatischen Beschwerden
Brombeere	Frucht, Blätter	Entzündungshemmend, fiebersenkend
Eiche	Rinde	Adstringierend, schweißmindernd, verdauungsregulierend
Engelsüß	Wurzel	Gallenflussanregend, lindernd bei Atemwegserkrankungen
Erdbeere	Frucht, Blätter	Adstringierend, entzündungshemmend, gallenflussanregend
Fichte	Triebe	Nierenanregend, durchblutungsfördernd
Fieberklee	Blätter	Fiebersenkend, gallenflussregulierend, ausgleichend für Magen und Darm
Frauenmantel	Kraut	Magen und Darm regulierend, lindernd bei allen Frauenbeschwerden
Gänseblümchen	Blüten	Stoffwechselanregend, beuhigend auf Magen, Darm und bei Hautentzündungen
Gänsefingerkraut	Kraut, Wurzel	Verdauungsregulierend, entkrampfend
Hagebutte	Früchte	Nierenanregend, entgiftend
Hahnenfuß	Blätter, Stängel	Verdauungsfördernd, lindernd bei rheumatischen Beschwerden
Heidelbeere	Beeren, Blätter	Verdauungsregulierend, lindernd bei Hals- und Rachenbeschwerden
Himbeere	Früchte, Blätter	Nierenanregend, fiebersenkend
Hirtentäschel	Kraut	Entkrampfend und blutreinigend
Holunder	Blüten, Beeren	Hilft bei Erkältungskrankheiten, wirkt verdauungsregulierend, schweißtreibend, fiebersenkend
Huflattich	Blüten, Blätter	Hustenreizlindernd, fördert die Wundheilung, regulierend bei Magen- und Darmstörungen
Johanniskraut	Blüten, Blätter	Antidepressiv, entkrampfend, beruhigend, Magen und Darm regulierend
Kalmus	Wurzel	Desinfizierend, schmerzlindernd, allgemein stärkend
Kamille	Blüten	Entkrampfend, schmerzstillend, beruhigend, entzündungshemmend
Kartoffel	Knolle	Wirkt Übersäuerung entgegen, appetitanregend

Heilpflanze	Pflanzenteil	Wirkung
Knoblauch	Knolle	Regulierend für Magen und Darm, Blutdruck senkend
Kohl	Blätter	Entzündungshemmend, verdauungsanregend
Liebstöckel	Wurzel, Früchte, Kraut	Nierenanregend, durchblutungsfördernd
Linde	Blüten	Gegen Erkältungskrankheiten und Magenbeschwerden
Löwenzahn	Blüten, Blätter, Wurzel	Gallenflussanregend, entschlackend, entgiftend
Lungenkraut	Blüten, Stängel, Blätter	Gegen Erkältungskrankheiten und Hautkrankheiten, fördert die Wundheilung
Mädesüß	Blüten, Stängel, Blätter, Wurzel	Gegen rheumatische Beschwerden
Meerrettich	Wurzel	Entgiftend, nierenanregend, durchblutungsfördernd
Melisse	Stängel, Blätter	Beruhigend, entkrampfend
Petersilie	Kraut, Wurzel	Nierenanregend, entwässernd, schmerzstillend
Pfefferminze	Blätter, Öl	Regulierend bei Verdauungsstörungen
Quendel	Stängel, Blätter, Blüten	Hilfreich bei Atemwegs- und Hauterkrankungen
Rettich	Wurzel	Hilfreich bei Atemwegserkrankungen, gallenflussanregend
Ringelblume	Blüten	Hautschützend, fördert den Heilungsprozess, regulierend bei Magenbschwerden
Salbei	Blätter, Blüten	Desinfizierend, fördert die Wundheilung
Sauerampfer	Blätter	Blutreinigend, appetitanregend, nierenanregend
Schafgarbe	Blüten, Blätter, Stängel	Entkrampfend, durchblutungsfördernd, verdauungsanregend, blutstillend
Schöllkraut	Stängel, Blätter, Blüten	Gallenflussanregend, entgiftend, hilfreich bei Warzen
Spitzwegerich	Blätter	Fördert die Wundheilung, hilfreich bei Lungen- und Bronchialerkrankungen
Tausendgüldenkraut	Blüten, Blätter, Stängel	Verdauungsfördernd, regt die Magensaftproduktion an, fördert die Wundheilung
Thymian	Blüten, Blätter, Stängel	Lindernd bei Erkältungskrankheiten, verdauungsanregend
Ulme	Rinde	Hilfreich bei chronischen Magenbeschwerden, fördert die Wundheilung
Vogelknöterich	Blüten, Blätter, Stängel	Ausschwemmend, auswurffördernd
Wacholder	Beeren	Nierenanregend, generell stärkend
Wegwarte	Blüten, Blätter, Stängel, Wurzel	Gallenflussanregend, magenregulierend
Weide	Rinde	Hilft bei rheumatischen Beschwerden, stoffwechselanregend, fiebersenkend
Weißdorn	Früchte, Blüten	Herzstärkend, kreislaufstabilisierend
Wermut	Blätter, Stängel	Verdauungsregulierend, gallenflussanregend
Ysop	Blätter, Stängel	Krampflösend, verdauungsregulierend, gallenflussfördernd
Zinnkraut	Blätter, Stängel	Gewebestärkend, fördert die Wundheilung
Zitrone	Früchte	Stärkt das Immunsystem, blutdrucksenkend
Zwiebel	Knolle	Blutreingend, nervenstärkend, blutdrucksenkend, antibakteriell, entstauend, schleimlösend

Impressum

Redaktion: Andrea-Anna Cavelius
Projektleitung: Sybille Schlumpp
Redaktionsleitung: Dr. med. Christiane Lentz
Bildredaktion: Sabine Kestler
Umschlag: Wolfgang Lehner
Layout: Wolfgang Lehner
DTP/Satz: Klaus-Manuel Rehfeld
Herstellung: Manfred Metzger
Druck und Bindung: Sebald-Sachsendruck, Plauen

Printed in Germany

Gedruckt auf chlor- und säurearmem Papier

ISBN 3-7787-3692-2

Über den Autor
Peter Pukownik ist als Heilpraktiker tätig. Neben der Hildegard-Heilkunde hat er sich vor allem traditionellen und natürlichen Heilmethoden sowie dem überlieferten Wissen der Volksheilkunde zugewandt. Quellen sind Familienüberlieferungen, ergänzt und erweitert durch die Aussagen vieler Patienten sowie durch die angeführte Literatur.

Literatur
Hans Braun: Arzneimittel-Lexikon. Gustav-Fischer-Verlag. 3. Auflage, Stuttgart 1978
Gerhard Madaus: Lehrbuch der biologischen Medizin. Olms Verlag. Hildesheim 1976
Apotheker Manfred Pahlow: Das große Buch der Heilpflanzen. Gräfe und Unzer Verlag. München 1993
Peter Pukownik: Hl. Hildegard – Heilfasten. Pattloch Verlag. Augsburg 1992
Peter Pukownik: Hl. Hildegard – Rheuma – ganzheitlich behandeln. Pattloch Verlag. Augsburg 1994
Peter Pukownik: Blutegel-Therapie – Den Körper entgiften. Südwest Verlag. München 1995
Camille Droz: Von den wunderbaren Heilwirkungen des Kohlblattes. Eigenverlag. Le Landeron 1976

Bildnachweis
AKG, Berlin: 144; Botanik-Bildarchiv Laux, Biberach a. d. Riß: Titelbild, 11, 16, 23, 28, 39, 48, 57, 64, 74, 81, 87, 92, 102, 110, 114, 124, 150; Südwest Verlag, München: 127, 138 (Karl Newedel), 152 (Christian Kargl)

Hinweis
Das vorliegende Buch ist sorgfältig erarbeitet worden. Dennoch erfolgen alle Angaben ohne Gewähr. Weder Autor noch Verlag können für eventuelle Nachteile oder Schäden, die aus den im Buch gemachten praktischen Hinweisen resultieren, eine Haftung übernehmen.

Register

Anwendungen und Beschwerden

Heilpflanzen